Andreas Wölk

101 Tansania

Die schönsten Reiseziele und Lodges

IWANOWSKI'S REISEBUCHVERLAG

Im Internet:

www.iwanowski.de

Hier finden Sie aktuelle Infos zu allen Titeln, interessante Links – und vieles mehr!

Einfach anklicken!

Schreiben Sie uns, wenn sich etwas verändert hat. Wir sind bei der Aktualisierung unserer Bücher auf Ihre Mithilfe angewiesen: **info@iwanowski.de**

101 Tansania – Die schönsten Reiseziele und Lodges
2. Auflage 2020

© Reisebuchverlag Iwanowski GmbH
Salm-Reifferscheidt-Allee 37 • 41540 Dormagen
Telefon 0 21 33/26 03 11 • Fax 0 21 33/26 03 34
info@iwanowski.de
www.iwanowski.de

Titelfoto: ©delbars - stock.adobe.com
Alle anderen Farbabbildungen: siehe Bildnachweis S. 243
Layout: Ulrike Jans, Krummhörn
Karten: Klaus-Peter Lawall, Unterensingen
Titelgestaltung: Point of Media, www.pom-online.de
Redaktionelles Copyright, Konzeption und deren ständige Überarbeitung:
Michael Iwanowski

Gesamtherstellung: Grafisches Centrum Cuno, Calbe
Printed in Germany

ISBN: 978-3-86197-226-6

Inhalt

Vorwort 6

Natur und Landschaft 8

1 Zwischen Ozean und Busch – der Saadani-Nationalpark 10
2 Paradies für Wanderer und Ornithologen – die Usambara-Berge 12
3 Der höchste freistehende Berg der Welt – der Kilimandscharo 14
4 Hohe Berge, weites Land – West Kilimanjaro 16
5 Flamingos in Mondlandschaft – der Natronsee 18
6 Zwischen Dürre, Fischen und Zwiebeln – der Eyasisee 20
7 Refugium im Viktoriasee – der Rubondo-Island-Nationalpark 22
8 Tansanias feuchtes Herz – der Tanganjikasee und Lupita Island 24
9 Gottes Garten auf Erden – der Kitulo-Nationalpark 26
10 Ein afrikanisches Galapagos – der Udzungwa-Mountains-Nationalpark 28
11 Taucher, Nelken, Hexer – die Insel Pemba 30
12 In den Wäldern Sansibars – der Jozani-Chwaka-Bay-Nationalpark 32

Tierwelt 34

13 Zurück in die Wildnis – der Mkomazi-Nationalpark 36
14 Auf den Spuren Hardy Krügers – der Arusha-Nationalpark 38
15 Im Reich der Baobabs und Elefanten – der Tarangire-Nationalpark 40
16 Private Reservate in gefährdetem Gebiet – Manyara Ranch, Chem Chem und Randilen 42
17 Hemingways Traum von Afrika – der Lake-Manyara-Nationalpark 44
18 Afrika im Kleinformat – der Ngorongoro-Krater 46
19 Die Serengeti – Teil 1: Grzimeks Erbe 48
20 Die Serengeti – Teil 2: die schönsten Gegenden 50
21 Familientreffen – Schimpansen-Trekking im Mahale-Mountains-Nationalpark 52
22 Wild und abgelegen – der Katavi-Nationalpark 54
23 Des Königs wilde Heimat – der Ruaha-Nationalpark 56
24 Afrikas größtes Schutzgebiet am Scheideweg – das Selous-Reservat 58
25 Serengeti des Südens – der Mikumi-Nationalpark 60
26 Spektakuläre Unterwasserwelt – der Mafia-Island-Marine-Park 62

Menschen, Geschichte und Kultur 64

27 Der Erste Weltkrieg in Tansania 1 – zu Land und Wasser 66
28 Der Erste Weltkrieg in Tansania 2 – Kampf in Selous 68
29 Ausgangspunkt der großen Entdecker – Bagamoyo 70
30 Zwischen zwei Welten – Quo vadis, Massai? 72
31 Die Spuren der Jäger – die Felsenmalereien von Kondoa 74
32 Auf Jagd mit den Hadzabe am Eyasisee 76
33 Naturschützer der ersten Stunde – Michael und Bernhard Grzimek 78
34 Die Wiege der Menschheit – die Oldupai-Schlucht 80
35 „Dr. Livingstone, I presume“ 82
36 Lebendige Kolonialgeschichte am Tanganjikasee – die *MV Liemba* 84
37 Ein Leben für die Tiere – Jane Goodall und die Schimpansen von Gombe 86
38 Die Swahili-Küste 88

39 Tansanias *melting pot* – Sansibar Island 90
40 Sklaverei, Plattenbauten, Rockmusik – facettenreiches Stone Town 92
41 Kunst *made in Tanzania* – die Tingatinga-Malereien 94
42 Ein Erbe von Weltrang – die Ruinen von Kilwa 96
43 Aufklärung und Konfliktlösung – das Ruaha Carnivore Project 98

Safaris 100

44 Der nördliche Safari-Parcours 102
45 Der südliche Safari-Parcours 104
46 Der westliche Safari-Parcours 106
47 Das unbekannte Tansania – auf dem Landweg von Daressalaam nach Arusha 108
48 Hoch hinaus 1 – Wandern am Mount Meru 110
49 Hoch hinaus 2 – Ballon-Safari 112
50 Walking-Safaris in der Wildnis von Ruaha – Kichaka Expeditions 114
51 Zeitreise zu den Ursprüngen der Safari – Fly Camping 116
52 Wandersafari durch das Ngorongoro-Hochland 118
53 Wildes Tansania – auf Safari mit Legendary Expeditions 120

Camps und Lodges 122

54 Kleinod an der Swahili-Küste – das Kijongo Bay Resort 124
55 Hoch gelegen – das Shu'Mata Camp 126
56 Zu Gast bei einer Weltrekordlerin – die African View Lodge 128
57 Im Einklang mit Natur und Kultur – Africa Amini Life 130
58 Pioniergeist zwischen Elefanten und Baobabs – Oliver's Camp und Little Oliver's Camp 132
59 Badewanne mit spektakulärer Aussicht – die Lemala Mpingo Ridge Lodge 134
60 Idyllische Lage zwischen Tarangire und Lake Manyara – die Maramboi Tented Lodge 136
61 Inmitten wilder Tiere – das Swala Camp 138
62 Zwischen Grabenbruch und Manyarasee – das Tortilis Lake Manyara Camp 140
63 Eine einheimische Erfolgsgeschichte 1 – die Karatu Country Lodge 142
64 Gartenparadies im Hochland – die Plantation Lodge 144
65 Stilikone am Kraterrand – die Ngorongoro Crater Lodge 146
66 Oase am Eyasisee – das Kisima Ngeda Tented Camp 148
67 Einfach, naturnah, charmant – die Wilderness Camps 150
68 Auf den Spuren der Wanderungen – das mobile Olakira Migration Camp 152
69 Zelten zwischen Gnus und See – die Lake Masek Tented Lodge 154
70 Auf Fels gebaut – das Kusini Camp 156
71 Auf Zeitreise in der Serengeti – das Pioneer Camp 158
72 Im Reich der Raubkatzen – das Namiri Plains Camp 160
73 Exklusiv und nachhaltig – das Sayari Camp 162
74 Hüter des Kogakuria-Kopje – das Lamai Serengeti Camp 164
75 Exklusives Trio – die Lodges im Grumeti-River-Reservat 166
76 Eine einheimische Erfolgsgeschichte 2 – die Mbugani Camps 168
77 Auf Afrikas Arche – das Rubondo Island Camp 170
78 Tarzans Erbe – das Greystoke Mahale Camp 172
79 Zwischen Berg und Strand – Mbali Mbali Mahale 174
80 Tauchparadies am Tanganjikasee – die Lake Shore Lodge 176

81 Zurück in die Vergangenheit – das Chada Katavi Camp 178
82 Rustikal und präsidial – Mbali Mbali Katavi 180
83 Auf das Wesentliche – das Katavi Wildlife Camp 182
84 Die Hohe Schule – das Mwagusi Safari Camp 184
85 In tiefster Wildnis – das Jongomero Camp 186
86 Ein gelebter Traum – das Ikuka Safari Camp 188
87 Wo die wilden Hunde wohnen – das Lake Manze Tented Camp 190
88 Im Kampf mit den Naturgewalten – das Siwandu Camp 192
89 Auf den Spuren des berühmten Afrikaforschers – Stanley's Kopje 194
90 Vor den Toren der Stadt – Ras Kutani 196
91 Im Einklang mit Natur und Mensch – die Chole Mjini Lodge 198
92 Eine afrikanische Robinsonade – die Fanjove Island Lodge 200
93 Symbiose zweier Welten – das Zanzibar Serena Hotel 202
94 Wie ein Märchen aus 1001 Nacht – das Zanzibar Palace Hotel 204
95 Ein holländischer Traum – die Unguja Lodge 206
96 Tief im Osten – die Seasons Lodge Zanzibar 208
97 Im Osten geht die Sonne unter – das Michamvi Sunset Bay Resort 210
98 Rustikaler Charme und Barfuß-Atmosphäre – die Matemwe Lodge 212
99 Privates Ökoparadies im Indischen Ozean – Chumbe Island 214
100 Privater Tropentraum vor Sansibars Ostküste – die Mnemba Island Lodge 216
101 Musterbeispiel für nachhaltigen Tourismus – die Pemba Lodge im Sansibar-Archipel 218

Anhang 220

Steckbrief Tansania 222
Allgemeine Reiseinformationen 223
Reise-Gesundheitsinformationen 229
Die verschiedenen Safari-Optionen 232
Warum eine Kombination von Kenia und Tansania sehr aufwendig ist 234
Ein Mittel im Kampf gegen die Wilderei – der Tourismus 236
Literaturtipps 238
Stichwortverzeichnis 240
Der Autor 243

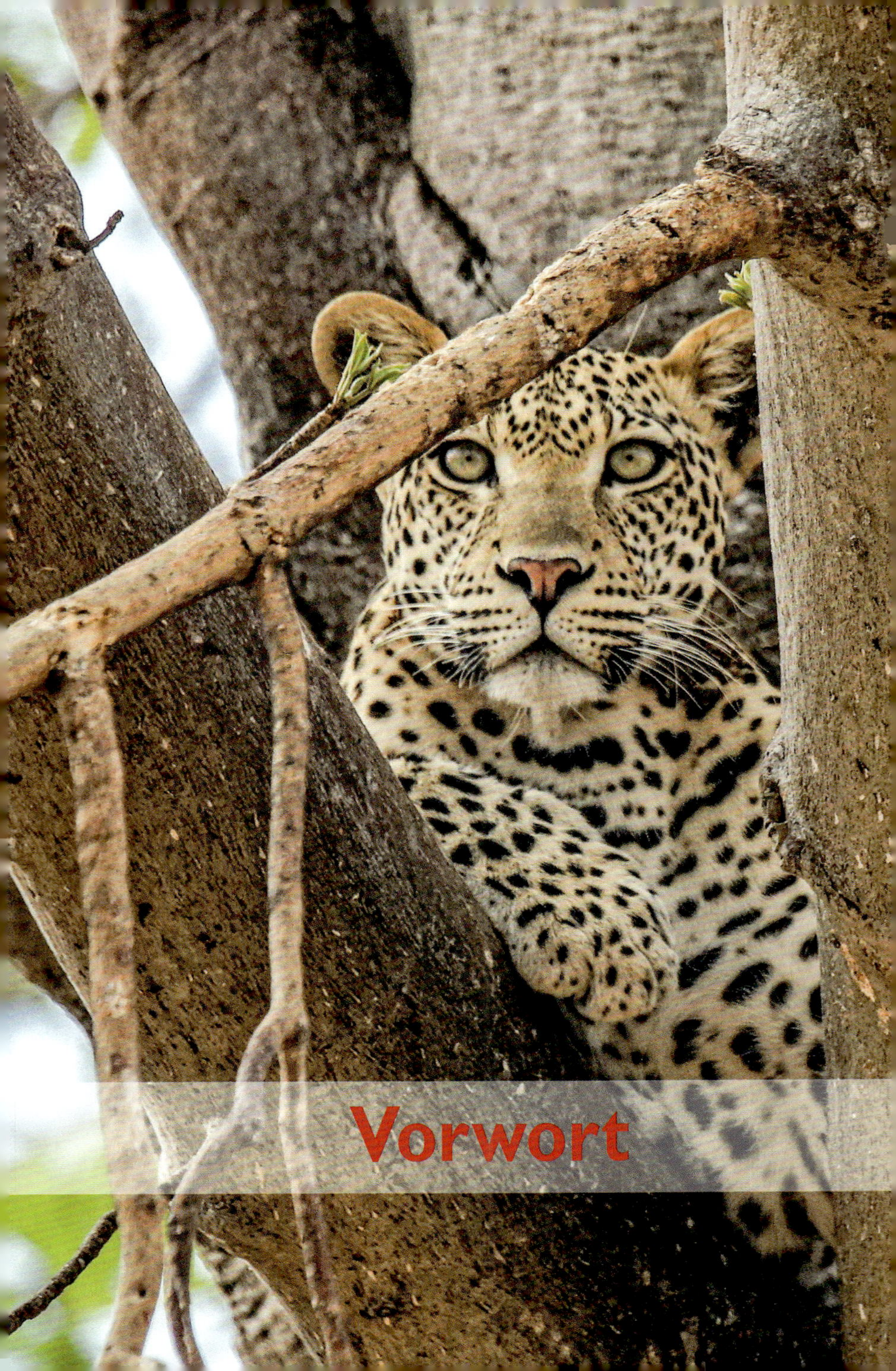

Vorwort

Tansania ist ein Land der Superlative und eines der vielfältigsten und abwechslungsreichsten Länder Afrikas. Der höchste und der tiefste Punkt des Kontinents befinden sich in Tansania, nirgendwo leben mehr große Säugetiere als hier und in kaum einem anderen Land können Reisende den Spuren von Schimpansen folgen und im Anschluss am Strand entspannen. Hinzu kommen eine faszinierende Inselwelt in artenreichen tropischen Gewässern und eine sehr interessante Historie, die Tansania zu einer multikulturellen Nation hat werden lassen.

Eingebettet zwischen dem Tanganjikasee im Westen und dem Indischen Ozean im Osten stellt dieses facettenreiche Land mit seinen schier grenzenlosen Möglichkeiten Reisende vor die Qual der Wahl. Klassische Safari auf den Spuren der großen Wanderung in der Serengeti oder doch lieber in den weniger bekannten Parks im Süden? Besteigung des Kilimandscharo oder des Mount Meru? Wandern in den Usambara-Bergen oder auf dem Kitulo-Plateau? Tauchen am Tanganjikasee oder im Mafia-Archipel? Entspannen an den Stränden von Sansibar oder der Swahili-Küste auf dem Festland? Mit den Hadzabe auf Jagd gehen oder den Relikten der deutschen Kolonialzeit nachspüren?

Auch mit dieser zweiten Auflage von „101 Tansania" möchte ich Ihnen bei der Beantwortung dieser Fragen und bei der Auswahl geeigneter Reiseziele behilflich sein. Wie in vielen afrikanischen Ländern hat sich auch in Tansania in den letzten Jahren einiges geändert und viele dieser Veränderungen sind in dieses Buch eingeflossen. Auf jeweils zwei Seiten stelle ich Ihnen erneut bekannte und weniger bekannte Ziele aus verschiedenen Kategorien sowie eine Auswahl an besonderen Unterkünften vor. Im Anhang finden Sie allgemeine Reise- und Gesundheitsinformationen, eine Übersicht der verschiedenen Safari-Optionen und eine Auswahl an interessanter und unterhaltsamer Literatur. 101 Tansania ist kein Reiseführer im herkömmlichen Sinne, sondern vielmehr eine persönliche Auswahl, die keinen Anspruch auf Vollständigkeit erhebt.

Ich wünsche Ihnen viel Spaß beim Lesen des Buches und eine gute Reise, für welche Ziele Sie sich auch entscheiden werden. Ich bin mir sicher, dass Tansania Ihnen genauso gut gefallen wird wie mir.

Safari Njema

Ihr Andreas Wölk

Natur und Landschaft

I Zwischen Ozean und Busch – der Saadani-Nationalpark

Offene Savanne, Palmenwälder und saisonale Flüsse auf der einen, weite Überflutungsebenen, intakte Mangrovenwälder und der gewaltige **Wami-Fluss** auf der anderen Seite: Das sind nur einige Merkmale, die den Saadani-Nationalpark beschreiben. Dieser ist nicht nur einer der jüngsten Nationalparks in Tansania, sondern auch der einzige in Ostafrika, der an der Küste liegt und dadurch nicht nur Safari-, sondern zugleich auch Badeurlaub ermöglicht.

Ungewöhnlich ist auch, dass sich **das Dorf Saadani mitten im Nationalpark** befindet – nirgendwo sonst in Tansania dürfen Menschen innerhalb eines Nationalparks leben. Diese Erlaubnis beruht darauf, dass die Einwohner größtenteils Fischer sind oder in einer der Lodges arbeiten und so kaum schadhafter Einfluss auf den Nationalpark zu befürchten ist. Seit der Ausweitung des Schutzgebietes und der Gründung des Nationalparks im Jahr 2005 wurde außerdem eine Salzgewinnungsanlage Teil desselben.

Aber nicht nur in Hinblick auf seine landschaftliche Vielfalt, sondern auch hinsichtlich der Tierwelt weist Saadani einige Besonderheiten auf. Vor der Gründung des 1.100 km² großen Nationalparks hatte das Areal den Status eines Schutzgebietes (*Game Reserve*), in dem Jagen erlaubt war – in dem aber auch Wilderer nahezu ungestört vorgehen konnten. Die Folgen sind noch heute spürbar, denn zum einen ist der Tierbestand noch nicht mit dem der etablierten Parks zu vergleichen, zum anderen sind die Tiere teils sehr scheu gegenüber Fahrzeugen. Vor allem Elefanten haben noch nicht vergessen und sind teilweise sehr misstrauisch. Insgesamt ist Saadani aber auf einem sehr guten Weg: **Die Anzahl an Tieren wächst stetig** und neben Giraffen, Wasserböcken und Büffeln haben auch Löwen und Hyänen den Park längst (wieder) zu ihrer Heimat gemacht. Auf nahezu jeder Pirschfahrt können die sonst eher scheuen Riedböcke beobachtet werden, die hier so konzentriert vorkommen wie in kaum einem anderen Park in Afrika. Außerdem lebt hier eine stabile Population der einst zahlreich in Afrika vorkommenden Liechtenstein-Antilope, die im südlichen Afrika nahezu ausgestorben ist. Mit ein wenig Glück zeigt sich während der Pirschfahrten

Zwischen Savanne und Meer: Saadani ist Tansanias einziger Nationalpark an der Küste

An der Südgrenze des Parks lädt der Wami zur Bootsafari ein

eine aus gut 100 Tieren bestehende Elefantenherde, die zu den Höhepunkten von Saadani zählt.

Die südliche Grenze des Nationalparks bildet der Wami, der sich per **Bootsafari** erkunden lässt. Neben Flusspferden und Krokodilen gibt es entlang des Flusses eine beeindruckende Vogelwelt zu beobachten. Zu den besonderen Arten hier zählen u. a. der Mangroven-Fischer und die Pel-Fischeule, die auch als Bindenfischeule bekannt ist. An den Überflutungsebenen, aber auch an den flachen Becken der Salzgewinnungsanlage sind oft Zwergflamingos anzutreffen.

Saadani wird nach wie vor nur wenig besucht, sodass die meisten Gäste den Park noch für sich alleine haben. Dabei ist er – trotz seines jungen Entwicklungsstandes – aufgrund der **verschiedenen Landschaftsformen** ein sehr lohnender Park. Aber so schön die Vorstellung sein mag: Die Wahrscheinlichkeit, beim Baden Löwen oder Elefanten beobachten zu können, ist eher gering. Denn es kommt nur sehr selten vor, dass größere Tiere den Strand aufsuchen.

Info

Übernachten: innerhalb des Parks entweder in der luxuriösen, 2019 umfassend renovierten Saadani Safari Lodge (http://saadanisafarilodges.com) oder in eher schlichten staatlichen Bandas (Buchung über TANAPA, Tel.: 0689-062346, E-Mail: saadani@tanzaniaparks.go.tz), direkt außerhalb des Parks im Simply Saadani Camp (ehemals Tent with a View, www.tentwithaview.com) oder im Kisampa Bush Retreat (www.kisampa.com).

Anreise: per Fahrzeug ab Daressalaam (ca. drei Stunden) oder per Kleinflugzeug ab Arusha mit Coastal Aviation (ca. zwei Stunden) oder ab Daressalaam mit Safari AirLink (ca. 30 Minuten), jeweils täglich.

Sonstiges: Während der Regenzeit im April und Mai sind die Camps geschlossen. Ansonsten lohnt sich ein Besuch in Saadani ganzjährig, nicht zuletzt aufgrund der Kombination von Busch und Strand.

2 Paradies für Wanderer und Ornithologen – die Usambara-Berge

Zwar ist das Echte Usambaraveilchen wildwachsend nur noch selten zu finden, dennoch gehört seine Heimat zu den artenreichsten Gegenden der Erde. Seit 30 Millionen Jahren bedecken dichte Bergregenwälder die Usambara-Berge. Es sind **die letzten Überreste ausgedehnter Waldgebiete**, die sich einst über den gesamten Norden Tansanias erstreckten. In jüngeren Jahrhunderten haben der Klimawandel und der Einfluss des Menschen dazu geführt, dass die Wälder immer mehr zurückgegangen sind. Während einer lang anhaltenden Dürreperiode vertrockneten die tiefer gelegenen Waldgebiete und nur die höher gelegenen überlebten. Das tropisch-feuchte Klima in den Bergen bietet ideale Bedingungen für den Anbau verschiedenster Obst- und Gemüsearten wie Bananen, Papayas, Birnen und Paprika, weshalb der Mensch sich hier dauerhaft angesiedelt hat.

Heute sind die Usambara-Berge vor allem als Paradies für Wanderer und Ornithologen bekannt. Unzählige Wanderwege führen durch die Berge und oftmals muss man nicht einmal die extra ausgewiesenen Naturreservate besuchen (auch wenn diese, wie z. B. das Magamba-Waldreservat, sehr lohnend sind), sondern kann direkt von der Lodge aus mit der Wanderung beginnen. Auch wenn ein Guide nicht zwingend erforderlich ist, sollten Reisende nicht alleine losziehen. **Die einheimi-**

Mantelaffen sind nur selten auf dem Boden zu sehen

schen Guides kennen die Gegend wie ihre Westentasche und haben große Kenntnisse über die einheimische Flora und Fauna. Und wer kann schon ohne entsprechende Vorkenntnisse sagen, ob es sich bei einem Chamäleon nicht möglicherweise um das endemische Fischers Zweihornchamäleon handelt? Denn ähnlich wie im sogenannten Galapagos Afrikas, den Udzungwa-Bergen, die ebenfalls zum Gebirgszug der Eastern Arc Mountains gehören, leben in den Usambara-Bergen sehr viele Tier- und Pflanzenarten, die sonst nirgendwo vorkommen.

Ein Fischers Zweihornchamäleon

Hobby-Ornithologen sollten unbedingt das Amani-Naturreservat aufsuchen. Dieses Reservat beheimatet einen der artenreichsten Regenwälder Ostafrikas und gilt in vielerlei Hinsicht als eines der besten Gebiete für Vogelbeobachtung in Tansania, wenn nicht gar in ganz Ostafrika. Es ist gut zu erreichen, verfügt über eine gute Infrastruktur und die einheimischen Guides sind hervorragend ausgebildet, um seltene Arten wie den Langschnabelsänger oder den Grünkopfpirol zu entdecken. Neben vielen weiteren Vogelarten haben Besucher in den Usambara-Bergen auch gute Chancen, die inzwischen selten gewordenen Mantelaffen auf Wanderungen zu sehen.

Info

Lage: Die Usambara-Berge befinden sich ca. vier Fahrtstunden von Arusha entfernt und lassen sich somit sehr gut als Zwischenstopp auf dem Weg zur Küste oder zwischen den nördlichen und südlichen Nationalparks einbauen.
Übernachten: Der Standard ist recht einfach, Unterkünfte im Stil eines luxuriösen Safaricamps gibt es hier nicht. Zu den beliebtesten Unterkünften zählt die Mambo View Point Eco Lodge (www.mamboviewpoint.org).
Klima: Aufgrund der Höhenlage und der Wälder sind die Temperaturen moderat. Während es im Sommer durchaus heiß wird (30 °C sind keine Seltenheit), kann es im Winter vor allem nachts sehr kalt werden. Die meisten Unterkünfte verfügen deshalb über Kamine und offene Feuerstellen.
Reisezeit: Auch wenn ganzjährig Niederschläge vorkommen, sollten die Monate November/Dezember und April/Mai aufgrund der Regenzeiten gemieden werden.

3 Der höchste freistehende Berg der Welt – der Kilimandscharo

Einmal auf dem höchsten Punkt eines Kontinents zu stehen, ist der Traum vieler ambitionierter Bergsteiger. Während Berge wie der Denali (ehemals Mount McKinley) in Alaska, der höchste Berg des amerikanischen Kontinents, oder der Mount Everest im Himalaya sehr anspruchsvoll sind und entsprechende Erfahrung voraussetzen, erfordert Afrikas Kilimandscharo nicht viel mehr als eine **gute körperliche Konstitution**. Mehr als 20.000 Besucher pro Jahr versuchen sich am höchsten freistehenden Berg der Welt, der eigentlich kein solcher ist. Vielmehr handelt es sich um ein Massiv, bestehend aus den **drei Vulkanen** Shira, Mawenzi und dem schneebedeckten Kibo mit dem 5.895 m hohen Uhuru Peak. Auch wenn die letzten vulkanischen Aktivitäten teilweise mehrere Tausend Jahre zurückliegen, gehen Wissenschaftler davon aus, dass sich die Vulkane nur in einer Ruhephase befinden und eines Tages wieder ausbrechen werden.

Kilimandscharo: Drei Vulkane bilden das höchste Bergmassiv Afrikas

Besucher können zwischen **sechs verschiedenen Routen** mit unterschiedlichen Schwierigkeitsgraden wählen. Als beliebteste, weil einfachste, gilt die häufig als Coca-Cola-Route bezeichnete Marangu-Route. Sie ist zudem die einzige, bei der in einfachen Hütten (u. a. den Horombo-Hütten) übernachtet wird. Auf allen anderen Routen ist nur Camping möglich. Zu den landschaftlich schönsten Routen zählen die Machame- und die Rongai-, während die Lemosho-Route als die wildreichste gilt. In den Wäldern und Moorlandschaften am Beginn der Lemosho-Route leben Elefanten und Büffel, weshalb hier zunächst ein bewaffneter Nationalpark-Ranger den Aufstieg begleitet. Gelegentlich werden auch auf dem Shira-Plateau in über 3.500 m Höhe Tiere gesehen, wie z. B. Elenantilopen, aber auch Büffel und sehr selten sogar Löwen, Leoparden und Elefanten.

Horombo-Hütten an der Marangu-Route

Der Kilimandscharo ist seit jeher **eines der beliebtesten Fotomotive Tansanias**, doch die meiste Zeit des Jahres versperren dichte Wolken den Blick auf das Massiv. Zwischen Juli und September sind die Chancen auf freie Sicht am größten, vor allem in den frühen Morgenstunden. Diese Monate sowie Januar und Februar sind auch eine gute Zeit für eine Besteigung. Grundsätzlich ist diese aber ganzjährig sehr gut möglich, lediglich die regenreichen Monate April und Mai sind nicht zu empfehlen.

Bis heute ist nicht eindeutig geklärt, woher der Name Kilimandscharo stammt. Eine naheliegende Erklärung hängt mit dem **Stamm der Chagga** zusammen, der seit Jahrhunderten die fruchtbaren Böden um den *Kili* – so die Bezeichnung im Volksmund – bestellt. Auf die Frage der ersten europäischen Entdecker, ob der Gipfel erreichbar sei, antworteten die Chagga mit „kilemakyaro", was so viel wie „unmögliche Reise" bedeutet. Zwar erwies sich die Aussage im Nachhinein als falsch, denn bereits 1889 erreichten der Deutsche Hans Meyer und der Österreicher Ludwig Purtscheller als erste Menschen den Gipfel; für die Mehrheit der Hobby-Bergsteiger gilt sie aber bis heute: Weniger als 40 % schaffen es bis zum Gipfelkreuz des Uhuru Peak.

Info

Kosten: ab ca. 1.300 € pro Person für die Marangu-Route, die günstigste der sechs Routen.
Hinweis: Eine Besteigung in Eigenregie ist nicht erlaubt, sondern nur in Begleitung von einheimischen Guides. Ein Anbieter für Touren ist z. B. das Unternehmen Climbing Kilimanjaro (www.climbingkilimanjaro.com).

Tipp: Die Höhenkrankheit ist die Hauptursache für das Scheitern einer Besteigung. Besucher sollten von daher unbedingt einen, besser noch zwei Tage zur Akklimatisierung einplanen. Dies ist zwar mit zusätzlichen Kosten verbunden, aber immer noch besser, als eine Besteigung aufgeben zu müssen. Im Falle einer Aufgabe werden nämlich keinerlei Kosten erstattet.

4 Hohe Berge, weites Land – West Kilimanjaro

Von einer Linie zwischen den Bergen Mount Meru und Kilimandscharo bis zur kenianischen Grenze erstreckt sich ein mehr als 2.000 km² großes Gebiet, welches bislang nur wenigen Touristen bekannt ist. Im Volksmund als *West Kilimanjaro* bezeichnet, handelt es sich hierbei um den **tansanischen Teil des Amboseli-Ökosystems**, dessen Kerngebiet der Amboseli-Nationalpark in Kenia bildet. West Kilimanjaro ist traditionelles Massailand, in dem seit jeher die afrikanische Tierwelt und die Hirtennomaden mit ihren Rinder- und Ziegenherden friedlich nebeneinander leben.

West Kilimanjaro ist Massai-Land

Die Landschaft ist flach und geprägt von afrikanischer Savanne, die immer wieder von kleinen Akazienwäldern durchzogen ist. Richtung Osten erhebt sich das Kilimandscharo-Massiv, das ein tolles Panorama für traumhafte Sonnenauf- und -untergänge bietet. Wenn sich dann noch jagende Geparde, große Elefantenherden und am Horizont wandernde Massai-Krieger hinzufügen, ist die **afrikanische Bilderbuch-Idylle** komplett. Nicht ganz zufällig diente West Kilimanjaro als Kulisse zahlreicher Filme, u. a. für die Hollywood-Produktion „Hatari!" mit John Wayne und Hardy Krüger.

Im Jahr 2010 schlossen sich neun Massai-Siedlungen zusammen und gründeten die Enduiment Wildlife Management Area. Mit einer Fläche von 1.800 km² ist der größte Teil West Kilimanjaros seitdem als **Schutzgebiet** ausgewiesen. Die Massai haben längst erkannt, welch großes Potenzial Natur und Tiere für ihr Land und für den Tourismus bieten. Einige Massai-Krieger haben sich den Lion Guardians angeschlossen. Diese **Naturschutzorganisation** hat sich zur Aufgabe gemacht, die

Konflikte zwischen Menschen und Löwen auf friedliche Weise unter Einbeziehung der einheimischen Bevölkerung zu lösen. West Kilimanjaro ist aber weniger für seine Löwenpopulation als vielmehr für seine **Elefanten** bekannt. Während der Trockenzeit sind es überwiegend alte Elefantenbullen, die friedlich durch das Land ziehen. Sobald aber der Regen einsetzt, Wasserlöcher füllt und Gras und Blätter wachsen lässt, ziehen Elefantenherden aus dem Amboseli-Nationalpark durch West Kilimanjaro. Die offene Savannenlandschaft beheimatet außerdem Zebras, Gnus, Giraffen und verschiedene Gazellenarten.

Während der Trockenzeit durchstreifen einzelne Elefantenbullen das Gebiet

Neben Safari-Aktivitäten und Begegnungen mit den Massai eignet sich das Gebiet hervorragend als **Ausgangsbasis, um den westlichen Teil des Kilimandscharo-Massivs zu erkunden**. Das Shira-Plateau ist eine faszinierende Hochebene, welche sich im Rahmen eines Tagesausflugs besuchen lässt. Bei einer Wanderung auf 3.500 m bieten sich atemberaubende Aussichten auf den Großen Afrikanischen Grabenbruch mit seinen weiten Ebenen und zahlreichen Bergen, etwa dem Mount Meru, dem zweithöchsten Berg Tansanias. Eine solche Wanderung wird immer von einem einheimischen Guide begleitet, denn gelegentlich ziehen auch Büffel, verschiedene Antilopenarten und sogar Leoparden über das Plateau.

Info

Übernachten: Direkt im Schutzgebiet liegt nur das Shu'Mata Camp (s. S. 126), am östlichen Rand befinden sich mit der Ndarakwai Ranch (www.ndarakwai.com) und mit Kambi ya Tembo (www.twctanzania.com) zwei klassische Zeltcamps.

Reisezeit: ganzjährig. Während der großen Regenzeit im April und Mai sind die Camps allerdings geschlossen. Die Elefantenherden können im Juni und Juli beobachtet werden. Sobald es hier zu trocken wird, wandern die Herden wieder zurück in den Amboseli-Nationalpark.

Ausflüge: Alle Camps bieten Pirschfahrten, Walking-Safaris und den Besuch eines Massai-Dorfes ohne Aufpreis an. Durch die Unberührtheit dieses Gebietes sind die Dörfer hier noch wenig touristisch und bieten relativ authentische Einblicke in die Lebensweise der Massai. Ein Besuch des Shira-Plateaus ist von allen Camps aus gegen Aufpreis möglich (ca. 140 US$ pro Person). Das Shu'Mata Camp bietet außerdem die Möglichkeit, die Lion Guardians zu besuchen.

5 Flamingos in Mondlandschaft – der Natronsee

Ätzend wie Ammoniak: der Natronsee

Der Natronsee ist die einzige bekannte Brutstätte von Zwergflamingos in Ostafrika

Die Luft flimmert vor Hitze, das Thermometer zeigt weit über 40 °C an. Der trockene Wind weht den Staub durch die karge Landschaft. Von Wasser, geschweige denn Menschen oder Tieren ist weit und breit nichts zu sehen. Dann tauchen wie aus dem Nichts Berge am Horizont auf. Es sind die Silhouetten des **Mount Gelai** und des **Ol Doinyo Lengai**, die mit fast 3.000 Metern höchsten Erhebungen dieser Gegend. Nur wenig später werden salzige Flächen sichtbar, kleine Gruppen von Zwergflamingos ziehen durch die Luft und plötzlich taucht eine weite, spiegelglatte Wasseroberfläche auf – der Natronsee. Es gibt nur wenige Orte im Großen Afrikanischen Grabenbruch, an denen sich die raue Schönheit und die Urkräfte der kontinentalen Plattenverschiebungen so deutlich zeigen, wie an der **Mondlandschaft am Natronsee**.

Das Wasser des Sees hat einen durchschnittlichen pH-Wert von zehn und ist damit fast so ätzend wie Ammoniak. Dennoch haben es zwei Arten von Buntbarschen geschafft, sich an diese lebensfeindlichen Bedingungen anzupassen. Für Salinenkrebse, die für die typische Rotfärbung von alkalischen Gewässern sorgen, ist es dagegen ein idealer Lebensraum. Diese Krebse wiederum gehören zur bevorzugten Nahrung von **Zwergflamingos**, die durch das Fressen der Krebse ihre typische Rosafärbung erhalten. Der Natronsee ist nach jetzigem Wissen der einzige Ort in Ostafrika, an dem die bis zu 2,5 Millionen Zwergflamingos brüten und ihre Jungen aufziehen. Wenn der Wasserstand des Sees im August sinkt, werden kleine Inseln freigelegt, auf denen die Flamingos, geschützt vor potentiellen Feinden, ihre Nester bauen können.

In direkter Nähe des Sees sind die Lebensbedingungen für Mensch und Tier besser, als der erste Eindruck vermuten lässt. Es gibt einige kleine Flüsse, Bäche und Quellen, die für Trinkwasser sorgen. So ist am Südufer des Sees im Laufe der Jahre ein

Sitz des Gottes Engai: der Ol Doinyo Lengai

kleines Dorf namens Engaresero entstanden, welches bei einem Abstecher in diese Region besucht werden kann. Um den See herum leben auch überraschend viele Tiere, darunter Giraffen, Zebras, Gnus, aber auch Kleine Kudus, Oryxantilopen und Raubtiere wie Löwen, Geparde und Streifenhyänen. Die meisten dieser Tiere leben in der riesigen, 4.000 km² großen **Natron Game Controlled Area (NGCA)**. Bei diesem Gebiet handelt es sich um Massai-Land, welches als privates Reservat zur exklusiven Nutzung an Legendary Expeditions (s. S. 120) verpachtet wurde.

Die Gegend um den Natronsee ist noch sehr ursprünglich und wenig touristisch. Einige der Massai-Stämme leben so abgeschieden, dass ihnen Swahili völlig fremd ist. Für die Massai hat die Gegend aufgrund des Ol Doinyo Lengai zudem eine große Bedeutung, heißt es doch, dass **im Berg der Gott Engai lebt**, dessen Zorn sich in Vulkanausbrüchen niederschlägt, zuletzt im Jahr 2008. Der Berg kann im Rahmen einer langen Tageswanderung bestiegen werden. Der Aufbruch erfolgt gegen Mitternacht, um bis zur Mittagshitze wieder zurück zu sein.

Info

Übernachten: zum Beispiel in einer der beiden umweltfreundlichen Unterkünfte Lake Natron Camp (www.lake-natron-camp.com) oder Maasai Giraffe Eco Lodge (einfacher Standard, dafür preiswert; www.maasaigiraffe.com). In der privaten NGCA z. B. im luxuriösen Tandala Tented Camp (www.legendaryexpeditions.com/safari).

Sonstiges: Der Lake Natron wird nach wie vor nur selten besucht und meist auch nur als Zwischenstopp auf dem Weg in die nördliche Serengeti. Dabei bietet die Gegend ein Stück ursprüngliches Afrika und sehr authentische Begegnungen mit den Massai. Die Flamingo-Kolonien können allerdings nur aus der Luft beobachtet werden, da sich die Brutgebiete mitten im See befinden und nicht per Fahrzeug oder zu Fuß erreichbar sind.

6 Zwischen Dürre, Fischen und Zwiebeln – der Eyasisee

Der Eyasisee befindet sich eineinhalb Fahrtstunden von Karatu entfernt in südwestlicher Richtung. Die Anfahrt erfolgt über eine Schotterpiste und könnte kaum kontrastreicher sein. Das immergrüne Ngorongoro-Hochland weicht schnell einer trockenen und ausgedörrten Vegetation, in der niedrige Büsche und kleine Akazien dominieren. In dieser kargen Landschaft leben kaum Tiere, nur gelegentlich lassen sich Große Singhabichte bei der Jagd beobachten. Nach einer Stunde erreicht man den Ort Mang'ola, der Überraschendes offenbart: Um Mang'ola herum befinden sich **große Zwiebelfelder**. Während der Kolonialzeit, in der der See den Namen Njarasee trug, wurde mit Hilfe von natürlichen Wasserquellen, die sich in der Nähe des salzigen Eyasisees befinden, ein Bewässerungssystem für landwirtschaftliche Zwecke angelegt. Die Boden- und Klimaverhältnisse erwiesen sich als ideal für den Zwiebelanbau und im Laufe der Jahre entwickelte sich hier Ostafrikas wichtigstes Anbaugebiet. Selbst Großstädte wie Nairobi und Arusha decken ihren Bedarf mit Zwiebeln vom Eyasisee.

Hinter Mang'ola fällt die Straße ab und bietet erste Blicke auf den See. Jenseits des Wassers erstreckt sich der Eyasi-Steilhang, Teil des Großen Afrikanischen Grabenbruchs. Die Straße führt zum Nordostufer des Sees, wo sich die wenigen Unterkünfte befinden. Zuvor ist jedoch ein dichter Grüngürtel zu durchqueren. Auch hier direkt am See sorgen natürliche Wasserquellen unabhängig vom See für eine **üppige Vegetation mit teilweise dichter Bewaldung**. Eine Vielzahl an Vogelarten ist in diesen Wäldern zu Hause, darunter die sehr farbenfrohen Pfirsichköpfchen, die bei Spaziergängen gut zu beobachten und schon von Weitem an ihrer schrillen Stimme zu identifizieren sind. Direkt hinter dem Grüngürtel schließt dann das flach verlaufende Seeufer an.

Der Wasserstand des Sees ist von den Regenzeiten abhängig. **In Jahren der Dürre trocknet er fast vollständig aus** und hinterlässt eine flache Landschaft mit verkrusteten Salzflächen, die an die Salzpfannen in Namibia und Botswana erinnern. Nach ergiebigen Regenzeiten füllt sich die Ebene. Dann bedeckt der See eine Fläche, die doppelt so groß ist wie der Bodensee. Mit den Wassermengen werden aus den Bächen und Flüssen viele Fische in den See gespült, die aus dem abflusslosen See nicht mehr entkommen können. Während dieser Zeit ziehen Fischer aus dem gesamten nördlichen Tansania an

Schrille Stimmen und Farben: Pfirsichköpfchen

See ohne Wasser: In Zeiten der Dürre trocknet der Eyasisee aus

die Ufer des Sees, um ihre Netze auszuwerfen. Doch nicht nur die Menschen profitieren von dem Fischreichtum, auch viele Pelikane, Reiher und Störche finden sich dann hier ein. Gelegentlich halten sich auch mehrere Hunderttausend Flamingos am Eyasisee auf. Dies ist aber stets vom Wasserstand und der damit zusammenhängenden Sodakonzentration abhängig.

Der Eyasisee ist kein klassisches Safariziel, obwohl an seinen Ufern neben einer sehr vielfältigen Vogelwelt einige interessante Tierarten wie der Kleine Kudu, Streifenhyänen oder Leoparden leben. Stattdessen ist die Gegend für kulturelle Begegnungen mit dem **Volk der Hadzabe** bekannt, deren Heimat sich vom Westufer des Sees bis an das angrenzende Ngorongoro-Schutzgebiet erstreckt. Die Hadzabe gelten als eines der letzten afrikanischen Völker von Jägern und Sammlern und eine kleine Gruppe von ihnen gestattet Touristen, sie bei Jagdausflügen zu begleiten (s. S. 76).

Info

Übernachten: Die Auswahl ist nicht groß, aber überraschend vielfältig: Mit der Lake Eyasi Safari Lodge (www.lakeeyasi.com), dem gehobeneren Kisima Ngeda Camp (s. S. 148) und der architektonisch ungewöhnlichen Ziwani Lodge (www.ziwanilodge.com) stehen drei grundverschiedene Unterkünfte zur Wahl. Der Eyasisee kann aber auch im Rahmen eines Tagesausflugs von Karatu aus besucht werden.

Ausflüge: Die Jagdausflüge mit den Hadzabe werden i. d. R. über die Camps gebucht und organisiert. Neben den Hadzabe lebt am Eyasisee das Hirtenvolk der waDatoga, die auch für ihre Fähigkeiten als Schmiede bekannt sind. Ein Besuch bei diesem Volk ist eine gute Alternative zu den inzwischen zumeist sehr touristischen Massai-Dörfern.

7 Refugium im Viktoriasee – der Rubondo-Island-Nationalpark

Rubondo Island ist seit 1977 das Herzstück des nach der Insel benannten Rubondo-Island-Nationalparks. Der Park liegt im Golf von Emin Pasha im südlichsten Teil des Viktoriasees und ist mit insgesamt 457 km² **der größte afrikanische Insel-Nationalpark**. Rubondo Island selbst macht mehr als die Hälfte der Gesamtfläche aus, der Rest verteilt sich auf elf kleinere Inseln.

Rubondo Island ist sehr hügelig und geprägt von tropischem Regenwald, der fast 80 Prozent der Insel bedeckt. Die Ostküste ist felsig und wird von einigen Sandstränden unterbrochen, während an der Westseite Papyrus-Sümpfe überwiegen. Die Gewässer um die Insel gelten als sehr fischreich und sind wegen des Vorkommens des Viktoriabarsches bei Sportfischern sehr beliebt. Aufgrund des Nationalparkstatus ist Angeln aber nur auf „catch & release"-Basis (fangen und wieder freilassen) erlaubt.

Aufmerksamkeit erlangte Rubondo Island erstmals in den 1960er-Jahren durch den deutschen Zoologen und Tierfilmer Bernhard Grzimek. Grzimek war zu dieser Zeit schon lange in Tansania tätig, wo er sich unter anderem für den Erhalt der Serengeti einsetzte („Serengeti darf nicht sterben"). Über Umwege konnte Grzimek 16 wilde Schimpansen aus ihrer Gefangenschaft retten und auf Rubondo Island wieder auswildern. Die natürlichen Voraussetzungen stimmten, es gab keine natürlichen Feinde (inklusive Menschen), sodass diese **erste erfolgreiche Auswilderung von Schimpansen aus Gefangenschaft gelang**. Bis heute ist die Anzahl der Schimpansen auf über 40 Tiere angestiegen. Weitere Versuche, auf Rubondo Island nicht heimische Tierarten anzusiedeln, waren teilweise weniger erfolgreich.

Blick über den Viktoriasee

So starben z. B. Elenantilopen an natürlichen Ursachen, ehe sie sich fortpflanzen konnten, während Spitzmaulnashörner Wilderern zum Opfer fielen. Bei Elefanten und Giraffen verlief die Umsiedlung erfolgreich und bis heute leben stabile Populationen auf der Insel. Dabei übten die Neuankömmlinge zu keinem Zeitpunkt negativen Einfluss auf das Ökosystem aus. Zu den heimischen Arten zählen neben Flusspferden, Krokodilen und Buschböcken auch die seltenen Sitatunga-Antilopen.

Bootstour durch die Inselwelt

Auf Rubondo Island gelang außerdem die Auswilderung einer besonderen Vogelart. Der Graupapagei zählt zu den Vögeln, die seit jeher von den Menschen als Haustier gehalten werden. Oftmals wurden und werden die Vögel in freier Wildbahn – teilweise legal, teilweise aber auch illegal – gefangen und in die ganze Welt verschickt. Im Jahr 2000 wurden 37 illegal gefangene Papageien am Flughafen von Nairobi entdeckt, beschlagnahmt und nach Rubondo Island gebracht. Aufgrund der hohen Anzahl an Feigenbäumen, deren Früchte die Papageien besonders gerne mögen, gewöhnten sich die Vögel schnell an die wiedergewonnene Freiheit und ihren neuen Lebensraum.

Umgesiedelt: Elefanten in ihrer neuen Heimat

Besucher des Rubondo Island Camp haben **gute Chancen, die Papageien zu beobachten**, da diese sich oft in dessen Nähe aufhalten. Neben den Graupapageien leben mehr als 200 weitere Vogelarten auf der Insel, unter ihnen auch die majestätischen Schreiseeadler, die hier so zahlreich vorkommen wie nirgendwo sonst in Afrika.

Info

Übernachten: Auf Rubondo Island gibt es nur das gleichnamige Camp von Asilia Africa (s. S. 170).
Anreise: täglich per Kleinflugzeug ab Mwanza mit Auric Air und ab allen Zielen des nördlichen Safari-Parcours (s. S. 102) mit Coastal Aviation.
Sonstiges: Das Safarierlebnis ist nicht zu vergleichen mit einer Safari wie z. B. in der Serengeti. Die Insel wird überwiegend zu Fuß erkundet, die Gewässer um die Insel per Boot oder Kanu. Baden an den Stränden ist ebenfalls möglich, das Wasser wird regelmäßig auf Bilharziose untersucht. Vorher sollte aber auf Krokodile geachtet werden, die sich gelegentlich an den Stränden aufhalten.

8 Tansanias feuchtes Herz – der Tanganjikasee und Lupita Island

Abendstimmung auf dem größten Süßwasserreservoir Afrikas

Wenn über die Seen Afrikas gesprochen wird, fallen meist dieselben drei Namen: Viktoriasee, Malawisee und Nakurosee. Nur selten wird der Tanganjikasee genannt. Dabei ist er ein **See der Superlative**. Mit einer Ausdehnung von über 650 km von Norden nach Süden ist er der längste See der Welt. Und was die Tiefe betrifft, muss er sich mit 1.470 m nur dem russischen Baikalsee geschlagen geben. Diese Ausmaße führen zu einem gigantischen Volumen, das rund sechsmal so groß ist wie das des deutlich bekannteren Viktoriasees. Der Tanganjikasee speichert rund 17 Prozent des weltweiten Süßwasservorkommens und ist damit das größte Süßwasserreservoir in ganz Afrika. Insgesamt 50 Flüsse speisen den See, während er lediglich einen Abfluss hat – und dies auch nur in sehr regenreichen Jahren. Im Laufe der Evolution hat sich hier ein **einzigartiger Wasserlebensraum** entwickelt, der mit seinen vielen endemischen Fischen als einer der artenreichsten der Welt gilt und sich beim Tauchen oder Schnorcheln entdecken lässt.

Die westlichen Uferbereiche des Tanganjikasees liegen in Sambia und der Demokratischen Republik Kongo und spielen touristisch ebenso wenig eine Rolle wie der schmale Uferstreifen in Burundi. Das tansanische Ostufer hingegen wartet – nicht zuletzt dank des Großen Afrikanischen Grabenbruchs – mit einer beeindruckenden landschaftlichen Vielfalt auf. Von langen Sandstränden und hohen Gebirgszügen über idyllische Fischerdörfer und Nationalparks (s. S. 52) bis hin zu verträumten Inseln und ereignisreiche Geschichte (s. S. 66 und S. 84) ist am tansanischen Ufer des Sees für jeden etwas dabei. Die hervorragende Wasserqualität und die schönen Sandstrände des Tanganjikasees ermöglichen sogar einen **klassischen Badeaufenthalt**, welcher keinen Vergleich mit Tansanias Küste scheuen muss.

Dank seiner Lage abseits der klassischen Safarirouten im Norden und Süden des Landes ist das

Dem Großen Afrikanischen Grabenbruch verdankt das tansanische Ostufer seine Vielfalt

Wie ein Meer im Binnenland: der Tanganjikasee

Seeufer bis heute sehr ursprünglich geblieben. Bis auf wenige Ausnahmen beschränkt sich der Tourismus auf Kigoma und die beiden Nationalparks Mahale Mountains und Gombe Stream. Eine dieser Ausnahmen ist **Lupita Island**. Die nur einen halben Quadratkilometer kleine Insel bietet dichte Wälder, offene Landschaften, felsige Küsten und feine Sandstrände. Auf dieser Insel leben keine Menschen, nur auf einer kleinen, angeschlossenen Nachbarinsel gibt es ein Fischerdorf. Seit 2005 gibt es auf Lupita Island eine kleine Lodge für maximal 26 Gäste. Ziel war und ist es, den Gästen ein Stück **afrikanische Ursprünglichkeit gepaart mit Exklusivität** zu vermitteln. Unter anderem bietet die Lodge den Gästen die Möglichkeit, mit den Bewohnern des Fischerdorfs in Kontakt zu treten – mit Menschen, die kaum bis gar kein Englisch sprechen und nur selten Touristen zu Gesicht bekommen.

Info

Übernachten: In Kigoma gibt es mehrere Optionen, z. B. das Kigoma Hilltop Hotel (www.kigomahilltop.com) oder das Lake Tanganyika Hotel (www.laketanganyikahotel.com). Auf Lupita Island gibt es die Lupita Island Lodge (https://lupitaisland.com). Dazu die verschiedenen Optionen in den beiden Nationalparks sowie die Lake Shore Lodge (s. S. 176).

Anreise: erfolgt meist per Kleinflugzeug von Kigoma oder vom Mahale Mountains N.P. (Achtung: keine täglichen Verbindungen).

Klima: ganzjährig konstantes und warmes Klima. Von Mitte März bis Mitte Mai fallen die meisten Niederschläge.

9 Gottes Garten auf Erden – der Kitulo-Nationalpark

Die einheimischen Menschen des Nyakyusa-Stammes nennen es „Bustani ya Mungu" – „Garten Gottes" –, Wissenschaftler gaben dem Kitulo-Plateau den Namen „Serengeti der Blumen". Jedes Jahr während der Regenzeit zwischen November und April findet hier **eines der eindrucksvollsten Blumenschauspiele unseres Planeten** statt. Dann verwandeln mehr als 350 Pflanzenarten den Kitulo-Plateau-Nationalpark in ein spektakuläres, farbenfrohes Blütenmeer. Unter den Blumen befinden sich allein 45 verschiedene Orchideenarten, genauso bemerkenswert ist aber die Vielfalt an Aloen, Proteen und Geranien. Mehr als 30 der hier zu findenden Pflanzenarten kommen nur im Süden Tansanias und drei wiederum nur auf dem Kitulo-Plateau vor.

Zwar ist der Kitulo-Nationalpark der einzige Park im östlichen Afrika, der aufgrund seiner einzigartigen Pflanzenwelt zum Nationalpark erklärt wurde, dennoch hat auch Kitulos Tierwelt einiges zu bieten. Im Jahr 2005, kurz nach der Ernennung des Gebiets zum Nationalpark, sorgte eine Gruppe Wissenschaftler für eine kleine Sensation, indem ihr etwas gelang, was in der heutigen Zeit kaum mehr als möglich gilt: **die Erstbeschreibung einer bis dahin unbekannten Primatenart**. Bei der Hochlandmangabe, die von den Einheimischen Kipunji genannt wird, handelt es sich um eine Art aus der Familie der Meerkatzenverwandten. Da ihr Lebensraum sehr begrenzt ist – sie findet sich nur hier und in den weiter nördlich gelegenen Ud-

Weit erstreckt sich das Kitulo-Plateau

Das Kitulo-Plateau ist ein Paradies aus Wildblumen

zungwa-Bergen –, ist die Population sehr klein. Deswegen landete die Hochlandmangabe fast zeitgleich mit ihrer Entdeckung auf der Liste der bedrohten Arten. Im Oktober 2018 wurden 24 Zebras – die es hier seit über 50 Jahren nicht gegeben hatte – ausgewildert. Die Tiere stammen aus dem Mikumi-Nationalpark und sind Teil des Programms, die ursprüngliche Wildnis des Parks wiederherzustellen. Mit seiner vielseitigen Topografie bildet der Park auch einen abwechslungsreichen Lebensraum für eine vielfältige Vogelwelt. Hier und in den angrenzenden Bergen der Kipengere-Kette sowie der Livingstone- und Poroto-Berge leben einige sehr seltene Arten wie die Schwarzflügeltrappe oder die Stahlschwalbe.

Zwar ist der zweitkleinste zugleich **der am schwersten zugängliche Nationalpark Tansanias**, auf dem Plateau selbst gibt es aber gute Wanderwege, die in naher Zukunft zu einem Netz ausgebaut werden sollen. Besuchern des Parks steht es frei, über das Grasland zu wandern, um dabei Vögel oder Schmetterlinge und andere Insekten zu beobachten und die Wildblumen zu bestaunen.

Info

Lage: Südtansania, nahe dem Malawisee, ca. 100 km von Mbeya entfernt.
Anreise: Air Tanzania fliegt täglich von Daressalaam nach Mbeya. Von hier aus geht es dann nur mit einem Allrad-Geländewagen weiter. Die Anfahrt erfolgt über eine spektakuläre, allerdings nicht asphaltierte Straße namens *Hamsini na Saba*, was 57 bedeutet und die Zahl der Haarnadelkurven auf dieser Straße angibt. Von der Übergangsverwaltung des Parks in Matamba dauert es noch eine Stunde bis zur Hochebene.
Beste Reisezeit: Die beste Zeit für Wildblumen liegt zwischen Dezember und April. Die sonnigeren Monate September bis November sind angenehmer für Wanderungen, dafür weniger lohnend für Pflanzenliebhaber. Von Juni bis August ist es kalt und neblig.
Übernachten: einige Möglichkeiten in Mbeya, nur zwei sehr einfache Pensionen in Matamba. Im Park gibt es noch keine Unterkünfte.

10 Ein afrikanisches Galapagos – der Udzungwa-Mountains-Nationalpark

Lange Zeit wurden die Udzungwa-Berge von Zoologen und Botanikern geflissentlich ignoriert. Das änderte sich 1979 schlagartig durch die zufällige Entdeckung der Sanje-Mangabe, einer Primatenart, die nur hier vorkommt. Dadurch wurde die Aufmerksamkeit der Biologen geweckt und die Forschungsbemühungen wurden intensiviert. Mit überwältigenden Ergebnissen: Die **große Zahl nur hier vorhandener Pflanzen- und Tierarten** führte dazu, dass die Udzungwa-Berge heute auch als „Galapagos von Afrika" bezeichnet werden. Konsequenterweise wurde das Gebiet 1992 zum Nationalpark erklärt.

Eine Brücke im Regenwald von Udzungwa

Die Udzungwa-Berge sind ein Teil der Eastern Arc Mountains, die sich von den Usambara-Bergen im Norden bis weit in den Süden des Landes erstrecken. Mit einer Größe von knapp 2.000 km^2 schützt der Park **das verbliebene Viertel eines einst riesigen Regenwaldgebietes**, das im Laufe der Jahrhunderte zunehmend durch den Menschen zerstört wurde. Besonders charakteristisch für die heute noch bestehenden Wälder sind das dichte Blätterdach der bis zu 50 m hohen Urwaldriesen und die großen Differenzen in den Höhenlagen, die von 250 bis mehr als 2.500 m über Normalnull reichen. Dieser besondere Lebensraum ist die Heimat vieler Pflanzen- und Tierarten, die es sonst nirgendwo auf der Welt gibt. Mehr als ein Viertel der Pflanzenarten in den Udzungwa-Bergen gelten als endemisch, im Tierreich geht man bislang von je mindestens vier endemischen Vogel- und Primatenarten aus, darunter die Sanje-Mangabe und der Udzungwa-Stummelaffe. Da die Wälder bis heute noch nicht komplett erforscht sind, ist damit zu rechnen, dass in den nächsten Jahren noch weitere bisher unbekannte Arten aus Flora und Fauna entdeckt werden.

Außer den endemischen Tierarten gibt es im Park zwar auch Elefanten, Büffel, verschiedenen Antilopenarten sowie Leoparden und Löwen, dennoch sind die Udzungwa-Berge kein klassisches Safariziel. Denn nur wenige dieser Tiere halten sich permanent im Park auf und wenn sie es doch einmal tun, sind sie aufgrund der dichten Vegetation nur selten zu sehen. Zudem gibt es wegen des bergigen Terrains im Park keinerlei Straßen, sodass auch keine Pirschfahrten möglich sind. Stattdessen gibt es **sehr gute Wanderwege**, die die Entdeckung des Parks zu Fuß ermöglichen. Die meisten dieser Wege sind im östlichen Teil, wo sich auch das kleine Besucherzentrum befindet. Hier muss sich jeder Gast registrieren lassen, wenn er in Begleitung eines Guides eine der vielen Wanderungen unternehmen möchte. Wanderungen auf eigene Faust sind nicht gestattet.

Am beliebtesten ist die drei- bis vierstündige **Tour zu den Sanje-Fällen**. Die Wanderung führt durch den dichten Wald und wird an den Wasserfällen mit einer tollen Aussicht belohnt. Die Sanje-Fälle laufen über verschiedene Stufen. In einigen der Becken am Fuße dieser Kaskaden ist das Baden zwar erlaubt, aber nicht jedermanns Sache: Das Wasser ist empfindlich frisch. Während dieser Wanderung gibt es gute Chancen, Mantelaffen, Diadem-Meerkatzen sowie verschiedene Waldvögel wie z. B. Silberwangen- oder Trompeterhornvögel zu sehen. Gelegentlich kann man in diesem Teil des Parks auch die Hochlandmangabe sehen, eine der seltensten Primatenarten weltweit, die sonst nur noch im Kitulo-Nationalpark vorkommt (s. S. 26).

Skurrile Tiere: Silberwangenhornvögel

Beliebtes Wanderziel: die Sanje-Fälle

Info

Übernachten: Im Park gibt es keine Unterkünfte. Direkt am Park befinden sich das einfache, aber sehr charmante Hondo Hondo Camp (www.udzungwaforestcamp.com) und die hotelartige Udzungwa Falls Lodge (www.udzungwafallslodge.com).
Beste Reisezeit: während der Trockenzeit zwischen Juni und Oktober, da die Wege dann trocken und in gutem Zustand sind.

Sonstiges: Die Udzungwa-Berge können hervorragend mit dem Mikumi-Nationalpark kombiniert werden, da die Fahrzeit nur ca. zwei Stunden beträgt. Neben Tageswanderungen sind auch zwei- bis dreitägige Wanderungen mit Camping im Park möglich (vorherige Anmeldung erforderlich).

II Taucher, Nelken, Hexer – die Insel Pemba

Pemba ist nach Unguja die zweitgrößte Insel des **Sansibar-Archipels**. Das hügelige Terrain und die üppige Vegetation unterschieden sich gravierend von den anderen Inseln des Archipels, weshalb die einstigen arabischen Herrscher Pemba als „die grüne Insel" bezeichneten. Ein Flug über Pemba zeigt, dass der Name noch immer berechtigt ist: Urzeitliche Wälder, intakte Mangrovenwälder und flächendeckende Plantagen prägen eine Landschaft, die nur gelegentlich von einigen **gut erhaltenen arabischen Ruinen** und einsamen Traumstränden unterbrochen wird.

Gewürznelken trocknen am Strand in der Sonne

Trotz dieser abwechslungsreichen und reizvollen Landschaft spielt der Tourismus auf Pemba bisher kaum eine Rolle. Zwar gibt es ein paar Lodges, aber die Anzahl an Touristen und das Ausmaß der Tourismusindustrie sind in keiner Weise mit der Nachbarinsel Unguja zu vergleichen. Weitaus größere Bedeutung hat der kommerzielle **Anbau von Gewürznelken**; ein großer Anteil der weltweiten Produktion kommt von der Insel. Von Reichtum kann auf Pemba dennoch keine Rede sein, denn seit der Blütezeit im 19. Jahrhundert ist der Preis für Gewürznelken stark zurückgegangen und für die Bauern reichen die Erträge aus Anbau und Verkauf meist gerade einmal zur Deckung des täglichen Lebensbedarfs.

Unter den wenigen Touristen, die nach Pemba kommen, sind neben einigen Individualisten und Hochzeitsreisenden vor allem Taucher. Der Pemba-Kanal, der zwischen der Insel und dem Festland liegt, ist nicht nur eines der letzten **unberührten Tauchgebiete** auf der Welt, sondern vielleicht auch das beste an der Ostküste Afrikas. Hier finden Taucher noch intakte Riffe und Korallengärten mit vielen tropischen Fischen in allen möglichen Farben, aber auch Wale, Delfine, Schildkröten und verschiedene Rochen und Haiarten wie Mantas, Tiger-, Hammer- und Walhaie. Unter Hochsee-

Bis nah ans Wasser reicht die dichte Vegetation

Aus der Luft wird deutlich, warum die Araber Pemba als „die grüne Insel" bezeichneten

anglern gilt Pemba als Geheimtipp, denn viele bekannte Hochseefische wie Barrakudas, Blaue Marlins und Schwertfische sind in den Gewässern des Pemba-Kanals zu Hause.

Es gibt aber noch einen weiteren Grund, warum Menschen aus aller Welt nach Pemba kommen. Seit Jahrhunderten gilt die Insel als **Zentrum afrikanischer Hexerei und traditioneller Heilkunst**. Vor allem Menschen aus ganz Ostafrika scheuen die beschwerliche und lange Anreise nicht, um sich von den traditionellen Heilern kurieren, beraten oder ausbilden zu lassen. Inzwischen ist bekannt, dass es sogar einen regelmäßigen Austausch zwischen den Voodoo-Priestern von Haiti und den Heilern von Pemba gibt. Für Touristen besteht die Möglichkeit, die Heiler zu besuchen und an Zeremonien teilzunehmen.

Info

Übernachten: Bei Hochzeitsreisenden sehr beliebt ist Fundu Lagoon (www.fundulagoon.com), während Taucher ideale Bedingungen im Manta Resort (www.themantaresort.com) vorfinden. Ein Erlebnis der besonderen Art bietet die Pemba Lodge (s. S. 218), die sich auf einer kleinen, vorgelagerten, nur von einheimischen Fischern bewohnten Insel befindet.

Lage und Anreise: Pemba liegt ca. 50 km nördlich von Unguja und 75 km vom Festland entfernt. Die Anreise erfolgt meist per Kleinflugzeug (mehrere tägliche Verbindungen) von Daressalaam, Unguja oder Tanga oder per Fähre von Unguja.

12 In den Wäldern Sansibars – der Jozani-Chwaka-Bay-Nationalpark

Um die letzten Reste der Urwälder, die Sansibars Hauptinsel Unguja einst großflächig bedeckten, zu schützen, wurde 1964 das Jozani-Forest-Reservat gegründet. 2004 wurde das Gebiet um die Chwaka-Bucht erweitert und zum Jozani-Chwaka-Bay-Nationalpark erklärt. Auf einer relativ kleinen Fläche von 50 km² beherbergt das Gebiet Salzsümpfe, Mangrovenwälder, Buschland, Seegrasfelder und alte Regenwälder, die teilweise permanent unter Wasser und teils auf alten Korallen stehen. Dieser abwechslungsreiche Lebensraum ist ein wichtiger Rückzugsort für die heimischen Tiere, von denen einige Arten endemisch auf Unguja sind.

Planken führen durch die dichten Mangrovenwälder

Der Park lässt sich am besten zu Fuß erkunden. Er verfügt über gut angelegte Wanderwege sowie **einen Plankenweg, der es Besuchern ermöglicht, tief in den Mangrovenwald einzutauchen**. Auch wenn ein Besuch auf eigene Faust möglich ist, sollte man am Parkeingang einen der gut ausgebildeten Guides engagieren. Diese verfügen nicht nur über großes Wissen über die Bedeutung der Wälder für die einheimische Bevölkerung – die Bäume waren einst Quelle für Baumaterial, Feuerholz und Medizin –, mit ihnen lässt sich auch die heimische Fauna besser entdecken. Und die ist aufgrund der verschiedenen Lebensräume sehr vielfältig. In den Mangrovenwäldern gibt es Schlammspringer und Winkerkrabben, im Dickicht der

Regenwälder leben Ducker-Antilopen, Mangusten und Zibetkatzen und die Sümpfe beherbergen Frösche und Schlangen, darunter Kobras und Pythons. Früher lebte in den Wäldern auch der Sansibar-Leopard, eine endemische Unterart des Leoparden, die inzwischen als ausgestorben gilt. Nicht minder beeindruckend ist die Vogelwelt, die von verschiedenen Wasservögeln über Papageien bis hin zum Mangroven-Eisvogel und dem seltenen Fischerturako reicht.

Der Red Colobus trägt den etwas plumpen deutschen Namen Sansibar-Stummelaffe

Die charakteristischste Tierart von Jozani ist aber **der stark bedrohte Sansibar-Stummelaffe**. Er zählt zu den schönsten Affenarten Afrikas. Auffällig ist vor allem der weiße Haarschopf auf seinem Kopf. Die Schätzungen über die Größe der Gesamtpopulation schwanken stark, sie dürfte aber bei knapp 6.000 Tieren liegen, von denen beinahe 3.000 im Nationalpark leben. Die Tiere sind überwiegend in den Bäumen unterwegs und verlassen diese nur zum Fressen. Im Wald gibt es eine bestimmte Stelle, an der sich die Tiere gerne aufhalten und aus kurzer Entfernung beobachtet werden können. Da sie in geselligen Gruppen von bis zu 50 Individuen leben, lohnt es sich, eine Weile auszuharren und der Interaktion zuzuschauen.

Info

Lage: im südöstlichen Bereich der Insel Unguja, von allen Orten und Unterkünften in weniger als einer Stunde zu erreichen. Alle Unterkünfte auf Unguja vermitteln Transfers nach Jozani.

Sonstiges: Während der großen Regenzeit sind weite Teile der Wälder überflutet und nicht zugänglich. In der Nähe des Parkeingangs befindet sich das Sansibar-Schmetterlingszentrum, welches zu den größten seiner Art in Afrika zählt und durchaus einen Besuch wert ist.

Der Park lässt sich am besten früh morgens oder um die Mittagszeit erkunden, zu dieser Zeit ist er nahezu menschenleer.

Tierwelt

13 Zurück in die Wildnis – der Mkomazi-Nationalpark

In der Sprache des Stammes der Pare bedeutet *Mkomazi* so viel wie „Wasserquelle". So bezeichnen die Einheimischen den Umba-Fluss, der die südöstliche Grenze von Tansanias zweitjüngstem Nationalpark bildet. Der 3.234 km^2 große Mkomazi-Nationalpark ist ein Teil des riesigen Tsavo-Ökosystems und die tansanische Verlängerung des Tsavo-Nationalparks in Kenia. Erst im Jahr 2008 wurde das tansanische Gebiet zum Nationalpark erklärt. Zuvor galt das von Trockensavanne, Berg- und Hügelketten geprägte Areal zwar als Schutzgebiet, wurde aber mehr oder weniger sich selbst überlassen. Dies führte dazu, dass Wilderer nahezu freie Hand hatten und die Anzahl der Tiere dramatisch dezimierten. So waren etwa von den 4.500 Elefanten, die hier einst lebten, Ende der 1980er-Jahre gerade noch zehn übrig.

Da die Regierung nicht in der Lage war, diese Situation zu ändern, wurde Hilfe von außerhalb geholt. In Tony Fitzjohn fand sich der ideale Kandidat für diese Aufgabe. Fast zwei Jahrzehnte lang hatte der gebürtige Engländer mit George Adamson an der Auswilderung von per Hand aufgezogenen Löwen gearbeitet und dabei wertvolle Erfahrungen gesammelt, die er nun in Mkomazi einbrachte. Unter seiner Regie wurden viele Projekte ins Leben gerufen, darunter die Anlegung von Wasserstellen und eines Straßennetzwerks, die Erhöhung der Anzahl der Ranger und die Einrichtung **eines Schutz- und Zuchtprogramms für Spitzmaulnashörner und Wildhunde**. Nur dem unermüdlichen Einsatz von Tony Fitzjohn und seiner Frau Lucy ist es zu verdanken, dass Mkomazi nicht in Wilderei und Korruption untergegangen ist, sondern zum Nationalpark wurde.

Babu's Camp ist die einzige Unterkunft im Mkomazi-Nationalpark

Obwohl Mkomazi durch die Anbindung an die Hauptstraße zwischen Arusha und Daressalaam sehr gut zu erreichen ist, spielt der Park touristisch keine große Rolle. Zwar haben sich die Tierbestände gut erholt und neben großen Herden von Elefanten, Büffeln und verschiedenen Antilopenarten wandern auch Raubtiere wieder zwischen Tsavo und Mkomazi, allerdings sind die Zahlen noch nicht mit dem Tarangire-Nationalpark oder dem Ngorongoro-Krater vergleichbar. Auch sind viele Tiere noch nicht an den Safaritourismus gewöhnt und haben gegenüber Fahrzeugen höhere Fluchtdistanzen. Dafür bietet der Park aber eine **unvergleichlich schöne und dramatische Landschaft und ein nahezu privates Safarierlebnis**. Denn bisher gibt es hier nur ein Camp und nicht selten kommt es vor, dass dessen Gäste den Park für sich alleine haben. Und wo ist das heutzutage sonst schon noch möglich?

Im Park existiert ein Schutzprogramm für die selten gewordenen Wildhunde

Übernachten: Babu's Camp (Buchung über Reiseveranstalter) ist die einzige Unterkunft im Park. Es ist ein klassisches Safaricamp, bestehend aus nur sechs großen Zelten im Meru-Stil.
Lage: südöstlich von Arusha. Vom Flughafen Kilimanjaro sind es ca. zweieinhalb Fahrtstunden bis zum Ort Same. Von Same aus sind es dann nur noch ca. 10 Minuten bis zum Parkeingang.
Aktivitäten: Neben Pirschfahrten sind in Begleitung eines bewaffneten Rangers Walking-Safaris möglich. Diese sind in dem hügeligen Terrain sehr zu empfehlen und werden oft mit Aussichten bis zum Kilimandscharo und nach Kenia belohnt.
Situationsabhängig besteht außerdem die Möglichkeit zum Besuch der Schutzprogramme für Nashörner und Wildhunde.
Sonstiges: Mit über 400 gezählten Vogelarten gehört Mkomazi zu den sogenannten Important Bird Areas (www.birdlife.org). Außerdem ist der Park die Heimat von Tansanias größter Population der langhalsigen Giraffenantilopen (auch als Gerenuk bekannt).

Info

14 Auf den Spuren Hardy Krügers – der Arusha-Nationalpark

Filmreif, so lässt sich die Landschaft des Arusha-Nationalparks mit einigem Recht bezeichnen. Nicht ohne Grund diente das Gebiet in den 1960er-Jahren als Schauplatz für den Hollywoodfilm „Hatari!" mit John Wayne und Hardy Krüger. Letzterer zeigte sich sogar so beeindruckt, dass er im Anschluss an die Dreharbeiten kurzerhand die Momella Lodge übernahm und mehr als zehn Jahre lang führte.

Das Gebiet eignet sich hervorragend für Wanderungen in beeindruckender Natur

Zu den auffälligsten landschaftlichen Merkmalen des mit 300 km² recht kleinen Arusha-Nationalparks zählen **der Ngurdoto-Krater und der Mount Meru**, der oft liebevoll als kleiner Bruder des Kilimandscharo bezeichnet wird. Diese Rolle erfüllt der Mount Meru mit Bravour: Vielen Bergsteigern dient er als Vorbereitung für die Besteigung des deutlich anspruchsvolleren Kilimandscharo. Auch der Ngurdoto-Krater steht ein wenig im Schatten seines größeren und bekannteren Pendants und trägt den Beinamen Mini-Ngorongoro. Südöstlich des Ngurdoto-Kraters bilden die sechs **Momella-Seen** eine Seenplatte, die von kleinen Akazienwäldern und Buschsavanne umgeben ist. In diesem Bereich des Parks lassen sich Tiere am besten beobachten, außerdem hat sich hier eine vielfältige Vogelwelt angesiedelt, darunter zahlreiche Flamingos am kleinen Momella-See.

Trotz seiner beeindruckenden Landschaft und seiner günstigen Lage (nur 45 Autominuten vom Stadtzentrum Arushas entfernt), wird der Arusha-Nationalpark zumeist nur wenig beachtet. Das dürfte vor allem daran liegen, dass hier nur wenige Raubtiere leben. So gibt es keine Löwen und auch Leoparden und Hyänen sind nur selten zu sehen. Dennoch bietet der Arusha-Nationalpark mit Büffeln, Elefanten, Giraffen und Flusspferden **eine breite Palette typischer Vertreter der afrikanischen Tierwelt**.

Für die Tierbeobachtung bietet es sich an, den Park mit dem Fahrzeug zu erkunden. Wer die Gegend hingegen nahezu geräuschlos und aus einer völlig neuen Perspektive erleben will, unternimmt in Begleitung eines Guides eine **Kanufahrt auf einem der Momella-Seen**. Daneben gibt es im Arusha-Nationalpark auch einige

Wandertouren, die allesamt zu empfehlen sind. Einzige Einschränkung: Die Besteigung des Mount Meru ist nicht jedermanns Sache und bedarf einer gewissen körperlichen Fitness. Weniger aufwendig ist eine Walking-Safari am Rande des Ngurdoto-Kraters, die nur in Begleitung eines bewaffneten Nationalpark-Rangers gemacht werden kann. Die Aussichten während dieser Wanderung sind mehr als beeindruckend, ein Abstieg in das Innere des Kraters, in dem unter anderem eine große Büffelherde lebt, ist aber leider nicht möglich. Diese Gelegenheit bietet sich bei einem – ebenso schönen – Tagesausflug zum Meru-Krater.

Ein Chamäleon im Urwald

Die Fahrt zum Mount Meru findet ebenfalls in Begleitung eines Rangers statt, führt durch den Berg-Urwald bis zum Kitoto-Parkplatz in 2.500 m Höhe und bietet **beste Möglichkeiten, um Elefanten zu sehen**. Ab Kitoto geht es dann zu Fuß weiter mit ständigem Blick auf den Gipfel des Mount Meru bis zum Krater. Praktischerweise ist eine der Kraterwände eingestürzt, weshalb sich der Abstieg nicht sonderlich anspruchsvoll gestaltet. Außer festen Schuhwerks bedarf er keiner besonderen Voraussetzungen.

Im Arusha-Nationalpark leben nur wenige Raubtiere, dafür sind Giraffen kein seltener Anblick

Info

Übernachten: im Park in der sehr einfachen Momella Lodge, die von der Nationalparkbehörde TANAPA betrieben wird, oder in der exklusiven Hatari Lodge (www.hatarilodge.de). Kurios: Quasi über Nacht wurde der Nationalpark 2018 vergrößert, sodass sich die Hatari Lodge seitdem innerhalb des Parks befindet. Am südlichen Eingang, im urbanen Umfeld der Ausläufer von Arusha, gibt es mehrere Möglichkeiten (z. B. die African View Lodge, s. S. 128).

Hinweis: Um die Vielfalt des Parks und der Aktivitäten erleben zu können, sollten mindestens zwei, besser aber drei Übernachtungen eingeplant werden. Der Park ist ein ganzjähriges Reiseziel, während der regenreichen Monate April und Mai muss aber mit Einschränkungen bei den Aktivitäten gerechnet werden.

15 Im Reich der Baobabs und Elefanten – der Tarangire-Nationalpark

Wer sich für Elefanten begeistert – und welcher Tansaniabesucher täte das nicht? –, der kommt um einen Besuch des Tarangire-Nationalparks nicht herum. Zwar wurde schon lange keine Bestandszählung mehr durchgeführt, seriöse Schätzungen gehen aber davon aus, dass im Nationalpark und seiner Umgebung bis zu 10.000 Exemplare leben. Damit beherbergt das Areal die **größte Elefantenpopulation im nördlichen Tansania**. Nicht selten können auf Pirschfahrten in der Trockenzeit bis zu 1.000 Elefanten an einem Tag beobachtet werden, manchmal sind bis zu 300 an einer Stelle anzutreffen. Diese Tiere gehören ebenso zu Tarangire wie der Baobab, der Affenbrotbaum.

Gemeinsam mit dem Lake-Manyara-Nationalpark bildet der 2.850 km² große Tarangire-Nationalpark den Kern des 20.000 km² großen Tarangire-Manyara-Ökosystems. Während der Trockenzeit ist der namensgebende Tarangire-Fluss die einzig verbleibende Wasserquelle in diesem System. Deshalb strömen alljährlich mehrere Zehntausend Tiere an seine Ufer, darunter neben den Elefanten auch Gnus, Zebras, Büffel und Impalas. Das macht Tarangire zum Schauplatz der **drittgrößten Säugetierwanderung in ganz Afrika**.

Vor allem im viel besuchten nördlichen Teil prägen die markanten Baobab-Bäume das Erscheinungsbild des Parks. Hier stehen sie inmitten einer dicht bewachsenen Hügellandschaft, aus der Erhebungen wie der Boundary Hill oder der Kitibong Hill noch einmal deutlich hervorstechen. Nach Süden hin flacht der Park ab. Dort wo das Gefälle des Tarangire-Flusses gering ist, haben sich weite Sumpflandschaften gebildet, die nicht nur viele Säugetiere anziehen, sondern auch Heimat einer vielfältigen Vogelwelt sind. Neben den Sümpfen wechseln sich im südlichen Teil des Parks Gras- und Waldsavanne ab. Hier sind die Chancen am größten, einen der selten gewordenen Geparde zu Gesicht zu bekommen. Sehr selten werden auch Wildhunde gesichtet, die ansonsten im nördlichen Tansania in freier Wildbahn kaum mehr anzutreffen sind.

Im hohen Gras sind die Löwen oft schwer zu entdecken

Elefanten sind ein häufiger Anblick im Tarangire-Nationalpark

Nicht ganz so gut sind in Tarangire die Bedingungen, um Löwen oder Leoparden zu beobachten. Zwar beherbergt der Nationalpark diese Tiere, die dichte Vegetation macht Sichtungen aber schwierig. Paradoxerweise sind die Chancen, Löwen zu beobachten, dann am besten, wenn die Vegetation noch üppiger wuchert als sonst, also zwischen Dezember und März. Denn zu dieser Zeit bevorzugen die cleveren Raubkatzen zwecks Fortbewegung die vom Menschen angelegten Pfade, statt sich ihren beschwerlichen Weg durch das hohe Gras zu ebnen. Auf der anderen Seite verlassen viele Tiere zu dieser Zeit dann wieder den Park. Der einsetzende Regen sorgt für flächendeckende Nahrungs- und Wassermöglichkeiten im gesamten Tarangire-Manyara-Ökosystem, sodass die Tiere nicht mehr auf das Wasser des Flusses angewiesen sind. Dennoch ist der Park auch zu dieser Zeit einen Besuch wert, denn Landschaft und Vogelwelt sind einfach überwältigend.

Info

Übernachten: Es gibt viele Möglichkeiten innerhalb und außerhalb des Parks. Die Lodges außerhalb sind i. d. R. günstiger als diejenigen im Park, haben aber den Nachteil der Anfahrt. Sehr schön ist das ca. 20 Minuten entfernte Maramboi Tented Camp (s. S. 136). Innerhalb des Parks und jeweils in spektakulärer Lage befinden sich die etwas in die Jahre gekommene Tarangire Safari Lodge (www.tarangiresafarilodge.com) und die 2018 eröffnete Mpingo Ridge Lodge von Lemala (s. S. 134). Zu den besten Adressen im Park zählen außerdem das Oliver's Camp (s. S. 132), das Swala Camp (s. S. 138) und das Kuro Camp von Nomad (www.nomad-tanzania.com).

Lage: ca. zwei Autostunden oder 15 Minuten Flugzeit südwestlich von Arusha.

Sonstiges: Der Park verdankt seine Existenz den Tsetsefliegen. Das Vieh der Massai ist sehr anfällig gegenüber Krankheiten, die von den Fliegen übertragen werden. Deshalb haben die Massai seit Generationen einen großen Bogen um das Gebiet gemacht, bis es 1970 zum Nationalpark erklärt wurde.

16 Private Reservate in gefährdetem Gebiet – Manyara Ranch, Chem Chem und Randilen

In Zeiten steigender Bevölkerungszahlen und der damit verbundenen Ausweitung der menschlichen Siedlungsgebiete wächst die Bedeutung privater Naturschutz-Initiativen als Ergänzung zu den bestehenden Nationalparks und Reservaten. Zu den bekanntesten Beispielen dafür zählen die privaten Mara Conservancies in Kenia, die einen wichtigen Beitrag zum Erhalt der berühmten Masai Mara leisten. Um den Tarangire-Nationalpark haben sich inzwischen drei solcher privaten Schutzgebiete etabliert: Zwischen den Nationalparks Lake Manyara und Tarangire befinden sich die Manyara Ranch und Chem Chem, nordöstlich an Tarangire angrenzend liegt Randilen. Mit einer Größe von über 850 km² nehmen diese Gebiete eine Fläche ein, die gut einem Drittel der Größe des Nationalparks entspricht. Alle drei gelten als sehr wichtig für die Wanderung von Tieren zwischen den beiden Natio-

Nach Jahren extensiver Viehzucht haben sich die Wildtiere das Gebiet zurückerobert

nalparks, dem Natronsee und der südlich gelegenen Massai-Steppe. In der Vergangenheit wurden diese Gebiete landwirtschaftlich intensiv genutzt, größtenteils für Viehzucht oder als Weidegründe für das Vieh der Massai. Dies führte dazu, dass sich viele Tierarten wie Büffel, Löwen und Geparde zurückzogen und nicht mehr hier lebten.

In den letzten Jahren schlossen sich – ähnlich wie in Kenia – auf private Initiative hin einige Massai zusammen und widmeten ihr Land dem Tier- und Naturschutz; so entstanden Chem Chem und Randilen. Die Manyara Ranch allerdings befindet sich im Besitz des Tanzania Land Conservation Trust (TLCT). Es dauerte noch einige Zeit, bis die Tiere erkannten, dass sie auf den einst landwirtschaftlich genutzten Flächen wieder ungestört leben und diese als sicheres Wandergebiet nutzen konnten. Elefanten, verschiedene Antilopenarten und Büffel siedelten sich aufs Neue an

Tierbeobachtung aus dem Unterstand

und ihnen folgten Löwen und Leoparden. Auch Zebras und Gnus ziehen auf ihren Wanderungen zwischen Trocken- und Regenzeit wieder durch die Reservate. Die sehr abwechslungsreiche Landschaft benötigte nur wenig Zeit zur Regeneration und kaum etwas erinnert heute noch daran, dass hier einst überwiegend Viehherden grasten.

Der Unterhalt der privaten Reservate erfordert allerdings auch einen beachtlichen finanziellen Aufwand. Um Einnahmen zu erzielen, wurden drei unterschiedliche Wege beschritten, die jedoch alle auf dem Tourismus basieren. Das heutige Chem Chem wurde an Privatleute verpachtet, die ein exklusives Safarigebiet mit drei Unterkünften einrichteten. Auf der Manyara Ranch betreibt der TLCT ein eigenes, exklusives Safaricamp. In Randilen wurden Konzessionen für die Errichtung von Unterkünften vergeben, sodass heute mehrere Unternehmen das Land für Safaris nutzen können. Neben Pirschfahrten (mit Offroad-Möglichkeit) und Walking-Safaris werden auch Besuche bei den lokalen Massai angeboten. Eine Besonderheit sind außerdem die **Nachtpirschfahrten**, die nur noch an wenigen Orten in Tansania durchgeführt werden (dürfen).

Ihre günstige Lage macht die Schutzgebiete zur **idealen Ausgangsbasis für Ausflüge** in den Tarangire-Nationalpark, den Lake-Manyara-Nationalpark und den Ngorongoro-Krater. Gäste können hier die Exklusivität eines privaten Reservates genießen, ohne jedoch auf die touristisch bekannteren Gebiete verzichten zu müssen. Für Reisende, die während einer Safari nicht ständig die Unterkunft wechseln und außerdem eine private Initiative unterstützen möchten, sind die Unterkünfte in den privaten Schutzgebieten eine **hervorragende Alternative**.

Info

Internet: www.manyararanch.com, www.chemchemsafari.com, www.randilen.org
Preise: Randilen bietet die günstigsten Unterkünfte ab 212 US$ pro Person/DZ mit Vollpension, (bei Anreise mit eigenem Fahrzeug und Guide); ansonsten ab 615 US$ pro Person/DZ mit Vollpension, lokalen Getränken, Aktivitäten (bei Anreise per Flugzeug oder per Fahrzeug ohne Guide).
Anreise: per Fahrzeug ab Arusha (ca. eineinhalb bis zweieinhalb Stunden Fahrzeit) oder der Manyara- bzw. Kuro-Tarangire-Landebahn (z. B. im Rahmen einer Flugsafari, Fahrzeit eineinhalb bis drei Stunden).
Sonstiges: Auf der Manyara Ranch wurden verschiedene Unterstände (sog. Hides) angelegt, die nicht nur ideale Beobachtungsbedingungen bieten, sondern auch für Frühstück oder Mittagessen mitten in der Natur genutzt werden können. Chem Chem und die Manyara Ranch sind während der großen Regenzeit im April und Mai geschlossen.
Kinder: Je nach Unterkunft gelten unterschiedliche Regelungen, teilweise gibt es keine Altersbeschränkung.

17 Hemingways Traum von Afrika – der Lake-Manyara-Nationalpark

„Das Schönste, was ich je in Afrika gesehen habe", beschrieb Ernest Hemingway den Blick von der Kante des Großen Afrikanischen Grabenbruchs auf den Manyara-See. Heute, mehr als 80 Jahre später, hat sich an diesem Anblick nur wenig geändert. Mittlerweile ist das Gebiet ein Nationalpark – und zwar einer der schönsten in ganz Tansania.

Auf dem Treetop Walkway

Der Manyara-See hat seinen Namen von dem Massai-Wort für eine bestimmte Art von Wolfsmilchgewächsen. Zwar nimmt der flache See den Großteil des 580 km² großen Parks ein, die umgebende Landschaft ist aber enorm vielfältig. Zwischen dem See und der **Kante des Grabenbruchs** befinden sich dichte Wälder, offene Savanne, Überflutungsebenen, saisonale Flussläufe und ganzjährig wasserführende Bäche sowie Akazienwälder und heiße Quellen. Dieses Biotop beheimatet eine **abwechslungsreiche Vogelwelt**, wie sie in Tansania kaum ein zweites Mal zu finden ist. Von bunten Bienenfressern und Eisvögeln über mächtige Kronen- und den allgegenwärtigen Schreiseeadlern bis hin zu Pelikanen und Flamingos lassen sich hier an einem Tag ohne Probleme bis zu 100 verschiedene Arten entdecken. Zwischen Februar und Mai brüten zudem große Kolonien von Nimmersatt-Störchen in den Bäumen in unmittelbarer Nähe des Parkeingangs.

Manyara ist aber nicht nur ein Park für Vogelfreunde. Lange galt das Gebiet neben dem Queen-Elizabeth-Nationalpark in Uganda als der einzige Ort, an dem **baumkletternde Löwen** zu beobachten sind. Eine Erklärung für dieses ungewöhnliche Verhalten gibt es bis heute nicht. Die These, dass die Löwen versuchen, auf diese Weise den in Bodennähe lebenden Tsetsefliegen zu entkommen, gilt inzwischen je-

Flamingos im flachen Manyara-See

denfalls als hinfällig. Auch sind die baumkletternden Löwen kein Alleinstellungsmerkmal mehr, denn mittlerweile hat man dieses Verhalten auch an anderen Orten ausgemacht. Tatsächlich wird es heutzutage häufiger in der Serengeti als in Manyara beobachtet. Dass Manyara in dieser Hinsicht kein Sonderstatus mehr zukommt, macht gar nichts, denn in Manyara ist es ohnehin beeindruckender, einen Löwen zu hören, als ihn zu sehen. Durch die Kante des Grabenbruchs wird die Lautstärke um ein Vielfaches verstärkt und das Gebrüll lässt einen vor Ehrfurcht regelrecht erstarren.

Typisch Manyara: baumkletternde Löwen

Andere Raubtiere wie Leoparden und Hyänen leben zwar auch im Park, werden aber nur selten gesichtet. Stattdessen sollten sich Besucher auf typische Savannenbewohner wie Giraffen, Zebras und Büffel konzentrieren. In der Trockenzeit formen vor allem **Büffel größere Herden**, die dann an verschiedenen Quellen beobachtet werden können. Die Wälder in der Nähe des Parkeingangs im nördlichen Teil beherbergen verschiedene Primatenarten wie Paviane und Diadem-Meerkatzen. Auch eine **kleine Gruppe von Flusspferden** hat ihre Heimat in einem Wasserloch gefunden, in dessen Nähe Besucher die Fahrzeuge verlassen dürfen. Über viele Jahre gab es in Manyara auch die **höchste Elefantenkonzentration in Afrika**. Durch Wilderei hat die Anzahl der Elefanten aber stark abgenommen. Zwar hat sie sich wieder etwas erholt, dennoch hat sich die Wilderei tief ins Gedächtnis der Tiere eingebrannt: Gegenüber Fahrzeugen sind sie noch immer misstrauisch und tolerieren sie nicht in ihrer unmittelbaren Nähe.

Info

Übernachten: Innerhalb des Parks gibt es nur drei Unterkünfte: das 2018 neu eröffnete und überraschend preiswerte Tortilis Manyara Camp (s. S. 140), die exklusive Lake Manyara Tree Lodge (www.andbeyond.com) und das Wayo Manyara Green Camp (www.wayoafrica.com). Außerhalb des Parks befindet sich eine Reihe von Unterkünften in verschiedenen Preislagen, teilweise mit toller Aussicht vom Grabenbruch auf den See. Der Park ist außerdem gut von Karatu aus zu erreichen.

Lage: ca. zwei Fahrtstunden westlich von Arusha gelegen.

Sonstiges: Mit dem Maji Moto Boardwalk und dem Treetop Walkway gibt es seit 2016 zwei Attraktionen, bei denen die Besucher zu Fuß das Seeufer bzw. die Baumkronen erkunden können. Ein Gang über den Treetop Walkway kostet 30 US$ pro Person, dabei wird man von einem Guide begleitet.

18 Afrika im Kleinformat – der Ngorongoro-Krater

Weltnaturerbe, Weltkulturerbe, atemberaubendes Panorama und die höchste Dichte an großen Säugetieren in Afrika: Der Ngorongoro-Krater ist zweifellos eines der **faszinierendsten Safariziele in Ostafrika**. Er ist aber auch Auslöser kontroverser Diskussionen. Kritiker bezeichnen ihn oft als großen Zoo. Das stimmt natürlich nicht wirklich: Denn von einem Zoo unterscheidet den Krater, dass sich die Tiere hier in ihrem natürlichen Lebensraum befinden; vielmehr sind es die Touristen, die sich in (fahrenden) Käfigen aufhalten. Dennoch stimmt es, dass im Krater vergleichsweise viele Fahrzeuge unterwegs sind. Bei Sichtung von bestimmten Tieren können sich schnell zehn oder mehr Fahrzeuge einfinden und der Picknickplatz bei den Ngoitokitok-Quellen gleicht um die Mittagszeit eher einem großen Parkplatz. Dennoch haben die hohen Besucherzahlen auch Vorteile für die Touristen. Denn obgleich in freier Wildbahn, sind die Tiere so sehr an die Präsenz von Fahrzeugen gewöhnt, dass sie sich von ihnen nicht gestört fühlen. Dies führt dazu, dass man die Tiere aus unmittelbarer Nähe in ihren natürlichen Verhaltensweisen beobachten kann, was anderswo nur selten möglich ist.

Michael und Bernhard Grzimek würden sich ob solcher Diskussionen ohnehin im Grabe umdrehen. Denn ihnen und der Zoologischen Gesellschaft Frankfurt (ZGF) ist es überhaupt erst zu verdanken, dass Ngorongoro noch heute Lebensraum für Wildtiere und nicht für Menschen ist. Während der Kolonialzeit betrieb der Deutsche **Adolf Siedentopf** im Krater eine Rinderfarm. Später siedelten sich Massai mit ihrem Vieh an. Mit dem aufkommenden Naturschutzgedanken in der Mitte des

Blick vom Kraterrand ins Innere

Dicht besiedelt: der Ngorongoro-Krater

20. Jahrhunderts wurde der Krater zum Schutzgebiet erklärt und die Massai durften ihre Herden nur noch saisonal hineinführen. Inzwischen ist es ihnen ganz untersagt und der Krater gehört nur noch den Wildtieren – und den Touristen.

Die Faszination des Ngorongoro-Kraters liegt in seiner Vielfältigkeit, die alles umfasst, was Afrika ausmacht: offene Savanne, Galerie- und Akazienwälder sowie Sümpfe und Seen, dazu eine hohe Anzahl an Tieren – und all dies auf einer vergleichsweise kleinen Fläche von 260 km². Im Krater leben circa **25.000 große Säugetiere**. Den Großteil machen Gnus und Zebras aus. Büffel, Elefanten, verschiedene Gazellen- und Antilopenarten, Flusspferde sowie mehrere Löwenrudel, Leoparden, Geparde und eine hohe Anzahl an Tüpfelhyänen lassen das Safariherz höher schlagen. Mit ein bisschen Glück zeigen sich auch Spitzmaulnashörner, die hier erfolgreich wieder angesiedelt wurden. Allerdings gibt es Schwankungen durch **saisonale Wanderbewegungen** und einige Tierarten, zum Beispiel Geparde, werden über Jahre nicht gesehen, tauchen dann aber plötzlich wieder auf. Zwei typische Vertreter der afrikanischen Savanne fehlen im Krater jedoch vollständig. Während es bis heute keine Erklärung dafür gibt, warum im Krater keine Impalas leben, gibt es für das Fehlen von Giraffen verschiedene Ansätze. Der wahrscheinlichste ist, dass es für Giraffenmütter kaum Möglichkeiten gibt, ihren Nachwuchs unentdeckt von Löwen und Hyänen aufzuziehen, und sie den Krater deshalb seit jeher meiden.

Info

Übernachten: in Karatu, z. B. in der Karatu Country Lodge (s. S. 142) oder der Plantation Lodge (s. S. 144), oder am Kraterrand, z. B. in der Ngorongoro Crater Lodge (s. S. 146) oder der Ngorongoro Sopa Lodge (www.sopalodges.com). Architektonisch besonders spektakulär ist die 2016 eröffnete Lodge The Highlands, die etwas abgeschieden am Olmoti-Krater liegt (www.asiliaafrica.com).

Tipp 1: Neben den regulären fünfstündigen Kratertouren – die ebenfalls ausreichen, um den Krater zu besichtigen – ist es auch möglich, ganztägige Fahrten zu unternehmen. Dies hängt allerdings von der Anzahl der Fahrzeuge am jeweiligen Tag und nicht zuletzt von den Rangern ab.

Tipp 2: Lohnend ist eine Fahrt in den Krater am frühen Morgen (ab 6 Uhr). Zu dieser Zeit sind nur wenige Fahrzeuge im Krater unterwegs, die meisten treffen erst ab 8 Uhr ein. Hierfür muss allerdings in einer der Unterkünfte am Kraterrand übernachtet werden.

19 Die Serengeti – Teil I: Grzimeks Erbe

Die Serengeti und die große Wanderung der Gnus und Zebras sind das Sinnbild von Tansania, vielleicht von ganz Afrika. Seit Jahrhunderten folgen die aus bis zu zwei Millionen Tieren bestehenden Herden auf der Suche nach frischen Weidegründen festen Routen, vergleichbar mit den riesigen Bisonherden, die einst über die Prärie Nordamerikas zogen. Doch während die Bisonherden der Gier des Menschen zum Opfer fielen, ziehen Gnus und Zebras weiterhin über die Ebenen der Serengeti. Zu verdanken ist dies Professor Bernhard Grzimek und seinem Sohn Michael, die in den 1950er-Jahren die Bedrohung durch den Menschen erkannten. Mit öffentlich wirksamen Maßnahmen, u. a. den beiden vielfach ausgezeichneten Dokumentarfilmen „Kein Platz für wilde Tiere" und „Serengeti darf nicht sterben", gelang es den beiden, das Bewusstsein für Naturschutz im Allgemeinen und für den Erhalt der Serengeti im Speziellen weltweit zu wecken. Es ist ihr Verdienst, dass die **großen Herden** noch immer existieren und mit ein bisschen Glück im Rahmen einer Safari beobachtet werden können. Michael Grzimek bezahlte sein Engagement mit seinem Leben: Während einer Wildzählung aus der Luft stürzte er mit seinem Flugzeug ab.

Die Serengeti ist nicht nur Schauplatz der **zweitgrößten Säugetierwanderung auf der Erde** (größer ist nur die Wanderung der Flughunde zwischen dem Kongo und Sambia, bei der bis zu 15 Millionen Tiere unterwegs sind), sie ist auch ein Paradies und wichtiges Schutzgebiet für Raubtiere. Die geschätzte Population von 3.000 Löwen umfasst zehn Prozent der noch verbliebenen wilden Löwen in ganz Afrika und in kaum einem anderen Nationalpark werden häufiger Geparde gesehen als hier. In den beiden großen Flüssen Mara und Grumeti leben zahlreiche Krokodile, darunter einige der größten Exemplare Afrikas.

So spektakulär wie die Tierwelt, so beeindruckend und vielfältig ist auch die Landschaft. Denn die Serengeti ist mehr als die endlose Steppe, als die sich ihr Name aus der Sprache der Massai übersetzen lässt. Im südlichen und zentralen Gebiet überwiegt offene Grassavanne, die gelegentlich von Akazien und Granitfelsen, den sogenannten Kopjes, durchzogen ist. Entlang der ganzjährig wasserführenden Flüsse Seronera, Bologonja, Grumeti und Mara dominieren Galeriewälder. Im Osten erreicht der Gebirgszug der Lobo Hills eine Höhe von mehr als 2.000 m und die dichten Wälder im Westen bieten seltenen Primaten wie dem Mantelaffen ein Zuhause.

Serengeti: Schauplatz enormer Wildwanderungen …

Die 14.763 km² große Serengeti ist das Herzstück des sehr viel größeren **Serengeti-Masai-Mara-Ökosystems**. Dieses mehr als 30.000 km² umfassende Gebiet umfasst neben der Serengeti und der Masai Mara auch die angrenzenden Areale wie das Ngorongoro-Schutzgebiet oder die privaten Reservate nördlich der Masai Mara. Die meisten dieser Gegenden sind auch unabhängig von der Tierwanderung einen Besuch wert. Wer während einer Safari aber die großen Herden sehen möchte, sollte diejenigen Gebiete aufsuchen, in denen sich die Tiere abhängig von der Jahreszeit mit großer Wahrscheinlichkeit aufhalten. Um die Chancen zu erhöhen, empfiehlt sich der Besuch von zwei verschiedenen Gebieten.

… und Paradies für Raubtiere

Info

Die Wanderung im Jahresverlauf

Januar – März: Die Herden halten sich in der südlichen Serengeti und um den Ndutu-See auf. Die Tiere erholen sich von den Strapazen der Wanderung und bringen ihre Jungtiere zur Welt.

April – Juni: Die Tiere ziehen in Richtung Westen und durchstreifen die zentrale und südliche Serengeti, bis sie den Grumeti-Fluss erreichen. Wenn die westliche Serengeti nicht mehr genug Nahrung bietet, wagen die Tiere die lebensgefährliche Durchquerung des Grumeti.

Juli – Oktober: Die Tiere ziehen nach Norden weiter und müssen dabei den Mara durchqueren. Der Großteil zieht weiter in die Masai Mara, aber eine immer noch beachtliche Anzahl verbleibt in der nördlichen Serengeti.

November – Dezember: Die Tiere ziehen in Richtung Süden, bis sie im Dezember ihren Ausgangspunkt erreichen. Die Rückkehr aus dem Norden erfolgt i. d. R. weit verstreut und in kleineren Verbänden.

20 Die Serengeti – Teil 2: die schönsten Gegenden

Die Serengeti ist einer der schönsten Nationalparks in Afrika und nirgendwo leben mehr große Säugetiere als hier. Alleine die Gnu- und Zebrapopulation wird auf mehr als 1,5 Millionen Tiere geschätzt. Doch aufgrund der jährlichen Wanderungen sind nicht alle Gebiete gleich lohnend für Besucher. Während die südliche und westliche Serengeti außerhalb der Migrationsmonate wie ausgestorben wirken, bieten einige Gebiete ganzjährig gute Beobachtungsmöglichkeiten.

Das bekannteste dieser Gebiete ist das **Seronera-Tal**, welches im Herzen der Serengeti liegt und deshalb meist als zentrale Serengeti bezeichnet wird. Der Seronera ist einer der wenigen Flüsse in der Serengeti, der ganzjährig Wasser führt und eine verlässliche Wasserquelle für viele Tiere ist. Selbst zum Höhepunkt der Trockenzeit gibt es hier ausreichend Wasser für eine kleine Gruppe von **Flusspferden**. Ansonsten ist das Seronera-Tal von Galeriewäldern entlang des Seronera und seiner saisonalen Zuflüsse, von weiten Graslandschaften und von den berühmten Kopjes geprägt. Zu den schönsten dieser Inselberge aus Granit gehören die Masai Kopjes und die Gol Kopjes. Die zentrale Serengeti ist bekannt für **ihre guten Beobachtungsmöglichkeiten von Raubtieren** wie Löwen, Leoparden, Geparden und Hyänen. Da dieses Gebiet das am besten zugängliche ist, befinden sich hier aber auch die meisten Camps und Lodges sowie der einzige öffentliche Campingplatz. In der Hochsaison sind hier deshalb recht viele Fahrzeuge unterwegs, sodass es sich lohnt in die etwas abgelegeneren Bereiche des Seronera-Tals zu fahren.

Flusspferde am Mara-Fluss

Zebras in der Serengeti

Die **Moru Kopjes** liegen etwa eineinhalb Autostunden südwestlich des Seronera-Tals und zählen zu den schönsten Inselbergen der Serengeti. Hier gibt es nur vier permanente Camps und während der Pirschfahrten am frühen Morgen und späten Nachmittag sind nur wenige Fahrzeuge auf den Pisten unterwegs. Die Moru Kopjes sind Heimat einer kleinen Population des **ostafrikanischen Spitzmaulnashorns**, das vom Aussterben bedroht ist. Die Tiere werden allerdings nur selten gesehen. In der Nähe des Ranger-Stützpunkts informiert ein kleines Museum über die Geschichte dieser Nashörner. Neben den Kopjes prägen kleine Akazienwälder, offene Savanne und der Magadi-See diese Gegend. Während am Magadi-See viele Vogelarten leben, sind die Felsen die Heimat von Leoparden, Löwen, Klippspringern und verschiedenen Reptilien. Entlang der Akazienwälder sind oft große Büffelherden anzutreffen. Allerdings bietet diese Gegend auch gute Lebensbedingungen für Tsetsefliegen, deren Bisse sehr schmerzhaft sein können.

Das touristische Potenzial der nördlichen Serengeti wurde erst im letzten Jahrzehnt erkannt. Jahrelang wurde das Gebiet mehr oder weniger ignoriert, nur wenige mobile Safaricamps nahmen den logistischen Aufwand auf sich und siedelten sich hier während der Wanderungszeit an. Dabei hat die nördliche Serengeti viel mehr zu bieten als nur die Migration. Die hügelige, waldreiche Landschaft wechselt sich mit offener Savanne ab und der Mara-Fluss mit seinen vielen Flusspferden und Krokodilen ist einfach nur beeindruckend. Vor allem der Bereich zwischen dem Mara und der Grenze zur Masai Mara in Kenia ist sehr wildreich und beheimatet **nahezu alle Tierarten, die für die afrikanische Savanne typisch sind**. Hier besteht die beste Möglichkeit, Elefanten in der Serengeti zu sehen.

Info

Übernachten: Es gibt zahlreiche Möglichkeiten, vor allem in der zentralen Serengeti. Bei den Moru Kopjes und in der nördlichen Serengeti außerhalb der Migrationsmonate gibt es nur hochpreisige Camps wie z. B. das Pioneer Camp (s. S. 158) oder das Sayari Camp (s. S. 162). Im Seronera-Tal und in der nördlichen Serengeti während der Migrationsmonate gibt es auch vergleichsweise günstige Camps (z. B. die Wilderness Camps, s. S. 150).

Hinweis: In der zentralen Serengeti haben die meisten Camps inzwischen ganzjährig geöffnet. In allen anderen Gegenden sind die Camps während der großen Regenzeit im April und Mai geschlossen.

21 Familientreffen – Schimpansen-Trekking im Mahale-Mountains-Nationalpark

Das Abenteuer Mahale beginnt mit der Anreise. Nach einem Flug über Bergkuppen hinweg setzt das Kleinflugzeug auf der kleinen Landebahn direkt am Tanganjikasee auf. Da es im Nationalpark westlich der Berge keinerlei Straßen gibt, erfolgt die Weiterreise per Boot. Vorbei an kleinen Fischerdörfern und einem Posten der Nationalparkbehörde erreicht man nach etwa einer Stunde die Unterkunft. Vor dem Hintergrund der mit dichten Wäldern bedeckten Berge liegen traumhafte Sandstrände in einsamen Buchten, die Robinson-Crusoe-Atmosphäre aufkommen lassen. Hier liegt die Basis für das Schimpansen-Trekking, das zu den eindrucksvollsten Erlebnissen gehört, die Tansania zu bieten hat.

Seit den 1960er-Jahren betreiben japanische Wissenschaftler der Universität Kyoto in den Mahale Mountains Verhaltensforschung an Schimpansen. Aufgrund der mit 98 Prozent enorm großen genetischen Übereinstimmung mit dem Menschen hoffen die Forscher, über das Studium des Verhaltens der Schimpansen Rückschlüsse auf die Evolution des Menschen ziehen zu können. Die Forschungen vor Ort dauern bis heute an und zählen zu den **längsten Feldstudien, die je vorgenommen wurden**. Um die Schimpansen entsprechend erforschen zu können, wurden im Laufe der Jahre zwei Gruppen vorsichtig an die Gegenwart des Menschen gewöhnt. Von diesen beiden Gruppen existiert heute nur noch die sogenannte M-Gruppe, die Besucher während ihres Aufenthaltes im Nationalpark aufspüren können.

Beim Start des Forschungsprojekts waren die Mahale Mountains weder Schutzgebiet noch Nationalpark. Auch standen die Schimpansen unter keinem besonderen Schutz. Von den Bewohnern der Region wurden sie bejagt und sogar gegessen. Zudem führten wachsende Bevölkerungszahlen zu einer starken Reduzierung des Lebensraums der Affen, wodurch sich deren Anzahl drastisch verringerte. Um das Aussterben zu verhindern, wurden die **Mahale Mountains zunächst zum Schutzgebiet und 1985 zum Nationalpark** erklärt. Heute leben rund 800 Schimpansen in verschiedenen Gruppen im Park.

Die Vorbereitungen für das **Schimpansen-Trekking** beginnen früh am Morgen. Mit dem Anbruch des Tages begibt sich ein Fährtenleser in den Wald, um nach den Schimpansen zu suchen. Sobald er Spuren gefunden hat, informiert er die Guides in den Camps. Nach dem Frühstück erfolgt der Aufbruch in den Wald, überwiegend über gute Wanderwege, mitunter aber auch entlang schmaler und nur selten genutzter Wege, die teilweise mit Macheten freigeschlagen werden müssen. Da Schimpansen sehr mobil sind und ihnen die Berge keinerlei Probleme bereiten, können die Wanderungen mühsam sein und lange dauern. Die Anstrengungen lohnen sich aber in doppelter Weise: Zum einen ist die Wanderung in den vielfältigen Regenwäldern faszinierend, zum anderen sind die Begegnungen mit den Schimpansen unbeschreiblich. Wenn ein Schimpanse nur wenige Zentimeter an einem vorbeizieht oder ein Jungtier sich beim Spielen beobachten lässt, löst dies ein besonderes, fast magisches Gefühl aus. Auf Englisch hört man hier oft den Satz „*Mahale is magic*". Und genau so ist es.

Magische Begegnungen: Schimpansen in Mahale

Info

Lage: Mahale Mountains ist der westlichste Nationalpark Tansanias, er liegt am Ostufer des Tanganjikasees.
Übernachten: Es gibt nur zwei feste Unterkünfte im Park, zum einen Mbali Mbali Mahale (s. S. 174) und zum anderen Greystoke Mahale von Nomad Tanzania (s. S. 172).
Anreise: ab Arusha mit Zantas Air (ca. drei Stunden Flugzeit) oder ab dem Ruaha-Nationalpark mit Safari Airlink (ca. zweieinhalb Stunden Flugzeit), jeweils montags und donnerstags.
Sonstiges: Neben Schimpansen gibt es im Wald auch weitere Primatenarten zu bestaunen, z. B. Rotschwanz-Meerkatzen oder Rote Stummelaffen. Gelegentlich werden bei den Trekkings sogar Leoparden gesehen. Außerdem eignet sich Mahale auch hervorragend zu langen Tageswanderungen (vorherige Anmeldung bei Buchung erforderlich).
Hinweise: Die Camps sind während der großen Regenzeit von Ende Februar bis Mitte Mai geschlossen.
Das Mindestalter für das Schimpansen-Trekking beträgt 12 Jahre. Bei Krankheit ist eine Teilnahme aufgrund der Ansteckungsgefahr für die Tiere nicht möglich.

22 Wild und abgelegen – der Katavi-Nationalpark

Tansanias viertgrößter Nationalpark ist das Herzstück eines der tierreichsten und mit ca. 25.000 km² größten Ökosysteme des Landes. Seinen Namen verdankt der Park dem Jäger Katabi, der bei den Menschen des Wabende-Stammes als Legende gilt. Es heißt, dass sein Geist in zwei Tamarindenbäumen in der Nähe des Katavi-Sees leben soll – und nicht selten hinterlassen Einheimische noch heute Opfergaben an den Bäumen, um sie vom Geist des Katabi segnen zu lassen.

Aber Katavi ist nicht nur ein spiritueller Ort, sondern vor allem **ein wilder und ursprünglicher Nationalpark** – und mit nur ca. 1.000 Gästen jährlich eine sehr selten besuchte Gegend. Die Lebensader des 4.500 km² großen Parks ist der Fluss Katuma, der bis kurz vor Ende der Trockenzeit Wasser führt. In einem großen Umkreis dient der Fluss als letzte verbliebene Trinkwasserquelle für Elefanten, große Büffelherden, eine Vielzahl von Zebras und verschiedene Antilopenarten (darunter auch die seltenen Rappen- und Pferdeantilopen) sowie Raubtiere wie Löwen, Hyänen und Leoparden. Vor allem aber beheimatet er eine der größten Konzentrationen von Flusspferden und Krokodilen in Afrika. Ab September, wenn der Fluss nur noch ein Rinnsal ist, stapeln sich die Krokodile regelrecht in kleinen Höhlen an den Steilufern, während sich teilweise bis zu 200 Flusspferde in den letzten Wasser- und Schlammlöchern versammeln. Dicht an dicht drängen sich die Tiere und **nicht selten entlädt sich die angespannte Atmosphäre in heftigen Auseinandersetzungen**, teilweise mit tödlichen Folgen.

Katavi ist der Park legendärer Jäger

Wenn der Katuma-Fluss in der Trockenzeit zum Rinnsaal verkommt, …

… drängen sich die Flusspferde im verbleibenden Wasser

Neben dem Katuma sind es vor allem die **schier unendlich wirkenden Ebenen**, die Katavi prägen. Alleine die Katsunga-Ebene umfasst gut zehn Prozent der Gesamtfläche des Parks. Die beiden saisonalen Seen Katavi und Chada verwandeln sich in der Trockenzeit ebenfalls in große Ebenen. Aufgrund der Nähe zum Katuma-Fluss ziehen vor allem die Katsunga- und die Chada-Ebene viele Tiere an, die sich zum Schutz vor Raubtieren in die Weiten der offenen Fläche zurückziehen.

Pirschfahrten entlang der Ebenen und entlang des Katuma-Flusses bieten die besten Beobachtungsmöglichkeiten, während bei Ausflügen (meist als Tagesfahrt) zum Katavi-See im Nordwesten bzw. zu den Paradies-Ebenen im zentralen Teil des Parks die landschaftliche Vielfalt mit verschiedensten Vegetationszonen im Vordergrund steht.

Info

Übernachten: drei Camps in verschiedenen Komfortklassen, alle in unmittelbarer Nähe zum Katuma-Fluss gelegen (Chada Katavi, s. S. 178, Mbali Mbali Katavi, s. S. 180, und Katavi Wildlife Camp, s. S. 182).
Beste Reisezeit: in der Trockenzeit zwischen Juni und Oktober, wobei ab Mitte September die Tierkonzentration entlang des Katuma-Flusses am höchsten ist. Die Regenzeit ab November hat auch ihren Reiz. Dann verwandelt sich die Landschaft in ein blühendes Paradies und die überfluteten Ebenen ziehen Tausende von Wasservögeln an.

Anreise: Aufgrund der abgeschiedenen Lage gibt es nur zweimal wöchentlich (immer montags und donnerstags) Flüge nach bzw. ab Katavi, wodurch der Mindestaufenthalt drei bzw. vier Nächte beträgt. Flüge gehen ab Arusha mit Zantas Air (ca. zweieinhalb Stunden Flugzeit) oder ab dem Ruaha-Nationalpark mit Safari Airlink (ca. eineinhalb Stunden Flugzeit).
Hinweis: Die Camps sind während der großen Regenzeit von Ende Februar bis Mitte Mai geschlossen.

23 Des Königs wilde Heimat – der Ruaha-Nationalpark

Mit einer Fläche von 20.226 km² ist Ruaha nicht nur der **größte Nationalpark in Tansania, sondern im gesamten Ostafrika**. Die abgeschiedene Lage tief im Süden des Landes sorgt dafür, dass der sehr wild- und vogelreiche Park nach wie vor als Geheimtipp gilt. Nahe der Grenzen zu Sambia und Malawi vermischen sich hier die Tierwelten des östlichen und des südlichen Afrika, sodass einige Arten hier ihr südlichstes Verbreitungsgebiet (z. B. Kleiner Kudu, Grant-Gazelle), andere wiederum ihr nördlichstes Verbreitungsgebiet (z. B. Crested Barbet – Hauben-Bartvogel) haben.

Löwen am Flussufer

Der Park verdankt seinen Namen dem Great Ruaha River, der die Ostgrenze des Parks bildet und in der Trockenzeit als einzig verbliebene Wasserquelle viele Tiere anzieht. Ruaha ist bekannt für seine große Anzahl an Elefanten und seine abwechslungsreiche, von Baobab-Bäumen geprägte Landschaft. Die offenen Savannen haben einem Teil des Parks den Beinamen „Kleine Serengeti" eingebracht. Dichte Waldgebiete beherbergen die sehr unangenehmen Tsetsefliegen. Daneben gibt es Trockenflussbette, Hügel- und Sumpflandschaften. Weniger bekannt ist allerdings, dass Ruaha die **höchste Konzentration an Löwen in ganz Afrika** hat. Allein in dem für den Tourismus zugänglichen Teil des Parks leben 20 bekannte Löwenrudel, die teilweise aus mehr als 20 Tieren bestehen. Nur das Serengeti-Masai-Mara-Ökosystem weist eine höhere Anzahl an Löwen auf – allerdings in einem deutlich größeren Gebiet.

Vor allem während der Trockenzeit von Juni bis Oktober sind die Beobachtungsmöglichkeiten in Ruaha ideal und es vergeht kaum eine Pirschfahrt, bei der keine Löwen gesichtet werden. Mit ein wenig Glück lassen sich die Raubkatzen auch bei der Jagd auf Büffel beobachten, die während der Trockenzeit Herden von bis zu 1.000 Tieren bilden. Neben Löwen bietet Ruaha außerdem einer **stabilen Population an Leoparden, Geparden und afrikanischen Wildhunden** eine Heimat. Darüber hinaus ist er der einzige Park in ganz Afrika, in dem die prachtvollen Antilopenarten Kleiner Kudu, Großer Kudu, Rappenantilope und Pferdeantilope zusammenleben.

Ruaha ist bekannt für seine Elefantenpopulation

Mit Einsetzen der ersten Regenfälle im November ändert der Park sein Gesicht. Die Vegetation erholt sich, die Trockenflüsse führen zeitweise Wasser und viele europäische und afrikanische Zugvögel überwintern hier. Die Beobachtungsmöglichkeiten für große Tiere sind dann allerdings etwas eingeschränkt. So ziehen sich zum Beispiel die Büffel zu dieser Zeit in den westlichen Teil des Parks zurück und Sichtungen sind zwischen November und März sehr selten. Inzwischen ist der Park auch **für Selbstfahrer geöffnet**. Die Nationalparkbehörde TANAPA hat einige Campsites und preisgünstige Bandas im Bereich des TANAPA-Stützpunktes Msembe eingerichtet. Es gibt allerdings nur wenig Beschilderung im Park und dem spärlichen Kartenmaterial sollte nicht zu viel Vertrauen geschenkt werden. Vereinzelt werden auch privat geführte Safaris angeboten.

Info

Übernachten: Trotz seiner Größe gibt es im Park nur zehn Camps in unterschiedlichen Preis- und Komfortklassen. Empfehlenswert sind z. B. Kichaka Expeditions (s. S. 114), Ikuka Safari Camp (s. S. 188) oder Mwagusi (s. S. 184). Diese Camps sind vergleichsweise klein (drei bis max. 13 Zelte/Bandas) und allesamt für ihre sehr guten Guides bekannt.

Anreise: meist per Kleinflugzeug ab Daressalaam (Flugzeit ca. zwei Stunden) oder Arusha (Flugzeit ca. zwei Stunden) zu den Landebahnen Jongomero oder Msembe. Das einzige Eingangstor befindet sich gut drei Autostunden westlich von Iringa und ca. 500 km von Daressalaam entfernt.

Hinweis: Während der großen Regenzeit (April/Mai) sind die Camps geschlossen.

24 Afrikas größtes Schutzgebiet am Scheideweg – das Selous-Reservat

Mit seinen 54.600 km² ist das Selous-Reservat größer als die Slowakei. Seinen Namen verdankt Afrikas größtes Schutzgebiet dem englischen Offizier und Abenteurer Frederick Courteney Selous, der hier während des Ersten Weltkriegs im Kampf gegen die kaiserliche Schutztruppe unter dem Kommando von General von Lettow-Vorbeck ums Leben kam. Nahe den Beho-Beho-Anhöhen erinnert noch heute eine Gedenktafel an ihn.

Aufgrund seiner ungewöhnlich großen Artenvielfalt in Flora und Fauna wurde das Selous-Reservat 1982 zum **UNESCO-Weltnaturerbe** erklärt. Neben dem größten Elefantenvorkommen Tansanias (heute noch ca. 13.000, vor weniger als zehn Jahren noch rund 65.000) und der vermutlich größten Büffelpopulation des Kontinents (ca. 150.000) beheimatet das Ökosystem eine hohe Zahl verschiedener, zum Teil bedrohter und/oder nur selten vorkommender Antilopenarten. So beherbergt Selous beispielsweise mit etwa 50.000 Tieren 75 Prozent aller Pukuantilopen Afrikas sowie die mit gut 8.000 Tieren größte Rappenantilopenpopulation. Außerdem ist Selous das **wichtigste Schutzgebiet für die stark bedrohten Afrikanischen Wildhunde** und in seinen **Miombo-Trockenwäldern** haben Wissenschaftler bis heute mehr als 2.100 verschiedene Pflanzenarten identifiziert, so viel wie in keinem anderen Miombo-Wald in Afrika.

Tansanias größter Fluss, der Rufiji (sprich: *Rufidschi*), teilt das Reservat in zwei Teile. Das Gebiet nördlich des Flusses umfasst rund fünf Prozent der Gesamtfläche und ist für den Safaritourismus zugänglich. Aufgrund seiner hügeligen Landschaft und der dichten Vegetation ist der Großteil des Südens hingegen kaum oder nur sehr schwer erreichbar. Zudem bietet er ideale Lebensbedingungen für die sehr unangenehmen Tsetsefliegen. In einigen Bereichen sind dennoch Jagdsafaris möglich.

Der nördliche Teil von Selous ist landschaftlich der schönste. Aufgrund eines sehr geringen Gefälles und einer langsamen Fließgeschwindigkeit hat der Rufiji eine **Binnenseenlandschaft** erschaffen, die Parallelen zum Okavangodelta in Botswana erkennen lässt. Nach jeder Regenzeit ändert sich die Landschaft ein wenig, neue Kanäle entstehen, während alte Kanäle austrocknen und die Ufer der Seen sich verschieben. Während der Trockenzeit von Juni bis Oktober verdunstet das Wasser in weiten Teilen des Gebiets. Nur der Rufiji und die größeren Seen wie der Manze, Nzerakera und Tagalala führen dann noch Wasser und ziehen viele Säugetiere und Wasservögel an.

Doch wie lange noch? Tansanias Regierung scheint nun den seit den 1960er-Jahren gehegten Plan zum **Bau eines Wasserkraftwerks** im Reservat umzusetzen. Das Kraftwerk soll die landesweite Energieerzeugung nahezu verdoppeln, was für die wirtschaftliche Entwicklung dringend notwendig ist. Das Projekt wurde 2017 ausgeschrieben, Ende 2018 wurde der Auftrag vergeben und im April 2019

Flusspferd am Tagalala-See

mit den ersten Arbeiten begonnen. An der Stiegler's Gorge soll der Rufiji gestaut werden und ein Stausee entstehen, der doppelt so groß ist wie der Bodensee. Dies wird nicht ohne Folgen für Flora und Fauna bleiben und auch den Tourismus beeinflussen, denn die Seen und der größte Teil des touristisch genutzten Bereichs von Selous befinden sich erst hinter dem Staudamm. Ein Blick in die Nachbarländer gibt aber durchaus Hoffnung, dass die Auswirkungen auf lange Sicht weniger drastisch ausfallen, als befürchtet wird. Denn sowohl der Lower Zambezi in Sambia als auch die Mana Pools in Simbabwe sind erst nach der Errichtung des Kariba-Staudamms und -sees zu Nationalparks erklärt worden, die Mana Pools sogar zum UNESCO-Weltnaturerbe. Beide Gebiete zählen heute zu den schönsten Safarizielen im südlichen Afrika.

Selous ist das wichtigste Schutzgebiet des Afrikanischen Wildhundes

Elefanten durchziehen den Manze-See

Info

Übernachten: Bei der Wahl der Unterkünfte gibt es viele Optionen zwischen rustikal-charmant bis hin zu luxuriös-pompös mit mehr als 100 m² großen Zelten/Chalets. Die Anzahl der Unterkünfte direkt im Reservat ist überschaubar. Außerdem gibt es einige preisgünstigere Lodges außerhalb, die allerdings den Nachteil langer Anfahrtszeiten zu den sehr tierreichen Gebieten an den Seen haben.
Camps in Selous s. S. 190–194.

Anreise: Die Anreise nach Selous erfolgt ab Daressalaam (mehrmals täglich, ca. 30 Minuten Flugzeit) oder Arusha (täglich via Ruaha, ca. drei Stunden Flugzeit). Auch für Selbstfahrer ist Selous geöffnet, 4x4-Erfahrung und Kenntnisse über black cotton soil (Vertisol) sind aber zwingend erforderlich. Für die Fahrt von Daressalaam bis zum östlichen Eingang sollten ca. sechs Stunden eingeplant werden.
Hinweis: Während der großen Regenzeit (April/Mai) sind die Camps geschlossen.

25 Serengeti des Südens – der Mikumi-Nationalpark

Der Mikumi-Nationalpark liegt gut vier bis fünf Autostunden westlich von Daressalaam und ruft zwiespältige Gefühle hervor. Einerseits bietet dieses nördliche Ende des riesigen Selous-Ökosystems eine großartige Natur und Landschaft. Andererseits verläuft quer durch den Park die Hauptstraße zwischen Daressalaam und Iringa. Über eine Länge von 50 km zieht sich die Straße durch den Nationalpark.

Dennoch ist Mikumi ein durchaus interessanter Park und ideal für den Einstieg in das südliche Tansania, auch wenn nur ein kleiner Teil des 3.230 km² großen Nationalparks für Touristen zugänglich ist. Da Mikumi bislang nur selten Bestandteil von Safaris ist, kann es unter der Woche oft passieren, dass Gäste den Park für sich alleine haben. Aufgrund seiner großen, offenen Savannen wird Mikumi gelegentlich als „Serengeti des Südens" bezeichnet. **Landschaftlich besonders reizvoll ist vor allem der Teil nördlich der Hauptstraße**. Hier befindet sich nicht nur das größte Wegenetz, vor dem Hintergrund der Uluguru- und Udzungwa-Berge erstreckt sich hier auch die riesige Mkata-Ebene über das Land.

Mikumi ist allerdings nicht nur landschaftlich sehr schön, sondern gilt auch als **bester Ort in Tansania, um die scheuen Elenantilopen zu beobachten**. Während der Trockenzeit kommt es nicht selten vor, dass große Herden der größten afrikanischen Antilopenart gemeinsam mit Giraffen, Zebras und Gnus über die

Hinter dem Wasserloch erstreckt sich die Mkata-Ebene

Ebenen ziehen. Dann lassen sich auch große Büffel- und Elefantenherden an den verschiedenen Wasserlöchern beobachten. Zum Ende der Trockenzeit ist es oft lohnend, für einige Zeit an den Wasserlöchern zu verweilen, und manchmal können dann auch Löwen, Hyänen und mit viel Glück auch **die seltenen Wildhunde beim Trinken** gesichtet werden.

Mikumi leidet noch unter den Folgen der Wilderei – um Elenantilopen zu beobachten, gibt es aber keinen besseren Ort

Leider hat Mikumi in den letzten Jahren unter den Folgen der Wilderei gelitten. Direkt an den Park grenzen der gleichnamige Ort und einige Dörfer, allerdings gibt es nur unzureichende Kontrollen entlang der Parkgrenzen. Als Folge der Wilderei gibt es in Mikumi heute z. B. keine Geparde oder Strauße mehr, obwohl die Lebensbedingungen ideal für sie wären. Es gibt allerdings vage Pläne, einige Arten wieder anzusiedeln. Dies wäre ein wichtiger Schritt, nicht nur um Mikumis Status als Nationalpark zu stärken, sondern auch, um die Gegend für den Tourismus interessanter zu machen. Diesem Zweck dienen auch die **Pläne zum Bau einer Umgehungsstraße**. Durch diese soll der teils rege Verkehr, der bislang viele Touristen abschreckt, um den Park herum gelenkt werden. Nicht zuletzt würde dies auch die Zahl der bei Verkehrsunfällen getöteten Tiere deutlich verringern.

Abseits von Safariaktivitäten eignet sich Mikumi auch sehr gut als Basis für Tagesausflüge zu den ca. zwei Fahrtstunden entfernten Udzungwa-Bergen (s. S. 28). Diese bieten nicht nur ein landschaftliches Kontrastprogramm, sondern mit ihren hervorragenden Wanderwegen auch die Möglichkeit, sich körperlich zu betätigen. Tatsächlich ist die Mikumi-Udzungwa-Gegend die einzige in Tansania, in der man **Safari und Wandern kombinieren** kann, ohne umziehen zu müssen.

Info

Übernachten: Im Park gibt es drei Camps, von denen Stanley's Kopje (s. S. 194) die beste Option ist, u. a. da es nördlich der Straße liegt. Das Vuma Hills Camp (www.vumahills.com) und das Mikumi Wildlife Camp (www.mikumiwildlifecamp.com) sind als Unterkünfte sehr schöne Alternativen, haben aber den Nachteil, südlich und in der Nähe der Hauptstraße zu liegen.

Beste Reisezeit: während der Trockenzeit zwischen Juni und Oktober, auch für Tagesausflüge zu den Udzungwa-Bergen.

Sonstiges: Stanley's Kopje ist zwischen dem 01. März und 31. Mai geschlossen, die anderen beiden Camps sind ganzjährig geöffnet. Alle Camps bieten Tagesausflüge zu den Udzungwa-Bergen an.

26 Spektakuläre Unterwasserwelt – der Mafia-Island-Marine-Park

Die Idee zur Gründung eines Meeresschutzgebietes um die Insel Mafia entstand in den 1960er-Jahren. Aufgrund zunehmender Bevölkerungszahlen auf Mafia und den umliegenden Inseln stieg der Druck auf die natürlichen Ressourcen. Die Fischer mussten mehr Nahrung für immer mehr Menschen einbringen. So begannen sie, engmaschige Netze einzusetzen, denen kaum ein Meereslebewesen entkommen konnte. In ihnen verendeten auch zahlreiche Exemplare bedrohter Arten wie etwa der Meeresschildkröte. Als Baumaterial stand nur das Holz der Mangroven zur Verfügung, über deren Funktion als Küstenschutz die Bewohner der Inseln kaum etwas wussten. Im Jahr 1970 wurden vier Inseln des Mafia-Archipels zum Meeresschutzgebiet erklärt. Dadurch änderte sich allerdings zunächst nichts. Der Regierung standen nicht genügend Mittel zur Verfügung, um das Schutzgebiet zu kontrollieren. Deshalb behielten die Inselbewohner ihre Verhaltensweisen bei. Es dauerte bis 1996, ehe hier **Tansanias erster Meerespark** ins Leben gerufen wurde. Seither dient der Mafia-Island-Marine-Park dem Schutz einer einzigartigen Unterwasserwelt, aber auch zum Erhalt des Lebensraums der Menschen im Mafia-Archipel.

Heute umfasst der Marine Park 822 km², in erster Linie die südlichen Gewässer des Mafia-Archipels, darunter auch die Chole Bay. Diese Bucht verfügt über **hervorragende Schnorchel- und Tauchmöglichkeiten**, die zu den besten an der Ostküste Afrikas zählen. Mit 48 Korallen-, 380 Fisch- und zwölf Seegrasarten existiert hier eine Artenvielfalt, die sonst nur in den Regenwäldern erreicht wird. In den Gewässern um Mafia sind vier Schildkrötenarten zu Hause, von denen die Echte Karettschildköte und die Grüne Meeresschildkröte (auch als Suppenschildkröte bekannt) auf Mafia ihre Eier ablegen. Innerhalb der Chole Bay stehen die kleineren und bunten Riffbewohner wie Tintenfische oder Clownfische im Vordergrund. Dagegen sind am Übergang von der Bucht zum offenen Meer oft größere Fische wie die riesigen Mantas, Napoleon-Lippfische und verschiedene Haiarten anzutreffen. Bei Tauchgängen in tiefere Gewässer außerhalb der Bucht können große Raubfische wie Zackenbarsche oder Stachelmakrelen beobachtet werden. Allerdings ist das Tauchen außerhalb der Chole Bay nur **zwischen Oktober und Februar** möglich. In der restlichen Zeit des Jahres ist die See zu aufgewühlt und die Sicht zu stark eingeschränkt. Innerhalb der Bucht kann dagegen ganzjährig getaucht und geschnorchelt werden. Aber auch hier gilt, dass die Sicht mit bis zu 25 m zwischen Oktober und Februar am besten ist.

Friedlicher Riese: ein Walhai

Eine Insel des Mafia-Archipels von oben

Wenn sich das Meer beruhigt, kommen auch **Walhaie, die größten Fische überhaupt**, nach Mafia. Reichhaltige Planktonvorkommen vor der Westseite der Insel locken die Tiere in flachere Gewässer. Hierüber freuen sich nicht nur Touristen, die im Rahmen von geführten Ausflügen mit diesen friedvollen Riesen schwimmen können, sondern auch Wissenschaftler und Studenten aus der ganzen Welt, die mehr über die Fische herausfinden möchten. Wem Walhaie noch nicht groß genug sind, der sollte Mafia zwischen Juli und September besuchen. Dann ziehen **Buckelwale** in Begleitung ihrer Jungtiere auf ihrer jährlichen Wanderung zwischen der Antarktis und den warmen Gewässern des Indischen Ozeans an Mafia vorbei.

Info

Übernachten: Die Auswahl an Unterkünften ist im Vergleich zu Sansibar sehr gering. Zu empfehlen sind die Chole Mjini Lodge auf Chole Island (s. S. 198) und die Kinasi Lodge (www.kinasilodge.com) auf Mafia.
Ausflüge: vor allem Schnorcheln und Tauchen. Einige Lodges unterhalten eigene Tauchschulen, alle Lodges verfügen über Boote für Schnorchel- und Tauchausflüge. Zwischen Oktober und März gibt es zudem die Möglichkeit, mit Walhaien zu schnorcheln. Das zur Chole Mjini Lodge gehörende Kiti Kublu Magemani Whale Shark Camp (www.kitukiblu.com) ist hierauf spezialisiert.
Sonstiges: Die Gebühren für den Marine Park in Höhe von 24 US$ pro Person pro Tag können nur vor Ort in bar oder per Kreditkarte bezahlt werden.

Menschen, Geschichte und Kultur

Standard
Chartered

27 Der Erste Weltkrieg in Tansania I – zu Land und Wasser

Als im August des Jahres 1914 der Kampf um Deutsch-Ostafrika, das heutige Tansania, entbrannte, hatte der Erste Weltkrieg den afrikanischen Kontinent erreicht. Den Auftakt zu den erbitterten Gefechten markiert **eines der skurrilsten Ereignisse des gesamten Kriegs**.

Zur Zeit des Kriegsbeginns hatten Briten und Deutsche jeweils ein Dampfschiff auf dem Malawisee stationiert, um die Grenzen ihrer Kolonien zu schützen. Auf britischer Seite hatte Edmund Rhoades das Kommando über die *SS Gwendolyn*, Kapitän Berndt befehligte das deutsche Schiff *Hermann von Wissmann*. Mit dem Ausbruch des Ersten Weltkriegs sollten die beiden Trinkkumpane zu Gegnern werden.

Lange Zeit hielt die SMS Königsberg die britische Marine in Atem

Am 13. August 1914, neun Tage nach dem Kriegseintritt Großbritanniens, erhielt Edmund Rhoades die Nachricht vom Kriegsbeginn und den Befehl, das deutsche Schiff unschädlich zu machen. Da Rhoades wusste, dass sich dieses zwecks Wartungsarbeiten im Trockendock befand, steuerte er Sphinxhafen (das heutige Liuli) an und begann mit dem Beschuss. Da die Ausbildung des schottischen Kanoniers bereits einige Zeit zurücklag, verfehlten die ersten Schüsse ihr Ziel. Kurz nachdem ein Geschoss die *Hermann von Wissmann* getroffen hatte, legte ein deutsches Beiboot am britischen Schiff an. An Bord befand sich Kapitän Berndt, der seinen Freund bezichtigte, betrunken zu sein. Rhoades informierte ihn im Gegenzug über den Kriegsausbruch – und erklärte Berndt zum Kriegsgefangenen. Da weiterer Widerstand zwecklos war, mussten Berndt und seine Mannschaft tatenlos zusehen, wie ihr Schiff demontiert wurde. Bis heute ist dieser kuriose Zwischenfall als „**Schlacht von Sphinxhafen**" bekannt.

Nach diesem eher verhaltenen Kriegsbeginn dauerte es nicht lange, bis die Kämpfe heftiger wurden. Im September 1914 versenkte die *SMS Königsberg* in einem Überraschungsangriff die britische *HMS Pegasus*, während diese vor Sansibar ankerte. Nachdem die *Königsberg* auf dem Rückzug noch schnell mit drei Schüssen die britische *Hermann* versenkt hatte, musste sie sich aufgrund von Motorschäden und dringend notwendigen Reparaturen zurückziehen. Ein geeignetes Versteck fand Fregattenkapitän Max Loof dabei **im weit verzweigten Rufiji-Delta** südlich von Daressalaam, von dem die Briten nicht wussten, dass es für Schiffe dieser Klasse überhaupt befahrbar war. Das ominöse Verschwinden der *Königsberg* stellte die britische Flotte vor erhebliche Probleme, war das Schiff doch **eine dauerhafte Gefahr für die Versorgung auf dem Seeweg**, weshalb die Briten es mit aller Macht versenken wollten. Erst ein Zufall ermöglichte es den Briten, die in dichten Mangrovenwäldern versteckt liegende *Königsberg* ausfindig zu machen: Auf einer Kohlenquittung, die britische Truppen an Bord eines aufgebrachten deutschen Schiffes fanden, war der Aufenthaltsort der *Königsberg* vermerkt. Nach langen erbitterten Kämpfen, in denen die *Königsberg* erhebliche gegnerische Kräfte binden konnte, gelang es der britischen Marine mit Unterstützung der Luftaufklärung, den kleinen Kreuzer stark zu beschädigen. So sah sich der schwerverwundete Kapitän Loof am 11. Juli 1915 gezwungen, das Schiff selbst zu versenken. Für die Briten hatte der Schrecken damit endlich ein Ende. Von nun an kontrollierten sie die Gewässer an der afrikanischen Ostküste.

Unter von Lettow-Vorbeck gelang es der deutschen „Schutztruppe", erheblich Kräfte des Gegners zu binden

Obwohl die Briten gemeinsam mit den Belgiern, die große Teile Zentralafrikas kontrollierten, Deutsch-Ostafrika isoliert hatten, konnten sie die Deutschen in den ersten beiden Kriegsjahren hier nicht besiegen. Trotz ihrer zahlenmäßigen Überlegenheit, fanden sie kein Rezept, um dem mit allen Wassern gewaschenen **Paul von Lettow-Vorbeck** beizukommen. Der deutsche General verstand sich nicht nur hervorragend darauf, seine aus Einheimischen rekrutierten Soldaten auszubilden, sondern auch, sie zu motivieren. Erst mithilfe der Verbündeten aus Südafrika unter Jan Smuts konnten die Alliierten im Jahr 1916 die Wende herbeiführen und die sogenannte Schutztruppe in das heutige Mosambik und weiter nach Sambia zurückdrängen.

Info

Touren: Geführte Touren zu ehemaligen Kriegsschauplätzen gibt es nicht, aber im ganzen Land erinnern Denkmäler an den Krieg. In Daressalaam befindet sich das Askari-Denkmal, welches zu Ehren der einheimischen Krieger errichtet wurde. Eines der bekanntesten Denkmäler ist der Grabstein von Frederick Courteney Selous im nach ihm benannten Selous-Reservat. Mit der *MV Liemba* ist auf dem Tanganjikasee noch immer ein echtes Relikt aus dieser Zeit im Einsatz.

Übernachten: Das Dar Es Salaam Serena Hotel (www.serenahotels.com) liegt zentral und ist ideal zur Erkundung der Stadt. Das Grab von Selous lässt sich am besten vom Beho Beho Camp (www.behobeho.com) im Rahmen einer Safari besuchen. Bei einer Fahrt über den Tanganjikasee lässt sich auch auf der *MV Liemba* übernachten, zurzeit ist sie allerdings nicht in Betrieb (s. S. 84).

28 Der Erste Weltkrieg in Tansania 2 – Kampf in Selous

Schon früh während des Ersten Weltkriegs musste man sich in Deutschland eingestehen, dass Deutsch-Ostafrika, also das heutige Tansania, nicht zu halten war. Dem dortigen Befehlshaber **General Paul von Lettow-Vorbeck**, der selbst beim Feind als hervorragender Stratege anerkannt war, wurde eine letzte Mission aufgetragen. Er sollte den Krieg in Afrika so lange wie möglich aufrechterhalten und dadurch so viele feindliche Truppen wie möglich binden. Dies gelang ihm überaus erfolgreich, denn obwohl die Alliierten zu Spitzenzeiten mehr als 300.000 Soldaten aufboten, schafften sie es nicht, die maximal 12.000 Mann starke sogenannte Schutztruppe zu besiegen.

General Paul von Lettow-Vorbeck

Es war ein **grausamer Krieg**, der **auf dem Rücken der einheimischen Bevölkerung** ausgetragen wurde. Aufgrund der schwierigen Bedingungen vor Ort und der quasi nicht vorhandenen Infrastruktur mussten Waffen, Munition und Nahrungsmittel zu Fuß transportiert werden. Hierfür rekrutierten beide Seiten afrikanische Hilfstruppen, insgesamt waren während des Kriegs mehrere Hunderttausend Träger im Einsatz. Die Bedingungen für die Träger waren oft miserabel und viele bezahlten den Einsatz mit ihrem Leben. Allein auf britischer Seite starben über 40.000 von ihnen.

Aufgrund der zahlenmäßigen Unterlegenheit zog von Lettow-Vorbeck mit seinen Soldaten durch das Land, immer gefolgt von den alliierten Truppen. Unter diesen befand sich auch der berühmte Offizier, Schriftsteller und Abenteurer **Frederick Courteney Selous**. Bei ihrem Marsch hinterließen beide Seiten eine Spur der Verwüstung, denn die Felder und Ernten einheimischer Bauern, die das Pech hatten, entlang der Vormarschlinie zu leben, wurden zur Versorgung der Truppen beschlagnahmt. Im Jahr 1916 erreichten die Truppen die **Beho-Beho-Anhöhen**, wo es zu einem Gefecht von historischer Bedeutung kam. Aus einem Hinterhalt heraus gerieten die alliierten Truppen unter schweren Beschuss, wobei Selous tödlich verwundet wurde.

Sein Tod sorgte für Bedrückung auf beiden Seiten, denn Selous wurde von allen sehr geschätzt und geachtet. Von Lettow-Vorbeck ließ es sich nicht nehmen, persönlich einen Brief an den Oberbefehlshaber der Alliierten zu schreiben, in dem er sein Bedauern ausdrückte. Zu Ehren des Gefallenen trägt das Gebiet heute den Namen Selous. Der Krieg ging jedoch mit unverminderter Härte weiter und die Bedingungen entlang des Rufiji-Flusses, geprägt von Hitze, Feuchtigkeit und Malaria, forderten viele Opfer auf beiden Seiten. Doch auch inmitten all des Elends blieb Platz für kleine Funken der Menschlichkeit. So berichtete ein verwundeter britischer Offizier, der in die Hände von Askaris, also einheimischen Soldaten, die auf deutscher Seite kämpften, gefallen war, dass diese seine Wunden verbanden und sich gut um ihn kümmerten, anstatt ihn zu töten.

Schließlich verließen die Truppen das heutige Selous und zogen über Mosambik bis in das heutige Sambia.

Aber auch hier harrte von Lettow-Vorbeck aus und legte seine Waffen erst nieder, nachdem das Deutsche Reich im November 1918 kapituliert hatte und der Krieg auf dem europäischen Mutterkontinent beendet war. Damit endete der Erste Weltkrieg auch auf afrikanischem Boden, allerdings erst nachdem – so von Lettow-Vorbecks Bedingung – die Alliierten anerkannt hatten, dass sie die Schutztruppe nicht besiegt hatten.

Info

Übernachten: viele Möglichkeiten in allen Preiskategorien (z. B. Lake Manze Camp, s. S. 190, oder Siwandu, s. S. 192); am nächsten an der historischen Kriegsstätte befindet sich das Beho Beho Camp (www.behobeho.com).
Sonstiges: Selous wurde nach seinem Tod an Ort und Stelle beerdigt. Lange Jahre galt sein Grab als verschollen, es wurde aber mittlerweile wiedergefunden. Der Grabstein ist bei den Beho-Beho-Anhöhen zu sehen und kann von einigen Camps aus während eines Aufenthaltes in Selous im Rahmen einer Pirschfahrt besucht werden.

29 Ausgangspunkt der großen Entdecker – Bagamoyo

Ein Spaziergang durch die engen und größtenteils nicht asphaltierten Wege und Straßen Bagamoyos fühlt sich ein klein wenig an wie eine Reise zurück in die Mitte des 19. Jahrhunderts, als die Stadt eine der wichtigsten Siedlungen an der ostafrikanischen Küste war. Bereits ab dem 17. Jahrhundert entwickelte sich Bagamoyo zu einem **bedeutsamen Handelszentrum** an der Küste, insbesondere der Hafen gelangte zu großer Bedeutung und zählte zu den wichtigsten Freihäfen Ostafrikas. Sklaven, Elfenbein, Salz und Kopra (getrocknetes Kokosnussfleisch) wurden hierher geliefert, bevor sie weiter nach Sansibar verschifft wurden.

So ist es auch nicht verwunderlich, dass einige der bekanntesten und wichtigsten Entdeckungsreisenden im 19. Jahrhundert Bagamoyo als Ausgangsort für ihre Expeditionen in das Innere des afrikanischen Kontinents wählten. Ziel der zumeist von europäischen oder amerikanischen Gesellschaften finanzierten Reisen war vor allem die Entdeckung der **Quellen des Nils**, nach denen bereits zu Zeiten des Römischen Reiches gesucht wurde. Aber auch Rettungsexpeditionen für während ihrer Reisen verschollene Forscher starteten oft in Bagamoyo.

Unter diesen vielen Reisen sticht eine besonders hervor: die vielleicht berühmteste Suche nach einem Menschen, welcher der vielleicht wichtigste Forscher seiner Zeit war und die zu einem der bekanntesten Zitate der afrikanischen Geschichte führte. 1870 brach der Journalist **Henry Morton Stanley** auf, um den seit 1866 als verschollen geltenden **Dr. David Livingstone** zu finden, der im Bereich der großen ostafrikanischen Seen vermutet wurde. 1871 fand er ihn schließlich nahe der heutigen Stadt Kigoma am Tanganjikasee und begrüßte ihn mit den vier Wor-

Das ehemalige Hauptquartier der deutschen Kolonialverwaltung

Fischmarkt am Strand von Bagamoyo

ten, die bis heute weltberühmt sind: „Dr. Livingstone, I presume“ (s. S. 82).

Weniger bekannt, aber nicht minder bedeutsam ist die gemeinsame Reise von **Richard Francis Burton** und **John Hanning Speke** einige Jahre zuvor, die ebenfalls in Bagamoyo begann. Neben den Quellen des Nils sollten die beiden auch die großen Seen Ostafrikas erkunden. Gemeinsam entdeckten sie im Februar 1858 den Tanganjikasee, den Burton für die Nilquelle hielt. Speke gab sich mit diesem Fund jedoch nicht zufrieden und trieb die Reise weiter voran. Im Juli 1858 trennten sich die beiden, Burton wollte seine eigenen Wege gehen. Nicht einmal vier Wochen später erreichte Speke ein weiteres großes Gewässer – den Viktoriasee. Diesen wiederum hielt nun Speke für die Nilquelle und es entbrannte eine ausgeprägte Rivalität zwischen den beiden Forschern, die sich im Laufe der Zeit zu einer erbitterten Feindschaft entwickelte.

Info

Lage: Bagamoyo liegt 75 km nördlich von Daressalaam, direkt am Indischen Ozean und auf einer Höhe mit Unguja, der Hauptinsel des Sansibar-Archipels. Mit dem Auto dauert die Fahrt von Daressalaam ca. 90 Minuten, je nach Verkehr.

Übernachten: preiswert in der Firefly Boutique Lodge direkt in der Stadt (www.fireflybagamoyo.com) oder exklusiv in der Lazy Lagoon Lodge (www.lazylagoonisland.com), die sich auf einer Halbinsel südlich von Bagamoyo befindet.

Sonstiges: Auch wenn man die Stadt gut auf eigene Faust erkunden kann, ist eine geführte Tour zu empfehlen, um mehr über ihre bedeutsame Geschichte zu erfahren. Diese Touren werden oft auch von Daressalaam aus als Tagesausflüge angeboten.

30 Zwischen zwei Welten – Quo vadis, Massai?

Für viele sind die Massai das Gesicht Afrikas. Über kaum ein anderes Volk wurde häufiger in Dokumentationen und Büchern berichtet. **Sie stehen stellvertretend für afrikanische Kultur und traditionelle Lebensweise** und faszinieren damit viele. Das Bild von erfolgreichen Viehhirten und furchtlosen Kriegern mit Speeren, roten oder blauen Gewändern (*shouka* genannt) und geweiteten Ohrlöchern hat sich fest in unsere Köpfe eingebrannt. Doch der Schein trügt, denn die heutige Situation der Massai ist sehr zwiegespalten und erinnert an das Schicksal von Aborigines und Indianern. Innerhalb von Tansania gelten die Massai mit ihrer (halb-)nomadischen Lebensweise als rückschrittlich. Viehhirten, die inmitten ihrer Tiere leben, sich vorwiegend von Fleisch ernähren und zu bestimmten Anlässen Blut trinken – welchen Beitrag könnten sie und ihre Lebensweise schon zur Entwicklung Tansanias leisten?

In den 1930er-Jahren begann die Diskriminierung der Massai. Während der britischen Kolonialzeit wurden auf Massai-Land die ersten Jagdreservate und in den 1950er-Jahren Schutzgebiete und Nationalparks errichtet, teilweise wurde Land auch an private Investoren verkauft. **Die Massai wurden enteignet, von ihrem Land vertrieben und zum Teil in für sie ausgewiesene Reservate geschickt**. Die Massai wehrten sich. Teilweise mit Erfolg: Das Ngorongoro-Areal, welches damals zum Serengeti-Nationalpark gehörte, wurde Ende 1959 zum Schutzgebiet „abgewertet" und den Massai ein Nutzungsrecht eingeräumt. Auch wenn die Massai im Vergleich zu anderen Ethnien heute noch sehr große Gebiete nutzen dürfen, haben sie gut die Hälfte ihres einstigen Landes eingebüßt. Wachsende Bevölkerungszahlen, Ausweitung des Naturschutzes und wirtschaftliche Interessen üben weiterhin Druck auf die Massai aus. Ende 2014 sorgte die Regierung für

Zu Besuch in einem Massai-Dorf

Eine Massai-Schule

große Aufregung mit der Ankündigung, Teile des Loliondo-Gebiets einem privaten Jagd-Safari-Unternehmen zuzuschlagen. 30.000 Massai hätten dafür umgesiedelt werden müssen und ihre Heimat verloren. Diese Pläne wurden dank großen internationalen Protests zwar zurückgenommen; im August 2017 wurden jedoch im behördlichen Auftrag über 185 Bomas zerstört und teilweise niedergebrannt, 6.800 Massai verloren ihr Zuhause und durch die teilweise sehr kurzfristig anberaumten Räumungen auch ihr Vieh.

Während nahezu die Hälfte der Massai noch immer ihrer traditionellen Lebensweise folgt (oft in Gebieten, die touristisch nicht oder nur wenig erschlossen sind), hat bei vielen auch ein Prozess des Umdenkens stattgefunden. Kinder werden zur Schule geschickt, lernen Englisch und Swahili, integrieren sich in die Gesellschaft und ziehen in die Städte. Der Tourismus bietet Jobmöglichkeiten, ob als Nachtwächter, Kellner oder Guide. **Einige der besten Guides in Ostafrika sind Massai**, was aufgrund ihres Aufwachsens mitten in der Natur wenig verwunderlich ist. Zu den bekanntesten Beispielen zählt der Kenianer Jackson Looseyia, der an der Seite von Jonathan Scott die BBC-Dokureihe „Big Cat Diary" moderierte und nach wie vor als Guide in der Masai Mara arbeitet. Aber Massai sind nicht nur im Tourismus tätig, sondern inzwischen auch in vielen anderen Bereichen. Im Vergleich zu Aborigines und Indianern haben sich diese Massai meist freiwillig für diesen Lebensweg entschieden, was ihre Integration wesentlich einfacher macht. Dennoch ist die Zukunft vieler Massai ungewiss und die Entscheidung zwischen den beiden Welten nicht einfach.

Info

Übernachten: Für Begegnungen mit Massai sollten abgelegene Gebiete wie der Natronsee oder West Kilimanjaro besucht werden. Das nachgebaute Massai-Dorf Olpopongi (www.olpopongi-maasai.com) bietet neben Übernachtungen im Massai-Stil die Möglichkeit zu Kontakten mit traditionell und modern lebenden Massai.

Sonstiges: Das private Projekt Volunteer Maasai (www.volunteermaasai.org) bietet Freiwilligen die Chance, für einen geringen Betrag in der Nähe des Ortes Mto wa Mbu an einer Schule für Massai mitzuwirken.

31 Die Spuren der Jäger – die Felsenmalereien von Kondoa

Das Gebiet ist nicht immer leicht zugänglich

Anfang des 20. Jahrhunderts berichteten Missionare erstmals von **Felsenmalereien**, die sie in der Nähe der Orte Kondoa und Kolo gefunden hatten. Diese Entdeckungen erregten zunächst wenig Interesse und es vergingen mehr als 20 Jahre, ehe die Wissenschaft sich näher mit ihnen beschäftigen sollte. In den 1930er-Jahren reiste der bekannte **Paläoanthropologe Louis Leakey** nach Kondoa, um die Malereien genauer zu untersuchen. Im Rahmen seiner Forschungen entdeckte er viele verschiedene Malereien, die teilweise sehr gut erhalten waren. Er stellte die These auf, dass einige der Zeichnungen über 1.000 Jahre alt seien. Der überwiegende Teil seiner Kollegen bestritt dies zunächst und maß den Zeichnungen keinerlei archäologische Bedeutung bei.

Im Laufe der nächsten Jahrzehnte wurde das Gebiet um Kondoa und Kolo intensiv erforscht. Dabei wurden immer mehr Felsenmalereien entdeckt. Mit dem Buch *Africa's Vanishing Art* von Louis' Ehefrau **Mary Leakey** wurden die Malereien im Jahr 1983 einer breiteren Öffentlichkeit bekannt.

Heute gilt es als erwiesen, dass einige der **Zeichnungen mehr als 1.500 Jahre alt** sind. An über 150 Orten, verstreut auf ein Gebiet von gut 2.350 km², wurden Malereien gefunden. Die meisten Fundorte liegen wind- und wettergeschützt in Höhlen und an Überhängen, weshalb viele der Zeichnungen in gutem Zustand

Relikte der Vorzeit: Felszeichnungen in Kondoa

Die weißen Malereien sind deutlich jünger als die typischen Bilder in Rot

sind. Einige der am einfachsten zugänglichen wurden jedoch durch Vandalismus zerstört. Um bessere Bedingungen für den Schutz und Erhalt zu schaffen, wurden die Felsenmalereien von Kondoa im Jahr 2006 zum **UNESCO-Weltkulturerbe** erklärt. Zu Recht, denn die Malereien sind nicht nur künstlerisch wertvoll, sondern auch ein wichtiges Zeugnis über das Leben von Jägern und Sammlern sowie Bauern vergangener Zeiten. Zu den Motiven zählen sowohl Menschen auf der Jagd oder bei verschiedenen Ritualen als auch Tiere wie Elefanten, Antilopen oder Nutzvieh. Giraffen und Elenantilopen zählen zu den häufigsten Motiven, vermutlich aus mystischen Gründen oder weil die Tiere eine bevorzugte Beute der Jäger waren.

Die Felsenmalereien von Kondoa sind die wichtigsten Zeugnisse ihrer Art in Äquatorialafrika. Hinsichtlich ihrer archäologischen und kulturellen Bedeutung brauchen sie einen Vergleich mit den Fundorten in den südafrikanischen Drakensbergen und im namibischen Twyfelfontein nicht zu scheuen. Die deutlich höhere Bekanntheit der Malereien in Südafrika und Namibia dürfte an ihrer besseren Erreichbarkeit und ihrer Lage entlang der touristischen Routen liegen. Kondoa und Kolo befinden sich hingegen deutlich abseits der Safarirouten und sind daher nur wenig bekannt. Das möchte die Organisation **Rock Art Conservation Center** in Arusha ändern und bietet unter anderem eine dreitägige Kultursafari mit Campingübernachtung im zur Organisation gehörenden Amarula Camp in Kolo an.

Info

Internet: www.tanzaniaculturaltours.com und www.racctz.org
Lage: Die Orte Kondoa und Kolo liegen ca. drei Fahrtstunden südlich vom Tarangire-Nationalpark und sind über die neu aufgelegte Great North Road zu erreichen, die wie einst von Kapstadt bis nach Kairo führen soll. Der Abschnitt zwischen Arusha und Dodoma ist bereits neu geteert und fertiggestellt.

Übernachten: Von den Unterkünften an der Westseite des Tarangire-Nationalparks, wie z. B. dem Maramboi Tented Camp (s. S. 136), der Lake Burunge Tented Lodge (www.twctanzania.com) oder der Sangaiwe Tented Lodge (www.sangaiwe.com), sind Tagestouren möglich.

32 Auf Jagd mit den Hadzabe am Eyasisee

Die Hadzabe, auch als Hadza bekannt, sind **eines der letzten Jäger-und-Sammler-Völker Afrikas**. Seit gut 50.000 Jahren ziehen sie als Nomaden durch die Region um den Eyasisee, im Rhythmus der Jahreszeiten und abhängig von ihren Bedürfnissen. Aber die Geschichte der Hadzabe ist ein ständiger Rückzugskampf, der schon mit der zunehmenden Einwanderung von Bantu-Stämmen vor gut 3.000 Jahren begann. In der Moderne führten die Ausweitung von Landwirtschaft und Schutzgebieten dazu, dass ihr Lebensraum immer weiter eingeschränkt wurde.

Lange Zeit wurden die Hadzabe den Khoisan zugeordnet, die zu den ältesten Völkern Afrikas zählen. Ähnlich wie die Sprache der sogenannten Buschmänner der Kalahari umfasst auch ihre Sprache viele Klicklaute. Genetische Untersuchungen haben jedoch gezeigt, dass die Hadzabe eine eigene Gruppe ohne verwandtschaftliche Beziehungen zu anderen Völkern sind.

Ähnlich wie bei den San im südlichen Afrika versuchte die tansanische Regierung in den 1950er-Jahren, die Hadzabe in die moderne Gesellschaft zu integrieren, jedoch ohne Erfolg. Ein eigens für diesen Zweck gebautes Dorf mit Häusern, einer Schule und einem kleinen Krankenhaus wurde nach kurzer Zeit wieder aufgegeben und verlassen – sehr zum Unmut der Regierung, die mit Unverständnis reagierte. Während der folgenden Jahre wurden die Hadzabe marginalisiert und kaum ernst genommen. Es dauerte bis ins 21. Jahrhundert, bis ein Umdenken stattfand – auf beiden Seiten. Die tansanische Regierung erkannte das **Recht auf Selbstbestimmung** der Hadzabe, deren Bevölkerung auf 1.200 geschätzt wird, an und übertrug ihnen ein Gebiet von 1.000 km^2 als exklusiven Lebensraum. Gleichzeitig öffneten sich einige kleine Gruppen der Hadzabe Besuchern. Seitdem bieten sie Touristen die Möglichkeit, sie auf ihren Jagdausflügen zu begleiten.

Ein solcher **Jagdausflug** findet in den frühen Morgenstunden statt. Vor Tagesanbruch geht es in Begleitung eines lokalen Guides, der auch als Dolmetscher fungiert, zu dem Aufenthaltsort der Hadzabe. Nach einer kurzen Begrüßung beginnt der Ausflug. In einigem Abstand folgt man den Jägern, um deren Jagderfolg nicht zu gefährden. Meist sind es vier bis sechs Männer, die mit Pfeil und Bogen Jagd auf nahezu alles Lebendige machen. Gejagt wird immer für den konkreten Bedarf, bei den Hadzabe gibt es keinerlei Vorratshaltung. Von Singvögeln bis Giraffen steht alles auf der Speisekarte, **als besondere Delikatesse gelten Paviane**. Nur Reptilien meiden die Hadzabe weitestgehend.

Das Tempo während einer solchen Jagd ist überraschend hoch und im dichten Busch ist es nicht immer einfach, den leichtfüßigen Hadzabe zu folgen. Gelegentlich wird die Jagd unterbrochen, entweder um sich mit kleinen Beutestücken oder unterwegs aufgestöbertem Wildhonig zu stärken oder um einen Joint zu rauchen. **Marihuana hat Tradition bei den Hadzabe**. Die Hadzabe rauchen den ganzen Tag über enorme Mengen Gras und das schon von Kindheit an. Der Jagdausflug dauert meist zwei bis drei Stunden, abhängig von der gemachten Beute. Für gewöhnlich bieten die Hadzabe ihren Gästen an, **von der Beute zu probieren**. Aus Respekt sollte man dieses Angebot annehmen. Beim Angebot zum gemeinsamen Marihuanakonsum muss man dieser Höflichkeitsregel nicht unbedingt Folge leisten.

Nach der Rückkehr in das temporäre Dorf gibt es die Möglichkeit zur Interaktion mit den Hadzabe. Der lokale Führer erklärt, welche Arten von Tänzen es gibt, welche Tätigkeiten außer der Jagd verrichtet werden und welche Rolle die Frauen der Hadzabe spielen. Der interessanteste Teil ist aber zweifellos die Jagd mit einem der ältesten Völker Afrikas.

Hadzabe beim Feuermachen

Übernachten: Aufgrund des frühen Jagdbeginns ist eine Übernachtung in einer der drei Unterkünfte am Eyasisee erforderlich, die die Besuche auch organisieren. Hier stehen Reisenden u. a. das Tindiga Tented Camp (www.moivaro.com), die Lake Eyasi Safari Lodge (www.lakeeyasi.com) oder das Kisima Ngeda Camp (s. S. 148) zur Auswahl.

Info

33 Naturschützer der ersten Stunde – Michael und Bernhard Grzimek

Während der Name Grzimek in Deutschland meist nur noch den älteren Generationen ein Begriff ist, werden Bernhard und sein Sohn Michael in Tansania bis heute verehrt. Sie waren die **Pioniere des Naturschutzes in Afrika**, als sie in den 1950er-Jahren nach Tansania kamen. Ohne ihren unermüdlichen Einsatz würden die Serengeti und der Ngorongoro-Krater als Schutzgebiete wahrscheinlich nicht mehr existieren. In der Öffentlichkeit bekannt wurden sie durch ihren **oscarprämierten Dokumentarfilm** „Serengeti darf nicht sterben". Diesem Film war es zu verdanken, dass die tansanische Regierung von einer Umstrukturierung der Serengeti absah, was erhebliche Auswirkungen auf die jährliche Wanderung der Gnus und Zebras gehabt hätte.

Naturschützer und herausragende Dokumentarfilmer: Michael und Bernhard Grzimek

Gemeinsam mit Tansanias erstem Präsidenten Julius Nyerere, zu dem Bernhard Grzimek eine sehr gute Beziehung pflegte, wurden die Grenzen der Serengeti im Sinne der Tiere festgelegt. Die Auswirkungen des Einsatzes der Grzimeks zeigen sich bis heute: Im Serengeti-Ökosystem leben mehr als doppelt so viele Tiere wie noch vor 50 Jahren, die Anzahl der Gnus hat sich von 250.000 auf mehr als eine Million Tiere sogar vervierfacht.

Aber die Grzimeks waren nicht bloß Naturschützer, sondern vor allem auch Wissenschaftler. Sie waren die ersten, die zoologische Untersuchungen in der Serengeti anstellten und dabei umfangreiche **Bestandszählungen aus der Luft** machten. Hierzu flogen sie eigens ihre berühmte Dornier Do 27 mit der markanten Zebralackierung von Frankfurt mit zahlreichen Zwischenstopps nach Tansania. Ausgerechnet dieses Flugzeug wurde Michael zum Verhängnis. Während der Dreharbeiten zu „Serengeti darf nicht sterben" kollidierte er über dem Ngorongoro-Krater mit einem Geier und verunglückte tödlich. Trotz dieses Schicksalsschlags stellte sein Vater den Film fertig und widmete ihn neben der bedrohten Tierwelt auch seinem Sohn.

Der Grabstein der Grzimeks am Rand des Ngorongoro-Kraters

Sowohl die Wissenschaft als auch die tansanische Regierung wussten den Einsatz und die Leistung der Grzimeks zu schätzen. Als die Spitzmaulnashörner in Kenia und im nördlichen Tansania als eigene Unterart identifiziert wurden, erhielt diese in Erinnerung an Michael den wissenschaftlichen Namen *Diceros bicornis michaeli*. Nach seinem Tod wurde Bernhard Grzimek mit einem großen Staatsbegräbnis am Rand des Ngorongoro-Kraters beigesetzt. Die tansanische Regierung ging sogar noch einen Schritt weiter und setzte den beiden Grzimeks ein Denkmal. Der **Grabstein** ist heute ein beliebtes Fotomotiv und nichts könnte das Verdienst der beiden besser würdigen als der atemberaubende Blick über den Grabstein hinweg in den Krater.

Info

Lage: Der Grabstein befindet sich direkt an der Straße, die am Ngorongoro-Krater entlang und durch das Ngorongoro-Hochland zur Serengeti führt. Er ist so platziert, dass er nicht zu übersehen ist.
Übernachten: zahlreiche Möglichkeiten in Karatu (z. B. Country Lodge, s. S. 142, oder Plantation Lodge, s. S. 144) und am Kraterrand (z. B. Ngorongoro Sopa, www.sopalodges.com, oder Ngorongoro Crater Lodge, s. S. 146), von wo aus der Grabstein schnell erreicht werden kann. Eine zusätzliche Übernachtung ist aber nicht erforderlich, der Grabstein kann en route auf dem Weg in den Krater oder die Serengeti besucht werden.

34 Die Wiege der Menschheit – die Oldupai-Schlucht

Gemeinsam mit dem Afar-Dreieck in Äthiopien und der südafrikanischen Provinz Gauteng gilt die Oldupai-Schlucht (auch: Olduvai) als Wiege der Menschheit. Kurz vor dem Ersten Weltkrieg entdeckte der deutsche Neurologe Wilhelm Kattwinkel während einer Reise zur Erforschung der Schlafkrankheit die Schlucht und ihren **Reichtum an Fossilien**. Seine Entdeckung stieß auf großes Interesse bei Paläontologen, die allerdings aufgrund des Kriegsausbruchs zunächst keine Forschungen anstellen konnten. Es dauerte bis in die 1930er-Jahre, ehe die ersten Wissenschaftler die Schlucht, deren Name sich von einer von den Massai als *Oldupai* bezeichneten wilden Sisalpflanze ableitet, genauer untersuchten. Die Paläoanthropologen Louis und Mary Leakey fanden heraus, dass die Bedingungen ideal für die Vorfahren des Menschen gewesen waren. Aufgrund eingeschränkter finanzieller Möglichkeiten konnten sie aber zunächst kaum Fortschritte erzielen. **Der Durchbruch gelang 1959**, als Mary einen Kieferknochen fand, der eindeutig einem prähistorischen Verwandten des modernen Menschen zugeordnet werden konnte. Der robuste Kieferknochen wies auf ein kräftiges Gebiss hin, weshalb die Spezies landläufig auch als **Nussknacker-Mensch** bezeichnet wurde. 1978 folgte mit der Freilegung und Sicherung fossiler Fußabdrücke auf einer Strecke von über 20 m ein nicht minder spektakulärer Fund. Im Laufe der Jahre gelangen weitere wichtige und aus Sicht der Wissenschaft aufsehenerregende Entdeckungen. Bis heute dauern die Forschungsarbeiten in der Schlucht an.

Hier soll sie liegen: die Wiege der Menschheit

Bescheidener Hinweis auf das kleine Museum

Am südlichen Rand der Schlucht befindet sich **ein kleines Museum**, in welchem Besucher sich über die Entwicklung des Menschen und die Forschungsarbeiten informieren können. Hier sind verschiedene Fundstücke ausgestellt, außerdem gibt es eine plastische Darstellung der Schlucht und der Fundorte. Vor dem Museum ist ein Aussichtspunkt, an dem in regelmäßigen Abständen kurze Vorträge gehalten werden. Außerdem gibt es einen kleinen Rastplatz der außer einer Toilette auch eine gute Gelegenheit bietet, um bunte Vogelarten wie z. B. Veilchenastrild oder Flammenkopf-Bartvogel aus kurzer Entfernung zu beobachten.

Obwohl die Schlucht sich nicht weit entfernt von der Straße vom Ngorongoro-Krater in die Serengeti befindet, verirren sich nur wenige Besucher hierher. Dabei ist ein Besuch durchaus zu empfehlen und eine spannende Abwechslung zu den Pirschfahrten. Neben dem Besuch des Museums ist es möglich, in Begleitung eines lokalen Guides in die Schlucht hinabzusteigen. Bei diesen Wanderungen werden auch die Shifting Sands besucht, **eine aus Sand und vulkanischer Asche bestehende Wanderdüne**, die sich jedes Jahr um ca. 17 m in Richtung Westen bewegt. Die paläontologischen Fundorte sind allerdings nicht gekennzeichnet.

Info

Übernachten: in der Nähe der Schlucht im Olduvai Camp (www.olduvai-camp.com), welches von Massai geführt wird und um einen Kopje herum mit tollem Blick auf die weite Ebene gebaut ist.
Lage: ca. 25 km vom Ngorongoro-Kraterrand und 35 km vom Naabi-Hill-Tor der Serengeti entfernt, weshalb die Schlucht sehr gut als Zwischenstopp besucht werden kann.
Sonstiges: Der Besuch des Museums und die Wanderung in die Schlucht kosten ca. 25 US$ pro Person.

35 „Dr. Livingstone, I presume"

Der Ort Ujiji an den Ufern des Tanganjikasees ist die älteste Siedlung im westlichen Tansania und einer der ältesten Handelsplätze Afrikas. Vor allem für den Sklavenhandel war dieser Ort von Bedeutung, denn er war ein wichtiger Umschlagplatz für Sklaven auf dem Weg von Zentralafrika an die Küste. Seinen Platz in den Geschichtsbüchern erwarb Ujiji sich aber erst durch zahlreiche Forschungsreisen im Zusammenhang mit der Erkundung des afrikanischen Kontinents.

Auf der Suche nach den großen Seen Zentralafrikas und den Quellen des Nils erreichten die beiden britischen Forscher Richard Francis Burton und John Hanning Speke nach monatelanger Reise im Februar 1858 Ujiji und feierten hier die Entdeckung des Tanganjikasees. Gezeichnet von der langen Reise erholten sie sich hier zunächst und stockten ihre Vorräte auf, ehe sie mit der Erkundung des Sees begannen und die Suche nach den Nilquellen fortführten.

In England löste die Forschungsarbeit der beiden in Bezug auf die großen Seen Begeisterung aus, die Ergebnisse über die Quellen des Nils überzeugten allerdings nicht. Deshalb finanzierte die Royal Geographical Society eine weitere Expedition und engagierte hierfür keinen Geringeren als den berühmten Afrikaforscher Dr. David Livingstone, der zuvor schon die Quellen des Sambesi, die Viktoriafälle und den Malawisee entdeckt hatte. 1866 startete Livingstone von Sansibar, um endlich die Quellen des Nils zu finden. Dabei reiste er durch das Gebiet der großen Seen und erforschte Flussläufe, gelangte aber zu keinen neuen Erkenntnissen. Schließlich erreichte er entkräftet und von Krankheiten geprägt Ujiji, wo er seine Reise unter-

Stanley trifft Livingstone

Eine Tafel erinnert an das berühmte Zusammentreffen

brach. Von hier drangen keine Nachrichten mehr über seinen Verbleib nach England und im Jahr 1869 wurde Livingstone für verschollen erklärt.

Nach Bekanntgabe dieser Nachricht witterte der Verleger der auflagenstarken Zeitung *New York Herald* die Gelegenheit für eine große und ruhmbringende Story. Er stellte eine eigene Expedition unter Leitung eines jungen und umtriebigen Journalisten namens Henry Morton Stanley zusammen. Dessen Auftrag lautete lapidar: Finden Sie Livingstone!

1870 brach Stanley auf und erreichte am 10. November 1871 Ujiji. Seine Ankunft sorgte für Aufregung im Ort und die Einheimischen berichteten, dass bereits seit einiger Zeit ein Weißer unter ihnen lebe. Für Stanley war klar, dass es sich dabei nur um David Livingstone handeln konnte. Als sich die beiden Männer schließlich unter einem Mangobaum gegenüberstanden, sprach Stanley die wohlformulierten Worte, die zum berühmtesten Satz in der Entdeckungsgeschichte Afrikas werden sollten: „Dr. Livingstone, I presume“ („Dr. Livingstone, nehme ich an“). Als der Angesprochene seinen Hut abnahm und mit einem kurzem „Yes“ antwortete, hatte Stanley sein Ziel erreicht und seinen Auftrag erfüllt.

An der Stelle, wo Livingstone und Stanley sich damals trafen, erinnert heute ein Monument an dieses historische Ereignis. Im Ort befindet sich außerdem ein kleines Livingstone-Museum in Erinnerung an den berühmtesten Bewohner von Ujiji.

Info

Übernachten: Im benachbarten Kigoma gibt es mehrere Übernachtungsmöglichkeiten, z. B. das Kigoma Hilltop Hotel (www.kigomahilltop.com), welches auch Ausflüge nach Ujiji organisiert.

Touren: Von Kigoma gibt es einen regelmäßigen Dala-Dala-Service (Minibus-Taxi) nach Ujiji, das auch auf eigene Faust besucht werden kann. Das Livingstone-Museum ist täglich von 9 bis 16 Uhr geöffnet, der Eintritt kostet ca. 9 US$ pro Person.

36 Lebendige Kolonialgeschichte am Tanganjikasee – die *MV Liemba*

Tief im Westen Tansanias, abseits der gängigen Safarirouten, **verkehrt seit gut 100 Jahren ein Schiff auf dem Tanganjikasee**, das aufgrund seiner einzigartigen Geschichte längst ein Mythos ist. Bei diesem Schiff handelt es sich um die *MV Liemba*, die als die älteste Passagierfähre der Welt gilt.

1913 erteilte das Deutsche Reichskolonialamt auf Befehl von Kaiser Wilhelm II. der Meyer-Werft im niedersächsischen Papenburg einen ungewöhnlichen Auftrag: den Bau eines Dampfschiffs, welches nach dem Bau auseinandergenommen und in Afrika am Tanganjikasee wieder aufgebaut werden sollte. Neben seiner Funktion als Frachtschiff diente das neue Schiff vor allem einem Zweck: der Demonstration von Macht und Stärke. Gemeinsam mit zwei anderen Schiffen sollte es die deutschen Kolonialinteressen in Deutsch-Ostafrika schützen, dessen westliche Grenze durch den Tanganjikasee verlief. **Bau und Transport des Schiffes benötigten zwei Jahre**. Verpackt in 5.000 Kisten wurde es, verteilt auf drei andere Dampfer, nach Daressalaam und von dort mit der Eisenbahn nach Kigoma gebracht. Im Februar 1915 lief das Schiff unter seinem damaligen Namen *Goetzen* am Tanganjikasee vom Stapel.

Doch während des Ersten Weltkriegs spitzte sich auch die Situation am Tanganjikasee immer weiter zu. Nach und nach gewannen die alliierten Mächte die Kontrolle über den See und versenkten zwei der drei deutschen Schiffe. Als im Juli 1916 klar wurde, dass die Lage aussichtslos war, erteilte Befehlshaber Gustav Zimmer die Order, den See aufzugeben.

Was genau dann mit der *Goetzen* passierte, ist unklar. Bis heute weiß man nicht, wie, warum und von wem das Schiff an der Mündung des Malagarasi-Flusses versenkt wurde. Eines ist jedoch gewiss: Ohne die Ingenieure der Meyer-Werft, die den Zusammenbau des Schiffes überwacht hatten und sich noch vor Ort aufhielten, gäbe es die *MV Liemba* heute wohl nicht. Bevor sie das Schiff verließen, präparierten sie es so, dass

Den Einheimischen dient das Schiff auch nach 100 Jahren noch als wichtiges Transportmittel

Königin des Tanganjikasees: die MV Liemba

eine spätere Bergung und Nutzung möglich war. Hierzu überzogen sie unter anderem die Motoren mit einer dicken Fettschicht.

Erst 1924 wurde die *Goetzen* wieder gehoben. Für sein neu gegründetes Protektorat benötigte Großbritannien ein Transportschiff auf dem Tanganjikasee und so erinnerte man sich an das deutsche Schiff, das nach einem Bergungsversuch durch die Belgier inzwischen ein zweites Mal gesunken war. Für die Briten zahlten sich die Vorsorgemaßnahmen der deutschen Ingenieure aus, denn Motoren und Kessel waren noch funktionstüchtig. Dennoch dauerte es bis 1927, ehe das Schiff unter dem neuen Namen *Liemba* **als Passagier- und Frachtfähre** zu seiner zweiten Jungfernfahrt aufbrach.

Seither fährt die *MV Liemba* als Fähre über den See, zunächst unter britischer, seit der Unabhängigkeit im Jahr 1961 unter tansanischer Flagge. 1970, 1993 und seit 2014 immer wieder wurde der Fährbetrieb für dringende Instandhaltungsmaßnahmen ausgesetzt, dabei wurden unter anderem **Dieselmotoren eingebaut und die Kabinen renoviert**. 1997 unterstützte die *MV Liemba* die UN beim Transport von 75.000 Flüchtlingen aus dem Ersten Kongokrieg zurück in ihre Heimat. Die Fähre wird überwiegend von der lokalen Bevölkerung genutzt, ist aber für Touristen offen.

Info

Internet: https://www.mscl.co.tz. Dort wird das Schiff derzeit allerdings nicht gelistet.
Übernachten: Es gibt drei Kabinenklassen. Die erste Klasse befindet sich auf dem Panoramadeck und verfügt über zwei Betten je Kabine. In der zweiten Klasse im Unterdeck gibt es vier Betten je Kabine und in der dritten Klasse im Bauch des Schiffes gibt es nur Sitzplätze.
Sonstiges: Seit Dezember 2018 ist der Fährbetrieb wieder einmal ausgesetzt, der neuerliche Renovierungsaufwand soll groß sein. Wann die *Liemba* wieder fahren wird, ist zurzeit noch nicht bekannt.
Einen tieferen Einblick in Geschichte und Gegenwart des Schiffs gewähren Sarah Paulus und Rolf G. Wackenberg in ihrem Buch „Von Goetzen bis Liemba“, in dem sie auf unterhaltsame Weise von einer Fahrt mit der *Liemba* berichten.

37 Ein Leben für die Tiere – Jane Goodall und die Schimpansen von Gombe

Forschung und Naturschutz in Afrika waren in der Vergangenheit oftmals eng mit einzelnen Persönlichkeiten verknüpft. Diesen Menschen ist es zu verdanken, dass wir heute nicht nur viele Zusammenhänge besser verstehen, sondern auch, dass bestimmte Tierarten überhaupt noch existieren. Die 50er- und 60er-Jahre des letzten Jahrhunderts waren hierbei von besonderer Bedeutung, da zu dieser Zeit viele Grundlagen gelegt wurden. Die Verdienste von Michael und Bernhard Grzimek oder der Gorillaforscherin Dian Fossey sind ebenso unvergessen wie die der 1934 in London geborenen Jane Goodall, die in Gombe am Tanganjikasee das Verhalten von Schimpansen studierte und deren Lebensgeschichte sich liest wie das Drehbuch zu einem Hollywoodfilm.

Schon als Kind war Jane fasziniert vom afrikanischen Kontinent. Mit Anfang 20 erhielt sie von einer ehemaligen Schulkameradin eine Einladung nach Kenia und als sie das Geld für die Überfahrt gespart hatte, brach sie zu ihrer ersten Reise nach Afrika auf. Zufällig traf sie kurz nach ihrer Ankunft auf den bekannten Paläoanthropologen Louis Leakey. Dieser war von der Energie der jungen Frau und ihrer Begeisterung für Afrika und seine Tierwelt so angetan, dass er sie als Assistentin anstellte. Schließlich ermutigte er sie zur **Erforschung von Schimpansen in Gombe**. Zu dieser Zeit gab es nur rudimentäre Kenntnisse über Schimpansen und Leakey hoffte, anhand der Ergebnisse Rückschlüsse auf die menschliche Evolution ziehen zu können.

Im Juli 1960 betrat Jane erstmals den Strand von Gombe und den dahinterliegenden Urwald, in dem die Schimpansen bis heute leben. Nach einer frustrierenden

Abendstimmung am Tanganjikasee: der Strand vom Gombe

Anfangsphase, in der die Schimpansen sehr scheu waren und flohen, sobald sie sie sahen, machte Jane im Laufe der Zeit bahnbrechende Beobachtungen. Hierzu zählt unter anderem die Beobachtung **jagender und fleischfressender Schimpansen** – bis dahin hatte man angenommen, Schimpansen seien Vegetarier – und **sozialer Verhaltensweisen** wie der Adoption verwaister Jungtiere.

Zwischen Freund und Forschungsobjekt: Jane Goodall mit einem Schimpansen

Die Entdeckung schlechthin war aber, dass Schimpansen **nicht nur Werkzeuge gebrauchen, sondern sie auch herstellen**. So konnte Jane einen Schimpansen beim „Termitenangeln" beobachten. Zunächst präparierte der Affe einen Zweig, um ihn dann in einen Termitenhügel zu stecken. Die Termiten werteten dies als Angriff und begannen den Zweig zu attackieren. Nach kurzer Zeit zog der Schimpanse den Zweig wieder heraus, pflückte die Termiten ab und aß sie. All diese Beobachtungen ließen letztlich nur einen Schluss zu: Menschen und Schimpansen sind sich hinsichtlich Intelligenz, Fähigkeiten, Verhaltensweisen und Emotionen viel ähnlicher als bis damals angenommen wurde.

Die ersten Ergebnisse waren ein großer Erfolg und Jane wurden mehr finanzielle Mittel zur Ausweitung ihrer Forschungen zur Verfügung gestellt. Gemeinsam mit ihrem damaligen Ehemann, dem Tierfilmer und Fotografen Hugo van Lawick, gründete Jane das **Gombe Stream Research Center**, um externen Forschern Platz und Ausbildungsmöglichkeiten zu bieten. Nach der Veröffentlichung ihrer Zusammenfassung von 25 Jahren Arbeit unter dem Titel „Chimpanzee of Gombe: Patterns of Behavior" im Jahr 1986 zog sich Jane aus der Forschung zurück. Seitdem reist sie als Botschafterin um die Welt, um auf die Situation der Schimpansen aufmerksam zu machen. Die Tiere sind stark vom Aussterben bedroht, vor allem in Westafrika ist ihre Situation sehr ernst. Dort werden sie wegen ihres Fleischs gejagt und Jungtiere werden illegal gefangen und verkauft, in erster Linie nach China.

Info

Übernachten: in der Mbali Mbali Gombe Lodge (www.mbalimbali.com), die die einzige Unterkunft im Gombe-Stream-Nationalpark ist. Alternativ kann Gombe auch im Rahmen eines Tagesausflugs von Kigoma aus besucht werden.
Anreise: nur per 25-minütigem Bootstransfer ab Kigoma. Es führen keine Straßen in den Park.

Sonstiges: Gombe ist der teuerste Nationalpark in Tansania. Die Parkeintrittsgebühren betragen zurzeit 100 US$ pro Person und Tag. Das Mindestalter für das Schimpansen-Trekking beträgt 15 Jahre. Bei Krankheit ist eine Teilnahme aufgrund der Ansteckungsgefahr für die Tiere nicht möglich. Weitere Informationen über Jane Goodall und ihre Arbeit gibt es unter www.janegoodall.de.

38 Die Swahili-Küste

Der Name der Swahili-Küste hat seinen Ursprung im Begriff *saahili*, dem arabischen Wort für Küstenbewohner. Die ersten Siedlungen in dieser Gegend soll es im dritten oder vierten Jahrhundert gegeben haben, ehe die **persischen und arabischen Entdecker** im neunten Jahrhundert die Küste erschlossen und sich hier niederließen. Zur Verständigung untereinander entwickelten Araber, Perser und Einheimische eine **gemeinsame Sprache, die heute als Swahili oder auch Kiswahili** bezeichnet wird. Da sich entlang der gesamten tansanischen Küste und auf den vorgelagerten Inseln überall Ruinen und Spuren der geschichtsträchtigen Vergangenheit Tansanias finden, ließe sich argumentieren, dass sich die Bezeichnung Swahili-Küste auf die gesamte Region bezieht. In den letzten Jahren hat sich aber immer stärker durchgesetzt, mit dem Begriff nur den Streifen zwischen Daressalaam im Süden und der kenianischen Grenze im Norden zu bezeichnen.

Fähre über den Pangani-Fluss

Deutsches Vermächtnis: Sisal-Plantagen

Zu den ältesten Orten an der Swahili-Küste zählen Bagamoyo und Pangani. Beide spielten eine zentrale Rolle für den Sklavenhandel, da hier die Karawanen aus dem Landesinneren ankamen und die Sklaven gesammelt wurden, ehe sie nach Sansibar verschifft wurden. Während der deutschen Kolonialherrschaft wurde **Bagamoyo** sogar zur **Hauptstadt von Deutsch-Ostafrika**, ehe es aufgrund des tieferen Hafens von Daressalaam abgelöst wurde. Während in Bagamoyo bis heute gut erhaltene Ruinen aus der frühen arabischen Zeit besucht werden können, ist in Pangani die Geschichte der Sklaverei und der deutschen Kolonialzeit sehr präsent. Die **riesigen Sisalplantagen**, die ebenfalls von den Deutschen angelegt wurden und Tansania zum weltweit größten Sisalproduzenten aufsteigen ließen, bestimmen nach wie vor weite Teile der Landschaft.

Doch die sehr bewegte und eindrucksvolle Geschichte ist nur eine Seite der Swahili-Küste. Kilometerlange und mit Palmen gesäumte Sandstrände, ursprüngliche Fischerdörfer, lebendige Städte, Meeresschutzgebiete mit einer beeindruckenden Unterwasserwelt und eine vielfältige und teilweise unberührte Natur sind für die Swahili-Küste ebenso prägend. Vom Tourismus wird die Gegend bisher dennoch weitestgehend ignoriert. Das dürfte nicht zuletzt an der mangelnden Infrastruktur liegen. Die einzige Küstenstraße ist ein Relikt aus der deutschen Kolonialzeit und vor allem nach Regenfällen eine Herausforderung. Auch war der Wami-Fluss in Küstennähe jahrelang nicht passierbar, wodurch ein langer Umweg in Kauf genommen werden musste. 2014 wurde im Saadani-Nationalpark eine Brücke über den Fluss gebaut, was ein erster Schritt für eine bessere Erreichbarkeit der Swahili-Küste war. Investoren sehen großes Potenzial in dieser Region und es ist damit zu rechnen, dass sich der Tourismus entlang der Swahili-Küste in den nächsten Jahren entsprechend weiterentwickeln wird. Bis dahin bleibt sie aber noch, als was sie sich in den letzten Jahren ausgezeichnet hat: ein **Geheimtipp für Individualisten**, abseits der touristisch besser bekannten und erschlossenen Gebiete.

Eigenwillige Architektur

Info

Übernachten: z. B. im Kijongo Bay Resort südlich von Pangani (s. S. 124), in Nic's Tented Lodge (www.mkomabay.com) bei Pangani oder in der Lazy Lagoon Island Lodge (www.lazylagoonisland.com) südlich von Bagamoyo.
Touren: Geführte Touren durch die historischen Orte in Begleitung eines örtlichen Guides sind sehr zu empfehlen und ergänzen einen Safari- und/oder Strandurlaub um eine historisch-kulturelle Komponente, die in Tansania eine wichtige Rolle spielt. Besuche von Dörfern an der Swahili-Küste bieten sehr authentische Eindrücke, da der Tourismus hier bisher keine große Rolle gespielt hat.

39 Tansanias *melting pot* – Sansibar Island

Sansibar ist eines dieser Worte, die Fernweh und Sehnsüchte aufkommen lassen; Fantasien von paradiesischen Stränden und azurblauem Ozean. Von der Leichtigkeit eines Lebens zwischen Wasser und Sand, von tropischen Früchten und dem Reichtum des Meeres. Ganz so einfach ist es mit Sansibar dann aber doch nicht, schon beim Namen fangen die Probleme an.

Denn Sansibar ist zwar mehr als ein Traumbild, was genau mit dem Namen gemeint ist, ist aber nicht immer ganz klar. Der Name bezeichnet nämlich sowohl den Archipel vor der tansanischen Küste als auch den darauf befindlichen halbautonomen Teilstaat (der allerdings wiederum nicht die geografisch zum Archipel gehörende Insel Mafia beinhaltet). Im allgemeinen Sprachgebrauch bezeichnet man auch die Hauptinsel des Archipels, von der hier die Rede sein soll, als Sansibar, obwohl diese eigentlich Unguja heißt.

Der Name der Insel Unguja, auf der sich wiederum Sansibar-Stadt befindet, bedeutet übersetzt „Obstschale". Es ist nur einer von vielen blumig-umschreibenden und durchaus treffenden Namen für diese Insel (ein anderer ist „Nelkeninsel"). Denn die Böden sind sehr fruchtbar und in Verbindung mit dem tropischen Klima **finden viele exotische Früchte ideale Bedingungen**. Ob Mango, Papaya oder Kokosnuss, ob Granatapfel, Ananas oder Banane: Alles wächst und gedeiht hervorragend. Außerdem werden auf Unguja viele Nutzpflanzen wie Kakao oder Zuckerrohr angebaut und der Vielzahl an hier gedeihenden Gewürzen wie Pfeffer, Zimt und Kardamom hat der Sansibar-Archipel den Beinamen „Gewürzinseln" zu verdanken.

Durch seine exponierte Lage ist die Inselwelt von Sansibar zu einem **Schmelztiegel der Kulturen** geworden. Im Laufe der Jahrhunderte lebten, herrschten und

Spuren einer bewegten Vergangenheit: die Ruinen des Marhubi-Palastes

handelten hier unter anderem Ostafrikaner, Perser, Araber, Portugiesen, Briten und Inder. Sie alle haben Sansibar und dessen Entwicklung geprägt und es zu dem gemacht, was es heute ist. Seien es Architektur oder Riten, Gewohnheiten und Bräuche, seien es Küche, Religion oder die Menschen selbst – die verschiedenen Einflüsse und das Zusammenspiel verschiedener Kulturen haben eine Vielseitigkeit erschaffen, die es so wahrscheinlich nirgendwo sonst gibt. Eines ist in dieser bewegten Geschichte allerdings so nie passiert: der Tausch Sansibars gegen Helgoland, den das Deutsche Reich gemäß einer populären Annahme mit den Briten getätigt haben soll. Hierbei handelt es sich um eine politisch motivierte Verzerrung der historischen Tatsachen. Tatsächlich gehörte Sansibar nie zum deutschen Kolonialreich.

An der Küste von Nungwi reihen sich mittlerweile die Unterkünfte, aber der Blick aufs Meer entschädigt für alles

Neben dieser vielfältigen Geschichte gibt es sie aber auch, die Kulisse für die Sansibar-Traumbilder: die weißen, von Palmen gesäumten Sandstrände am azurblauen Indischen Ozean, der hervorragende Schnorchel- und Tauchbedingungen bietet. Wer für einen Badeurlaub nach Unguja kommt sollte seinen Aufenthaltsort allerdings mit großer Sorgfalt wählen. **Die schönsten Strände finden sich auf der Ostseite**, dafür sind hier auch die Gezeitenunterschiede am größten. Bei Nungwi am Nordende der Insel sind die Unterschiede weniger groß, dafür befinden sich hier die meisten Hotels und Lodges, teilweise dicht an dicht gedrängt.

Unguja ist allerdings nicht das Paradies auf Erden und hat auch seine Schattenseiten. Eine davon ist das Müllproblem. Im letzten Jahrzehnt hat ein Bauboom stattgefunden und in manchen Orten reiht sich ein Hotel an das nächste. Viele Unterkünfte produzieren viel Abfall, teilweise mehr, als abtransportiert werden kann. So stapelt sich zu bestimmten Zeiten der Müll auf kleinen Deponien, die vor allem aus der Luft betrachtet einen weniger schönen Eindruck hinterlassen und eine erhebliche Umweltbelastung darstellen.

Info

Übernachten: Es gibt eine Vielzahl von Möglichkeiten in allen Preisklassen. Von Luxus pur mit all-inclusive bis hin zum Hostel mit Mehrbettzimmern bietet Sansibar für jeden Geldbeutel eine Alternative. Preiswert lässt sich z. B. in den Amaan Bungalows (www.oceangrouphotel.com) übernachten. Hotels der luxuriöseren Kategorie betreibt z. B. The Zanzibar Collection im Osten der Insel (www.thezanzibarcollection.com).

Aktivitäten: sind ebenso vielfältig wie die Unterkünfte. Wer nach Sansibar reist, sollte unbedingt etwas von der Insel sehen. Das historische Stone Town (s. S. 92) mit seinen engen Gassen, kleinen Geschäften und beeindruckender Geschichte ist ebenso einen Besuch wert wie der Jozani Forest (s. S. 32). Eine geführte Gewürztour ist sehr interessant und eine Safari Blue (www.safariblue.net) eine der abwechslungsreichsten Aktivitäten auf dem Indischen Ozean.

40 Sklaverei, Plattenbauten, Rockmusik – facettenreiches Stone Town

An der Küste Ungujas liegt Stone Town. Völlig zu Recht hat die **Altstadt im Herzen von Sansibar-Stadt** den Status einer UNESCO-Weltkulturerbestätte inne. Ihren Namen verdankt sie dem Korallengestein, aus dem ihre Häuser gebaut sind. Doch zwischen den pittoresken Häusern und engen Gassen lauert eine Historie, die dem magischen Klang des Wortes Sansibar einen düsteren Unterton verleiht.

Stone Town wurde im 19. Jahrhundert von arabischen Händlern gegründet, die zu dieser Zeit große Teile der tansanischen Küste besiedelt hatten. **Zwischen dem 17. und 19. Jahrhundert florierte hier der Sklavenhandel**. Nach der Gründung von Stone Town etablierte sich dessen Sklavenmarkt unter Majid bin Said, dem ersten Sultan von Sansibar, schnell zum größten und wichtigsten seiner Art in ganz Afrika. Die Erinnerungen an dieses dunkle Kapitel in der Geschichte Tansanias sind bis heute gegenwärtig. Viele Gebäude wurden aufwendig renoviert und neben der von Sklaven erbauten Kirche sind auch noch viele der Kammern erhalten, in denen die Sklaven vor den Versteigerungen unter unmenschlichen Bedingungen eingesperrt waren. Bei einer geführten Tour über den ehemaligen Sklavenmarkt kann man eine Vorstellung von den Ausmaßen und Abgründen des Menschenhandels und der damit einhergehenden barbarischen Behandlung seiner Opfer bekommen.

In Stone Town spielt sich das Leben in den engen Gassen ab

Wer sich auf seiner Erkundungstour etwas außerhalb des historischen Kerns von Stone Town bewegt, wird nach kurzer Zeit auf deutsche Bausünden aus den 1960er-Jahren treffen: Plattenbauten. Sie sind Zeugnisse einer Völkerfreundschaft zweier Staaten, die beide längst nicht mehr existieren. Im Januar 1964 probten sansibarische Sozialisten den Aufstand. Gewaltsam vertrieben sie die herrschende arabische Oberschicht und riefen die Volksrepublik von Unguja und Pemba aus. Eine der ersten Amtshandlungen des Präsidenten des neuen sozialistischen Staates war die Anerkennung der DDR. Diese wiederum bedankte sich mit **Entwicklungshilfe in Form der typischen Plattenbauten**, um der steigenden Nachfrage nach Wohnraum in Sansibar-Stadt gerecht zu werden. Dass die Volksrepublik im Sansibar-Archipel nur drei Monate später mit der

Republik Tanganjika auf dem Festland verschmolz, um den heutigen Staat Tansania zu begründen, tat dem Projekt keinen Abbruch. Immerhin befand sich mit Präsident Julius Nyerere an der Spitze des jungen Staates ein Mann, der den Ideen des Sozialismus ebenfalls nicht abgeneigt war und der einige Jahre später mit dem Konzept des *Ujamaa* seine Vorstellung eines Afrikanischen Sozialismus präsentieren sollte. Bis heute existieren diese Gebäude, die vor Ort nur *Njumba za Wajerumani* (Häuser der Deutschen) genannt werden. Und nach wie vor erfüllen sie ihren Zweck als Wohnhäuser.

Die von Sklaven errichtete Kirche in Stone Town

Am Strand von Sansibar

Sansibars prominentester Sohn wurde am 5. September 1946 in Stone Town unter dem Namen Farrokh Bulsara als Kind eines britischen Regierungsangestellten indischer Herkunft geboren. Knapp 30 Jahre später wurde er unter seinem Künstlernamen **Freddie Mercury** weltberühmt. Als Frontman der Band Queen galt er als einer der stimmgewaltigsten und begabtesten Rocksänger seiner Zeit und schrieb Songs wie *Bohemian Rhapsody* oder *We are the Champions*. Obwohl Mercury nur wenige Jahre seiner Kindheit in Stone Town verbrachte und nie in seine Heimat zurückkehrte, wurde sein Geburtshaus nach seinem Tod mit einem kleinen Gedenkschild versehen, das bis heute an den 1991 im Alter von 45 Jahren an den Folgen seiner AIDS-Erkrankung verstorbenen Musiker erinnert.

Info

Übernachten: In Stone Town gibt es eine Vielzahl von Übernachtungsmöglichkeiten. Wer es traditionell mag und in die arabische Welt aus Tausendundeiner Nacht eintauchen möchte, ist in einem der kleinen Boutique Hotels wie z. B. dem Zanzibar Palace Hotel (s. S. 204) an der richtigen Adresse. Das größere Zanzibar Serena Hotel (s. S. 202) dagegen ist wesentlich moderner ausgestattet und eignet sich hervorragend für diejenigen, die auf bestimmte westliche Standards (z. B. WLAN, TV etc.) nicht verzichten möchten.

Essen: Unbedingt empfehlenswert ist ein Abendessen in einem der vielen Dachterrassenrestaurants, die tolle Sonnenuntergänge und einen 360°-Blick auf Stone Town bieten.

Touren: Stone Town lässt sich hervorragend zu Fuß in Eigenregie erkunden. Um aber mehr über die Geschichte zu erfahren, empfiehlt sich eine geführte Tour mit einem Guide, z. B. von Tima Tours (www.timatourszanzibar.com).

41 Kunst *made in Tanzania* – die Tingatinga-Malereien

Farbenfroh und naiv: ein Bild im Stile Tingatingas …

Der Name **Edward Saidi Tingatinga** dürfte nur Kennern der afrikanischen Kunst ein Begriff sein, obwohl viele dem nach ihm benannten Kunststil schon begegnet sind. Tingatinga ist ein naiver und eher abstrakter Stil mit kräftigen Farben, der fast zufällig aus einer Laune heraus entstanden ist.

Die Geschichte von Edward Saidi Tingatinga erinnert an den amerikanischen Traum vom Tellerwäscher zum Millionär, allerdings ohne Happy End. In sehr einfachen Verhältnissen im südlichen Tansania aufgewachsen, machte sich Tingatinga 1957 mit Mitte 20 auf den Weg nach Tanga. Dort wollte er auf einer der vielen Sisalplantagen Geld für die Familie verdienen, für die er als ältester Sohn nach dem Tod der Mutter die Verantwortung übernommen hatte. Tingatinga war sehr ehrgeizig und strebte schnell nach mehr. Ein Job in Daressalaam sollte es sein, in der Stadt, die bis heute für viele für die Chance auf eine bessere Zukunft steht. Für einige erfüllt sich diese Hoff-

… und eines vom Meister selbst

nung, für die meisten allerdings nicht. Nach einer entbehrungsreichen Anfangszeit in Daressalaam, in der Tingatinga bei seinem Cousin lebte, zahlte sich seine Beharrlichkeit schließlich aus. 1968 wurde er in einem städtischen Krankenhaus unter Leitung des Gesundheitsministeriums als nicht-medizinischer Assistent angestellt. Er arbeitete überwiegend abends und nachts und hatte tagsüber viel Zeit.

Der Künstler als junger Mann

Als Tingatinga eines Tages über die Independence Avenue mit ihren vielen Souvenirgeschäften schlenderte, stellte er fest, dass alle zum Kauf angebotenen Bilder und Gemälde von kongolesischen Künstlern stammten. Im Laufe der nächsten Tage wuchs in ihm ein Gedanke: Wenn es bisher keine tansanischen Maler gab, könnte er doch der erste werden. Gesagt, getan: **Tingatinga begann mit der Malerei**. Es dauerte nicht lange, bis das erste Gemälde verkauft war und nach und nach wurden es immer mehr. Tingatinga baute sein künstlerisches Schaffen aus, bezog Teile seiner Familie in den Arbeitsprozess ein und schließlich wurde die Kunstwelt in Form der **National Development Cooperation** auf ihn aufmerksam. Diese garantierte ihm die regelmäßige Abnahme von Bildern zu deutlich besseren Preisen als in den Souvenirgeschäften. Schließlich verdiente Tingatinga genug, um seinen Krankenhausjob zu kündigen und sich ganz der Malerei zu widmen. Um der großen Nachfrage gerecht zu werden, wählte er einige talentierte Maler aus, die er in seinem Stil unterrichtete und die mit ihm zusammen die Bilder malten. Das Geschäft boomte, Tingatinga erlangte internationale Beachtung und alles deutete auf eine große Karriere hin – bis zum 17. Mai des Jahres 1972. Ein langer Abend in einer Bar endete mit einer wilden **Verfolgungsjagd durch die Stadt mit der Polizei**, bei der Tingatinga von einem als Warnschuss abgegebenen Querschläger tödlich getroffen wurde.

Glücklicherweise hatte Tingatinga fünf begabte Maler (er hatte sich geweigert, mehr zu unterrichten, obwohl es viele Anfragen gab) ausgebildet. Diese waren in der Lage, seinen Stil fortzuführen und weiterzugeben. Diese fünf bildeten das Fundament der aufkommenden Tingatinga-Bewegung, die zur Gründung der **Tingatinga-Schule für Malerei** führte. Bis heute hat diese Schule viele bedeutende Künstler hervorgebracht. Die meisten von ihnen leben in Daressalaam, aber auch in Arusha und auf Sansibar sind einige hervorragende Künstler anzutreffen.

Info

Internet: www.tingatinga.org
Einkaufsmöglichkeiten: Tingatinga Arts Cooperative, Morogoro Stores (Haile Selassie Road, Oyster Bay), Daressalaam; Modern Tingatinga Art Gallery, Dodoma Road – gegenüber Meserani Snake Park, Arusha; verschiedene kleine Geschäfte in Stone Town, Sansibar-Stadt; eine limitierte Auswahl ist auch über das Internet zu beziehen (Link s. o.).

Preise: Sehr einfache und sehr schnell gemalte Bilder mit wenig Liebe zum Detail sind auf diversen Märkten bereits ab ca. 25 US$ erhältlich. Der Preis für ein richtiges Kunstwerk, das über Tage hinweg gemalt wurde und durch Detailtreue besticht, beginnt je nach Größe bei ca. 200 US$.

42 Ein Erbe von Weltrang – die Ruinen von Kilwa

Die Ruinen und historischen Gebäude von Kilwa zählen zu den wichtigsten ihrer Art an der Ostküste Afrikas. Nirgends sonst sind an einem Ort besser erhaltene Überreste aus den verschiedenen Epochen der Besiedelung und wirtschaftlichen Nutzung der letzten Jahrhunderte zu finden als hier. Die ältesten Ruinen befinden sich auf **den beiden kleinen Inseln Kilwa Kisiwani und Songo Mnara**. Hier errichteten die Perser im 10. Jahrhundert erste Hafenstädte, um von dort aus Handel mit dem Festland zu betreiben. Im 12. Jahrhundert wurden die Inseln an eine arabische Dynastie verkauft. Unter deren Herrschaft entwickelten sich hier bedeutende Hafenstädte, die als wichtige Handelsplätze für Gold und Gewürze zwischen Afrika, Arabien, Indien und China dienten. Ihre Blütezeit erlebten die beiden Städte zwischen dem 13. und 16. Jahrhundert. Kilwa Kisiwani entwickelte sich sogar zur bedeutendsten afrikanischen Hafenstadt südlich des Äquators. Mit der Eroberung weiter Teile der ostafrikanischen Küste durch die Portugiesen im 16. Jahrhundert begann der Niedergang von Kilwa Kisiwani und Songo Mnara. Die Portugiesen verlegten den Goldhandel nach Mosambik und die beiden Städte verloren nach und nach ihre wirtschaftliche Bedeutung.

Ein kurzes Aufleben gab es noch einmal im 18. und 19. Jahrhundert durch den **Sklavenhandel**. Zu dieser Zeit gehörten die Inseln dem Sultan von Oman, der zunächst versuchte, seine Geschäfte von Kilwa Kisiwani aus zu steuern. Die Renovierung der Ruinen stellte sich jedoch als zu aufwendig heraus, weshalb der Sultan sei-

Kilwa Kisiwani in einer historischen Darstellung von 1572

nen Sitz auf das gegenüberliegende Festland verlegte und die Stadt **Kilwa Kivinje** gründete. Diese entwickelte sich innerhalb weniger Jahre zu einem der wichtigsten Plätze für den Sklavenhandel und zu einer wohlhabenden Stadt. Das Ende des Sklavenhandels im Jahr 1880 verkraftete die Stadt sehr gut. Viele Sklavenhändler hatten in lukrative Gummibaumplantagen investiert, die zunächst sogar für weiteres wirtschaftliches Wachstum sorgten. Die deutschen Kolonialherren machten Kilwa Kivinje Ende des 19. Jahrhunderts zu einem Knotenpunkt für die Verwaltung. Erst nach dem Ende des Zweiten Weltkriegs verlor die Stadt nach und nach an Bedeutung und wurde vom **moderneren Kilwa Masoko** als regionales Verwaltungszentrum abgelöst.

Die Ruinen von Kilwa heute

Viele Bauwerke von Kilwa Kisiwani und Songo Mnara gelten als historisch bedeutend. Dennoch wurden sie über viele Jahre sich selbst und damit dem Verfall überlassen. Um dem entgegenzuwirken und auf ihre Bedeutung hinzuweisen, erklärte die UNESCO beide Orte 1981 zu **Weltkulturerbestätten**. Dies zeigte aber zunächst nicht die erhoffte Wirkung und im Jahr 2004 wurden die Ruinen schließlich auf die Rote Liste des gefährdeten Welterbes gesetzt. Erst danach setzte in Tansania ein Umdenken ein und umfassende Maßnahmen wurden eingeleitet – mit Erfolg, denn im Juni 2014 wurden die Ruinen wieder von der Liste gestrichen. Zu den wichtigsten erhaltenen Ruinen zählen der frühere Sultanspalast, das ehemalige Fort und die Große Moschee in Kilwa Kisiwani sowie die aus Korallenkalkstein errichtete Moschee in Songo Mnara.

Info

Lage & Anreise: ca. 300 km südlich von Daressalaam. Die Fahrzeit auf der inzwischen komplett geteerten Küstenstraße beträgt ca. vier Stunden. Alternativ bietet Coastal Aviation eine tägliche Flugverbindung von Daressalaam nach Kilwa Masoko an.
Übernachten: Es gibt mehrere Optionen, z. B. die Kilwa Beach Lodge (www.kilwa.co.tz) oder die Kimbilio Lodge (www.ed.co.tz).
Sonstiges: Auf beiden Inseln können Besucher sich ohne Guide frei bewegen und die Ruinen selbst erkunden. Ebenso sind nach vorheriger Anmeldung geführte Touren möglich. Tägliche Bootstransfers verbinden beide Inseln mit Kilwa Masoko.

43 Aufklärung und Konfliktlösung – das Ruaha Carnivore Project

So alt (oder jung) wie die Geschichte der Menschheit, so alt ist auch der **Konflikt zwischen Menschen und wilden Tieren**. Wo immer beide aufeinandertrafen, musste eine der beiden Parteien weichen. In der Anfangsphase der Menschheit gab es genügend Platz für alle, man konnte sich aus dem Weg gehen. Mit zunehmender Entwicklung des Menschen, insbesondere mit steigenden Bevölkerungszahlen, nahm der Druck auf die Tiere zu, ihre Ausweichmöglichkeiten wurden immer kleiner. Die inzwischen dramatischen Konsequenzen für das ökologische Gleichgewicht der Erde sind allgemein bekannt. Vor allem in der westlichen Welt scheint der Mensch nicht in der Lage oder willens zu sein, mit wilden Tieren seinen Lebensraum zu teilen. Anders lässt sich kaum erklären, dass z. B. ein Land wie Deutschland sich nicht über die Rückkehr des Wolfs freut, sondern bereits mit ca. 260 Wölfen im gesamten Bundesgebiet gnadenlos überfordert ist.

Konflikte zwischen Mensch und Tier sind in vielen afrikanischen Ländern (noch) an der Tagesordnung und die Geschichte hat gezeigt, dass die Tiere dabei nur verlieren können. Wer dies verhindern und den Fortbestand der Tierwelt sichern möchte, muss aktiv werden, Aufklärungsarbeit leisten und Konfliktlösungen finden. Genau dies war die Absicht der britischen Biologin **Dr. Amy Dickman**, als sie im Jahr 2009 das Ruaha Carnivore Project am Rande des gleichnamigen Nationalparks (s. S. 56) gründete. Der größte Nationalpark Tansanias ist bekannt für seine Löwen (und anderen Raubtiere). Der Fluss Ruaha zieht in der Trockenzeit Mensch wie Tier magisch an und es liegt auf der Hand, dass hier großes Konfliktpotenzial lauert.

In der Anfangsphase des Projekts musste sich Amy zunächst in Geduld üben und sich das Vertrauen der lokalen Bevölkerung erarbeiten. Glücklicherweise hatte sie zwei tansanische Kollegen an ihrer Seite, die mit ihr im Dorf Kitisi ihre Zelte aufschlugen. Dort lebten die drei eine Weile gemeinsam mit der einheimischen Bevölkerung. So lernten sie den Alltag der Menschen kennen und erfuhren, was es eigentlich bedeutet, tagtäglich im unmittelbaren Umfeld gefährlicher Raubtiere zu leben. Nach einigen Mona-

Dr. Amy Dickman gründete 2009 das Ruaha Carnivore Project

Aufklärung der Bevölkerung vor Ort

ten und zahlreichen wertvollen Erfahrungen gelangten sie zu der Erkenntnis, dass die **umfassende Einbindung der Landbevölkerung** entscheidend für den Artenschutz ist. Jobangebote, Ausbildungsmöglichkeiten und Projekte, die unmittelbar mit den wilden Tieren zu tun haben, mussten für die Dorfgemeinschaft geschaffen werden. Was recht einfach klingt, erforderte viel Überzeugungsarbeit. Aber Amy ließ nicht locker, überzeugte schließlich viele und gewann neue Mitstreiter für ihr Projekt.

Inzwischen arbeiten beim Ruaha Carnivore Project mehr als 60 Menschen mit, die überwiegend aus den umliegenden Dörfern von Ruaha stammen. Die **Forschung** ist ein weiterer wichtiger Teil des Projekts geworden, insbesondere die fotografische Dokumentation. So lassen sich Verhaltensweisen, Territorien etc. erfassen und die einzelnen Tiere besser studieren. Die Verwaltung erfolgt bis heute aus dem Dorf Kitisi, wo damals alles begann. Nur die Zelte sind inzwischen etwas größer geworden.

Info

Internet: www.ruahacarnivoreproject.com

Sonstiges: Das Projekt selbst kann man nicht besuchen. In fast allen Camps in Ruaha arbeiten aber Guides, die beim Projekt mitarbeiten und den Gästen aus erster Hand über ihre Arbeit dort berichten können.

Safaris

44 Der nördliche Safari-Parcours

Aufgrund der Größe Tansanias und den damit verbundenen Entfernungen zwischen den Nationalparks und Schutzgebieten unterteilt die Safariindustrie das Land seit einigen Jahren in **drei sogenannte Safari-Parcours**. Der bekannteste und am einfachsten zugängliche ist der nördliche Parcours, der unter anderem die **Serengeti und den Ngorongoro-Krater** umfasst. Er zeichnet sich durch kurze Distanzen zwischen den Gebieten und eine vergleichsweise gute Infrastruktur aus. Hier befindet sich auch die mit Abstand größte Anzahl an Unterkünften in allen möglichen Komfort- und Preisbereichen. Obwohl auch als Flugsafari durchführbar, finden Safaris im nördlichen Tansania überwiegend als privat geführte Reisen mit Fahrzeug und eigenem Guide statt.

Löwin im hohen Gras der Serengeti

Der Ausgangspunkt des nördlichen Parcours ist Tansanias Safari-Hauptstadt Arusha. Vor den Toren der Stadt liegt der gleichnamige **Arusha-Nationalpark**, der von Touristen aber meist nur wenig beachtet wird. Dabei hat der Park eine sehr abwechslungsreiche Landschaft und bietet vielfältige Aktivitäten wie Pirschfahrten, Walking-Safaris und Kanufahrten auf den Momella-Seen. Im Park befindet sich außerdem der Mount Meru, der von vielen Bergsteigern zur Vorbereitung auf den Kilimandscharo bestiegen wird.

Zwei Autostunden südwestlich von Arusha liegt der **Tarangire-Nationalpark**. In diesem nach dem gleichnamigen Fluss benannten Park prägen die mächtigen Affenbrotbäume das Landschaftsbild. Vor allem in der Trockenzeit zwischen Juli und Oktober ist ein Besuch spektakulär, wenn der Fluss Tausende Tiere anzieht, die ansonsten in der umliegenden Massai-Steppe bis zum Natronsee leben. Während dieser Zeit finden sich hier mehr Elefanten als in der Serengeti.

In unmittelbarer Nähe zu Tarangire befindet sich der **Lake-Manyara-Nationalpark**, der zum größten Teil aus dem gleichnamigen See besteht. Der schmale Bereich zwischen dem Westufer des Sees und der Abbruchkante des Großen Afrikanischen Grabenbruchs ist für Safaris zugänglich. Dieser Teil des Parks besteht überwiegend aus dichten Wäldern, die ein wichtiger Lebensraum für verschiedene Primaten sind. Ansonsten bietet der See tolle Möglichkeiten für Vogelbeobachtungen. Abhängig vom Wasserstand finden sich mehrere Hunderttausend Flamingos am Seeufer ein. Die auf Bäume kletternden Löwen, für die der Park über lange Jahre hinweg bekannt war, lassen sich allerdings nur selten beobachten.

Sonnenaufgang im Ngorongoro-Schutzgebiet

Vom Lake-Manyara-Nationalpark sind es nicht viel mehr als eineinhalb Autostunden bis zum **Ngorongoro-Krater**. Schon der Ausblick vom Kraterrand ist faszinierend und gibt einen guten Überblick über die landschaftliche Vielfalt. Tiere lassen sich von hier jedoch selbst mit einem Fernglas kaum erkennen, da die Entfernung bis zum 600 m tiefer liegenden Grund zu groß ist. Im Krater zeigt sich die gesamte Palette der ostafrikanischen Tierwelt auf relativ kleiner Fläche und mit ein bisschen Glück lassen sich während einer einzigen Pirschfahrt die Big Five beobachten.

Bis zum Naabi-Tor der **Serengeti** sind es vom Ngorongoro-Krater erneut nur rund eineinhalb Autostunden. Gleich am Tor bekommen Besucher einen ersten Eindruck von der so beeindruckenden Savannenlandschaft. Welcher Bereich der Serengeti von hier aus dann angesteuert wird, sollte von den Wanderungen der großen Herden abhängig gemacht werden.

Info

Reisezeit: ganzjährig möglich. Während der Regenzeit im April und Mai muss mit Einschränkungen gerechnet werden. Viele Unterkünfte sind zu dieser Zeit auch geschlossen.
Kosten: abhängig von der Jahreszeit, Dauer der Reise und Wahl der Unterkünfte. Eine achttägige, privat geführte Safari kostet ab ca. 2.800 € pro Person.
Sonstiges: Reiseroute und Aufenthaltsdauer in den Parks sind individuell planbar, eine Woche sollte aber mindestens veranschlagt werden. Während in den meisten Parks ein bis zwei Übernachtungen ausreichen, sollten für die Serengeti wenigstens drei Übernachtungen an zwei verschiedenen Orten eingeplant werden.

45 Der südliche Safari-Parcours

Ausgangsort für eine Safari im Süden Tansanias ist Daressalaam, die größte und wirtschaftlich bedeutendste Stadt des Landes. Aufgrund der Ankunftszeiten der interkontinentalen Flüge ist hier in der Regel eine Übernachtung erforderlich. Anders als im Norden werden Reisen im südlichen Landesteil überwiegend als **Flugsafaris** durchgeführt, obgleich es auch hier einige wenige Anbieter gibt, die fahrzeugbasierte Reisen anbieten.

Der südliche Parcours umfasst mit Mikumi, Udzungwa und Ruaha drei Nationalparks und mit Selous ein Reservat mit dem Status eines **UNESCO-Weltnaturerbes**. Selous und Ruaha sind davon nicht nur die bekanntesten Ziele, sondern auch diejenigen, die am häufigsten besucht werden. „Häufig" ist in diesem Zusammenhang allerdings relativ zu sehen, denn 90 Prozent der Touristen wählen den nördlichen Parcours für ihre Reise.

Im Rahmen einer Flugsafari steht das **Selous-Reservat** meist an erster Stelle. Mehrmals täglich wird Selous von Daressalaam aus angeflogen, die Flugdauer beträgt rund 45 Minuten. Es gibt mehrere Landebahnen und welche angeflogen werden, hängt von den gebuchten Camps der Gäste ab. In Afrikas größtem Schutzgebiet stehen gleich mehrere Aktivitäten zur Verfügung. Neben Pirschfahrten werden von fast allen Unterkünften auch Boot- und Walking-Safaris angeboten. Selous ist vor allem für seine vom Rufiji geprägte Fluss- und Seenlandschaft bekannt, aber auch für seine großen Populationen an Flusspferden, Krokodilen, Elefanten und Wildhunden.

Elefanten im Wasser des Manze-Sees in Selous

Nach dem Besuch des Selous-Reservats geht es für die meisten Reisenden weiter nach Westen ins Landesinnere zum **Ruaha-Nationalpark**. Die Flugdauer beträgt von Selous aus eineinhalb bis zwei Stunden. Mit seinem welligen Terrain, den vielen Trockenflüssen und Baobab-Bäumen bietet Ruaha einen großen Kontrast und eine hervorragende Ergänzung zu Selous. In Ruaha werden überwiegend Pirschfahrten gemacht, in der Trockenzeit werden gegen Aufpreis zusätzlich Walking-Safaris angeboten. Ruaha gilt als einer von Afrikas letzten wilden Parks und als eine der letzten Bastionen für Löwen. Hier leben noch große Rudel mit teils mehr als 20 Tieren, die bei Pirschfahrten regelmäßig beobachtet werden können.

Beliebtes Safari-Vehikel: Cessna Caravan

Mikumi und **Udzungwa** können wahlweise als erste oder als letzte Station hinzugefügt werden. Mikumi ist der nördlichste Ausläufer des riesigen Selous-Ökosystems, welches sich bis nach Mosambik erstreckt. Der Park gilt als das beste Beobachtungsgebiet in Tansania für die Elenantilope, die größte Antilopenart der Welt. Während Mikumi über eine eigene Landebahn verfügt, ist Udzungwa nur per Fahrzeug erreichbar – und zwar von Mikumi aus. Die Fahrzeit zwischen beiden Parks beträgt etwa zwei Stunden und oftmals wird Udzungwa im Rahmen eines Tagesausflugs von Mikumi aus besucht. Alternativ gibt es vor Ort auch ein paar Übernachtungsmöglichkeiten.

Trotz der geringen räumlichen Distanz könnte der Kontrast zwischen Udzungwa und Mikumi kaum größer sein. Udzungwa ist kein klassischer Safaripark, sondern ein Paradies für Wanderer, Biologen und Ornithologen. Aufgrund seiner Artenvielfalt wird das Gebiet auch als das Galapagos Afrikas bezeichnet. Die teils dichten Wälder mit geschlossenem Blätterdach sind einzigartig in Tansania. Hier finden sich in Flora und Fauna viele endemische Arten und man geht davon aus, dass längst noch nicht alle entdeckt sind. Im Park gibt es keine Straßen, aber ein gutes Netz an Wanderwegen. Der Udzungwa-Nationalpark mit seiner Berglandschaft (teilweise über 2.000 m hoch) ist noch ein echter Geheimtipp und wer die Möglichkeit hat, sollte unbedingt einen Abstecher hierher machen.

Info

Reisezeit: von Juni bis Mitte März. Im April und Mai sind die Camps geschlossen.
Kosten: abhängig von Saison, Länge der Reise und Standard der Unterkünfte. Eine siebentägige Flugsafari nach Selous und Ruaha kostet ab ca. 2.900 € pro Person.

Sonstiges: Die Reihenfolge der Stationen und die Aufenthaltsdauer in den Parks sind individuell planbar, pro Park sollten aber mindestens zwei Übernachtungen eingeplant werden.

46 Der westliche Safari-Parcours

Eine Reise in den Westen Tansanias ist immer eine logistische Herausforderung. Aufgrund der abgeschiedenen Lage ist eine Anreise per Fahrzeug im Prinzip nicht möglich und aufgrund des geringen Besucheraufkommens bedienen die Fluggesellschaften den Westen nicht sehr häufig.

Zum westlichen Safari-Parcours gehören die fünf Nationalparks Rubondo Island, Saanane Island, Gombe Stream, Mahale und Katavi. Mit Ausnahme von Katavi sind sie **alle von den großen Seen, dem Viktoriasee und dem Tanganjikasee, geprägt**. Auch wenn es möglich ist, alle Parks miteinander zu kombinieren, werden auf einer Reise meist nur die drei nördlichen (Rubondo Island, Saanane Island, Gombe Stream) oder die beiden südlichen Parks (Mahale, Katavi) besucht.

Büffelherde auf der Katsunga-Ebene in Katavi

Am einfachsten zu erreichen ist der **Saanane-Island-Nationalpark** im Viktoriasee. Coastal Aviation fliegt täglich von Arusha mit Zwischenstopps nach Mwanza, von wo aus der Nationalpark mit dem Boot in zehn Minuten zu erreichen ist. Die kleine Insel war einst der erste Zoo in Tansania und wurde aufgrund der **Brazzameerkatze** im Juli 2013 zum Nationalpark erklärt. Diese seltene Affenart hat hier ihren einzigen Lebensraum in Tansania. Saanane ist hervorragend zum Wandern geeignet und bietet tolle Möglichkeiten zur **Vogelbeobachtung und zum Angeln**.

Mwanza ist auch der Drehpunkt, von dem aus sich die anderen beiden nördlich gelegenen Parks erreichen lassen. Von hier aus gibt es tägliche Flugverbindungen nach **Rubondo Island** im Viktoriasee. Abwechslungsreicher als Rubondo Island kann ein Nationalpark im Hinblick auf Tierwelt und Aktivitäten kaum sein. Die sonst selten gewordenen Graupapageien haben hier ebenso eine Heimat gefunden wie einige Elefanten und Schimpansen, die hier ausgewildert wurden.

Fünfmal in der Woche gibt es von Mwanza aus auch eine Flugverbindung nach Kigoma. Per Bootsfahrt über den Tanganjikasee gelangt man von hier aus in den kleinen **Gombe-Stream-Nationalpark**. Gombe ist vor allem durch die Primatenforscherin Jane Goodall bekannt geworden, die hier über lange Jahre das Verhalten von Schimpansen studierte. Zusammen mit Mahale gilt Gombe als die beste Möglichkeit in Afrika, diese Affen in ihrem natürlichen Lebensraum zu beobachten.

Auf den regulären Flugrouten sind die beiden weiter südlich gelegenen Parks Katavi und Mahale nur über Ruaha im Süden oder von Arusha aus erreichbar. **Katavi** ist der einzige klassische Safaripark im Westen. Vor allem während der Trockenzeit sind hier große Büffelherden und viele Flusspferde und Krokodile zu finden. Auch wegen der ausgeprägten Sumpflandschaften empfiehlt es sich, Katavi während der Trockenzeit zu besuchen.

Der **Mahale-Mountains-Nationalpark** ist zu weiten Teilen unerforscht. Benannt nach dem Mahale-Gebirgszug, der mitten durch den Park führt, ist für Reisende nur der am Ufer des Tanganjikasees liegende westliche Teil zugänglich. Dieser Abschnitt ist sehr waldreich und bietet zahlreichen Vogel- und Primatenarten eine Heimat, vor allem auch Schimpansen. Ähnlich wie in Gombe ist das **Schimpansen-Trekking** die Hauptattraktion.

Flusspferde am Katuma-Fluss in Katavi

Info

Reisezeit: Juni bis Ende Februar. In den Monaten März, April und Mai sind die meisten Camps geschlossen.
Kosten: abhängig von der Länge der Reise, der Dauer der einzelnen Lodgeaufenthalte und den gewählten Parks. Je nach Saisonzeit kostet z. B. eine achttägige Flugsafari ab/bis Arusha nach Katavi und Mahale ab 5.580 € pro Person.
Sonstiges: Bei Krankheit ist es wegen der Ansteckungsgefahr nicht möglich, am Schimpansen-Trekking teilzunehmen. Das Mindestalter für das Schimpansen-Trekking beträgt 12 Jahre in Mahale und 15 Jahre in Gombe.

47 Das unbekannte Tansania – auf dem Landweg von Daressalaam nach Arusha

Wer Tansania abseits der bekannten Pfade des nördlichen Safari-Parcours entdecken möchte und von einer Flugsafari in den südlichen Teil des Landes absieht, für den kann eine Reise von Daressalaam nach Arusha auf dem Landweg das Richtige sein. Die Strecke zwischen diesen beiden Städten ist an sich nicht sonderlich lang und durchaus an einem Tag zu bewältigen, doch es lohnt sich, die Straße hier und da zu verlassen und weniger bekannte Ziele anzusteuern.

Von Daressalaam geht es zunächst Richtung Norden zum **Saadani-Nationalpark**, Tansanias einzigem Nationalpark, der bis an die Küste reicht. Nur hier sind Safari und Strandurlaub an einem Ort möglich. Um eines der großen Säugetiere wie Giraffe oder Elefant am Strand zu sehen, braucht es allerdings sehr viel Glück. Vergleichsweise häufig sind am Meeresufer hingegen Grüne Meerkatzen oder Zibetkatzen zu finden, was einen nicht minder ungewöhnlichen Anblick darstellt. Saadani ist außerdem einer der letzten verbliebenen Orte auf dem tansanischen Festland, an denen die bedrohte Grüne Meeresschildkröte (auch als Suppenschildkröte bekannt) nistet.

Die Reise folgt der Swahili-Küste in Richtung Norden. Neben schönen Stränden und vielfältigen Wasseraktivitäten bietet sich hier ein **Einblick in die Geschichte des Landes**. Hier sind noch viele Gebäude unterschiedlicher Epochen vorhanden, teilweise in gutem Zustand; zahlreiche Ruinen von Palästen und Moscheen zeugen von der einstigen Pracht arabischer Siedlungen.

Blick vom Aussichtspunkt Irente in den Usambara-Bergen über die Massai-Steppe

Erste Station der Route ist der Saadani-Nationalpark, der sich bis an die Küste erstreckt

Von der Küste geht es nun in nordwestlicher Richtung ins Landesinnere bis zu den **Usambara-Bergen**. Diese sind das letzte Refugium eines Regenwaldes, der einst große Teile des nördlichen Tansanias bedeckte. Die Wandermöglichkeiten in den Bergen sind schier unbegrenzt und bieten einen tollen Kontrast zur klassischen Safari. Das historische Städtchen Lushoto ist ebenso einen Besuch wert wie die vielen landwirtschaftlichen Märkte, die frische Produkte in bester Qualität in Hülle und Fülle anbieten.

Nicht weit von den Usambara-Bergen entfernt befindet sich **Mkomazi**, Tansanias zweitjüngster Nationalpark. Er bildet die Verlängerung des kenianischen Tsavo-West-Nationalparks und ist vor allem für seine atemberaubende Landschaft sowie für Programme zur **Auswilderung von Spitzmaulnashörnern und Afrikanischen Wildhunden** bekannt. Das Babu's Camp ist die einzige Unterkunft im Park und bietet seinen Gästen ein sehr privates und ungestörtes Safarierlebnis.

Über Moshi nähert sich die Reise ihrer letzten Station, dem als West Kilimanjaro bezeichneten Massailand im Dreieck zwischen den Bergen Mount Meru und Kilimandscharo sowie der kenianischen Grenze. Neben weiteren Safariaktivitäten bietet sich hier die Möglichkeit zu einer Begegnung mit den Massai oder zu einem **Tagesausflug auf das in 3.500 m Höhe gelegene Shira-Plateau** des Kilimandscharo, des höchsten Berges Afrikas. Von hier aus ist es nicht mehr weit bis Arusha, wo die Reise endet.

Info

Reisezeit: ganzjährig, während der Regenzeit im April und Mai sind allerdings viele Unterkünfte geschlossen.
Reisedauer: individuell planbar, je Station empfehlen sich aber mindestens zwei Übernachtungen.
Kosten: abhängig von der Reisedauer; eine zwölftägige Reise mit Fahrzeug und privatem Guide kostet ab ca. 3.900 € pro Person.

Sonstiges: Während Reisen in bekanntere Gebiete des Landes teilweise mit langer Vorlaufzeit geplant und gebucht werden müssen, ist eine Reise durch das „unbekannte" Tansania meist auch kurzfristig ohne Probleme durchführbar.

48 Hoch hinaus I – Wandern am Mount Meru

Der Mount Meru ist zwar nicht ansatzweise so bekannt wie der benachbarte Kilimandscharo, dafür ist er aber viel einfacher zu besteigen. **Der Aufstieg ist nicht nur deutlich kürzer, sondern auch günstiger als am Kilimandscharo**. Zudem sind am Mount Meru weniger Menschen und mehr Tiere unterwegs, weshalb die Wanderung oft einer Walking-Safari in den Bergen gleicht.

Die Wanderung beginnt auf etwa 1.500 m Höhe am Momella Gate, dem nördlichen Eingang des Arusha-Nationalparks. Anders als am Kilimandscharo wird die Wanderung die ganze Zeit über von einem bewaffneten Ranger begleitet, denn die Route führt durch ein Gebiet, in dem ständig mit Büffeln und Elefanten zu rechnen ist. Vom Momella Gate geht es mit Guide und Trägern in Richtung Westen stetig bergauf zur ersten Station, der 2.500 m hoch gelegenen Miriakamba-Hütte. Die Wanderung ist relativ einfach und dauert drei bis vier Stunden. In der Regel erreicht man die Hütte gegen Mittag, sodass am Nachmittag Zeit für die **Erkundung des Meru-Kraters** bleibt. Alternativ kann man auch den 3.667 m Aschenkegel besteigen, der sich etwa eine Stunde von der Hütte entfernt befindet.

Am nächsten Morgen geht es weiter in westlicher Richtung. Zwar werden wie am Vortag erneut gute 1.000 Höhenmeter überwunden, allerdings auf kürzerer, also steilerer Strecke. Der Aufstieg dauert ebenfalls drei bis vier Stunden, sodass man wiederum gegen Mittag die Saddle-Hütte erreicht. Während der Wanderung können im Bergwald Mantelaffen gesehen werden. Ab ca. 3.000 m, wenn die Wälder der alpinen Moorlandschaft weichen, hat man **gute Chancen, den Kilimandscharo zu sehen**, sofern er nicht von dichten Wolken verhüllt wird. Wer sich am Nachmittag frisch genug fühlt, kann den 3.820 m hohen Little Meru besteigen.

Den dritten Tag sollte man in den frühen Morgenstunden beginnen. Es ist durchaus möglich, an diesem Tag bis zum **Gipfel** des Mount Meru und zurück zum Momella Gate zu wandern. Insgesamt müssen dann ca. zwölf Stunden eingeplant werden. Empfehlenswerter, weil weniger anstrengend und hektisch, ist es, vom Gipfel aus zur Saddle-Hütte zurückzukehren. Der Aufstieg bis zum Gipfel in 4.566 m Höhe erfordert etwa vier bis fünf Stunden, der Abstieg zwei bis drei. Am nächsten Tag kann man dann relativ entspannt zum Momella Gate wandern, so bleibt mehr Zeit, um sich beim Abstieg auf Natur und Tiere zu konzentrieren.

Auch wenn den Mount Meru nicht der mythische Nimbus des Kilimandscharo umgibt, bietet er Wanderfreunden doch **eine schöne Alternative**. Der Aufstieg lässt sich zudem aufgrund seiner kürzeren Dauer gut mit einer klassischen Safari kombinieren. Der große Vorteil des Mount Meru liegt in der geringeren Höhe. Zwar erfordert auch der Aufstieg auf den Mount Meru eine gute körperliche Konstitution, es ist aber sehr unwahrscheinlich, hier die Höhenkrankheit zu bekommen. Warme und funktionale Kleidung ist allerdings zwingend erforderlich. Denn eines haben die Berge dann doch gemeinsam: Auf beiden ist es empfindlich kalt.

Aussicht vom Rhino Point über den Aschenkegel hinweg auf den Gipfel des Mount Meru

Info

Reisezeit: ganzjährig. Während der Regenzeit im April und Mai ist von der Besteigung allerdings abzuraten.
Kosten: ab ca. 650 € pro Person für die dreitägige Besteigung mit privatem Guide, Trägern, Ranger und Parkeintrittsgebühren.

Sonstiges: Wie beim Kilimandscharo empfiehlt es sich, die Besteigung nicht im Schnelldurchlauf zu planen. Die umliegende Natur und Landschaft hat viel zu bieten und mit der richtigen Kleidung kann sie trotz der Kälte auch genossen werden.

49 Hoch hinaus 2 – Ballon-Safari

Es ist 4.45 Uhr, draußen ist es noch dunkel. Ungläubig starre ich auf meinen Wecker. An das frühe Aufstehen während einer Safari gewöhne ich mich immer recht schnell, tatsächlich macht es mir auch nichts aus, anders als zu Hause. Aber heute ist es noch früher als sonst, die obligatorische Tasse Tee am Zelt gibt es auch nicht. Ich wasche mich schnell und ziehe die wärmsten Sachen an, die ich mitgenommen habe. Dann höre ich auch schon eine Stimme vor dem Zelt, die meinen Namen ruft. Es geht los.

Im Fahrzeug sitzen bereits andere Reisende, außer einem flüchtigen „Good morning" wird nicht geredet. Wir fahren gut 20 Minuten zur vereinbarten Stelle, am Horizont kündigt sich bereits der neue Tag an. Wir steigen aus dem Auto aus, noch immer überwiegt das Schweigen. Vor uns steht ein überdimensionierter Korb, aus dem ein Mann freundlich zu uns herüberwinkt. Hinter ihm steht ein weiterer Mann, der an einem Gasbrenner hantiert. Und über ihm baut sich ein riesiger Ballon auf.

Von einem dritten Mann erhalten wir eine kurze Einweisung, dann steigen wir nacheinander über eine kleine Leiter in den Ballon. Wir werden gleichmäßig im Korb verteilt, der Ballon über uns ist schon gut gefüllt. An die Geräusche des Brenners haben wir uns inzwischen auch gewöhnt, während es um uns herum immer heller wird. Dann folgen ein paar letzte Worte des Mannes, der den Brenner bedient, augenscheinlich der Ballonführer, bevor der Korb mit einem kurzen Ruck vom Boden abhebt. **Langsam gewinnen wir an Höhe**, mit uns steigt die Sonne am Himmel empor.

Ballon-Safari im Ruaha-Nationalpark

Die Anfangsnervosität weicht ungläubigem Staunen. Was sich unseren Augen darbietet, kann mit Worten kaum beschrieben werden und gehört zweifellos zu den **schönsten Erlebnissen**, die man während einer Safari haben kann: die endlose Weite der afrikanischen Savanne im goldenen Morgenlicht, am Horizont eine Elefantenherde und direkt vor uns eine grazile Giraffe, die ausnahmsweise mal nicht die beste Aussicht hat.

Tansania bietet Reisenden gleich **drei mögliche Regionen** für eine Ballon-Safari: im Tarangire-Nationalpark, im Serengeti-Nationalpark und im Ruaha-Nationalpark. Alle Parks haben je ihren eigenen Reiz und Charakter, aber eine große Gemeinsamkeit: eine unbeschreiblich schöne Landschaft. Während die Ballon-Safaris in der Serengeti schon lange existieren und insbesondere in der Hochsaison oft lange im Voraus ausgebucht sind, gibt es entsprechende Angebote in Tarangire erst seit 2012 und in Ruaha seit 2018.

Flusspferde in der Serengeti

Info

Internet: www.balloonsafaris.com, www.madahotels.com, www.miracle experience.co.tz
Reisezeit: ganzjährig in der Serengeti, teilweise richten sich die Startpunkte der Ballons nach der Wanderung der Gnu- und Zebraherden; beinahe ganzjährig in Tarangire, nur in der großen Regenzeit im April und Mai gibt es dort keine Fahrten; in Ruaha werden von Juni bis Ende Oktober Ballon-Safaris angeboten.
Kosten: ab 550 US$ pro Person inkl. Transfers und Frühstück mitten im Busch im Anschluss an die Ballonfahrt.
Sonstiges: In den frühen Morgenstunden kann es noch sehr kalt sein, insbesondere in den afrikanischen Wintermonaten. Empfehlenswert sind mehrere Lagen an Kleidung, die nach und nach abgelegt werden können.

50 Walking-Safaris in der Wildnis von Ruaha – Kichaka Expeditions

Menschen für Termiten begeistern zu können ist ein seltenes Talent. Nicht zu Unrecht ist der in England geborene Kenianer Andrew „Moli“ Molinaro in Ostafrika deshalb unter dem Titel *Herr der Termiten* bekannt: Kaum jemand ist in der Lage, seinen Gästen das Leben dieser Insekten auf derart unterhaltsame Weise nahezubringen. Aber dies ist nur eines von Molis vielen Talenten. In langen Jahren hat er sich den Ruf erarbeitet, **einer der besten und charismatischsten Guides Afrikas** zu sein. Gemeinsam mit der Amerikanerin Noelle Herzog bildet er Herz, Hirn und Seele von Kichaka Expeditions.

Mit dem im Jahr 2013 gegründeten Unternehmen sind Moli und Noelle angetreten, um die Safaribranche aufzumischen. Hierfür konnten beide auf einen großen Erfahrungsschatz zurückgreifen. Noelle war zunächst Managerin der Ruaha River Lodge gewesen und später, gemeinsam mit Moli, im Jongomero Camp. Schon als Guide hatte Moli lange für Jongomero gearbeitet, bis er ebenfalls ins Management wechselte.

Mit Kichaka Expeditions verfolgen die beiden ein Konzept, das darauf ausgerichtet ist, **jedem Gast ein individuelles Safari-Erlebnis** zu ermöglichen, das sich von allem unterscheidet, was man sonst aus Afrika kennt. Um mit diesem Konzept Afrikakenner und Safarineulinge gleichermaßen zu begeistern, bedient Kichaka Expeditions sich eines perfekt abgestimmten Systems, in dem stets ein Rädchen ins andere greift. Für die unmittelbare Erfahrung geht es tief hinein in den Busch (*Kichaka* bedeutet „Busch“ auf Swahili) des Ruaha-Nationalparks, in dem Moli und Noelle ihre Heimat gefunden haben. Zu den einzelnen Versatzstücken, die Kichaka so einzigartig machen, gehören ein zuverlässiges Team hinter den Kulissen, erstklassige Logistik, herausragendes Catering und Guiding. Das kleine mobile Camp besteht aus maximal drei Zelten mit externen Badezimmern und einem Zelt, das als Speise- und Loungezelt dient. Im Vordergrund stehen die Walking-Safaris, wenngleich

Noch mehr draußen geht nicht – jedenfalls nicht ohne Insektenstiche

Kichaka Expeditions auch Pirschfahrten anbietet.

Die geringe Teilnehmerzahl von **maximal sechs Personen** ermöglicht große Flexibilität und einen individuellen Zuschnitt auf die Bedürfnisse, Wünsche und Erwartungen der Gäste. Die Länge des Aufenthalts ist frei wählbar, wobei mindestens drei Nächte empfohlen werden. Erst ab dieser Länge können **Fly Camping und Bush-Sleepouts** durchgeführt werden. Dabei handelt es sich um Übernachtungen im Freien, bei denen sich zwischen Matratze und Sternenhimmel, vom Schlafenden einmal abgesehen, lediglich ein Moskitonetz befindet.

Kichaka operiert im nördlichen Teil von Ruaha, weit entfernt von den Camps im zentralen Bereich. Hierdurch können Moli und Noelle **ein wirklich privates Safarierlebnis** anbieten. Und während die festen Camps im April und im Mai geschlossen sind, führt Kichaka ganzjährig Safaris durch. Bislang sind Noelle und Moli nahezu ohne Marketing ausgekommen. Die beiden sind so bekannt, dass ihr Unterfangen von Anfang an ein voller Erfolg war. Das liegt vor allem daran, dass jeder, der die beiden persönlich getroffen hat oder mit ihnen auf Tour war, gerne und begeistert von ihnen erzählt.

Andrew Molinaro vor der Landschaft des Ruaha-Nationalparks

Im mobilen Camp stehen die Badezimmer separat

Info

Internet: www.kichakaexpeditions.com
Preise: ab 716 US$ pro Person/DZ mit Vollpension, lokalen Getränken, Aktivitäten und allen Nationalparkgebühren als Zubucher; bei exklusiver Nutzung sind die Preise nach Personenanzahl gestaffelt und beginnen bei 716 US$ pro Person/DZ bei einer Gruppe von sechs Personen bei gleichem Leistungsumfang.
Sonstiges: Die Zelte bei Kichaka sind nicht en-suite, d. h. die Badezimmer befinden sich außerhalb des Schlafzeltes. Von einem nächtlichen Gang zur Toilette sollte deswegen, wenn irgendwie möglich, abgesehen werden.
Stromversorgung: Trotz der abgeschiedenen Lage mitten im Busch ohne feste Basis können Batterien im Hauptbereich des Camps dank Solarenergie aufgeladen werden.
Kinder: Das Mindestalter beträgt 16 Jahre.

51 Zeitreise zu den Ursprüngen der Safari – Fly Camping

Als Fly Camping bezeichnet man eine Safari, bei der die Gäste weit entfernt von einem Basiscamp oder einer Lodge in einem **simplen Zelt an ausgewählten Stellen mitten im Busch übernachten**. Die Ausstattung besteht meist aus nicht viel mehr als einer Eimerdusche, einem Plumpsklo und einem Lagerfeuer. Auf Komfort und Luxus wird bewusst verzichtet, im Vordergrund steht die möglichst direkte Naturerfahrung. Die Zelte sind dabei zwar klein, bieten aber genügend Platz für zwei Matratzen samt Kissen und Decken. Fly Camping hat seinen Ursprung in Ostafrika und soll den Gästen ein Gefühl dafür vermitteln, wie Safaris in ihren Anfangszeiten vor rund 150 Jahren durchgeführt wurden.

Die Hauptaktivität beim Fly Camping sind Walking-Safaris. Meist brechen die Gäste zusammen mit ihrem Guide zu Fuß vom Basiscamp oder einer Lodge auf, während eine kleine Crew – bestehend aus einem Koch und einem Assistenten – per Fahrzeug mit der Ausrüstung vorfährt, um an einem vorher festgelegten Ort das Camp aufzubauen. Die durchschnittliche Dauer einer Fly-Camping-Tour beträgt zwei bis drei Nächte und in der Regel zieht das Camp jede Nacht um. Die Walking-Safaris finden in den frühen Morgen- und späten Nachmittagsstunden statt, während die Hitze des Tages im Camp verbracht wird.

Diese mobilen Walking-Safaris bieten Gästen die Möglichkeit, **in absoluter Ruhe und abseits der gängigen Routen** die Natur zu genießen. Weit und breit sind keine weiteren Safarigruppen unterwegs und keine Motorengeräusche zu hören. Neben der Chance, sich den Tieren nahezu lautlos zu nähern, erleben Gäste eine

Mobiles Camp im Katavi-Nationalpark

völlig andere Art von Safari: Sei es eine Einführung in das Spurenlesen oder in die medizinische Bedeutung einheimischer Pflanzenarten oder sei es die intensive Auseinandersetzung mit der Welt der Insekten – all dies ist während einer „normalen" Safari kaum möglich.

Aufgrund **strenger Regeln und Auflagen** seitens der Nationalparkbehörde ist Fly Camping nur an sehr wenigen Orten möglich. Am bekanntesten hierfür ist inzwischen das Selous-Reservat, in dem gleich mehrere Camps über die Voraussetzungen für Fly Camping verfügen. In den Nationalparks Tarangire, Serengeti, Ruaha und Katavi verfügen einige Camps über Ausnahmegenehmigungen.

Abendstimmung im tansanischen Busch

Info

Beste Reisezeit: während der Trockenzeit zwischen Juni/Juli und Oktober.
Kosten: variieren von Camp zu Camp und liegen für gewöhnlich bei den gleichen Preisen wie eine Übernachtung im zugehörigen Camp/in der zugehörigen Lodge.
Camps, die Fly Camping anbieten: Oliver's Camp, Tarangire (www.asiliaafrica.com); Alex Walker's Serian, Serengeti (www.serian.net); Serengeti Wilderness Camp (www.wildfrontiers.com), Chada Katavi, Katavi; Sand Rivers Camp, Selous (beide unter www.nomad-tanzania.com); Impala Camp, Selous (www.selousimpala.com), Jongomero Camp, Ruaha (www.selous.com).
Sonstiges: Jeweils eine Übernachtung vor und nach dem Fly Camping sollten zur Vor- bzw. Nachbereitung in dem Camp/der Lodge eingeplant werden. Das Mindestalter beträgt 16 Jahre.

52 Wandersafari durch das Ngorongoro-Hochland

Der Ngorongoro-Krater ist zwar eines der größten und eindrucksvollsten Naturdenkmäler Afrikas, aber er ist nur ein kleiner Teil des insgesamt 8.292 km² großen Ngorongoro-Schutzgebiets. In diesem liegt unter anderem die Gegend um den Ndutu-See, die große Gnu- und Zebraherden beherbergt. Darüber hinaus **beeindruckt das Ngorongoro-Hochland vor allem mit seinen erloschenen Vulkanen**. Hier finden sich der Olmoti- und der Empakai-Krater. Abseits der klassischen Touristenrouten leben die Massai hier noch weitestgehend traditionell im Einklang mit Natur und wilden Tieren. Eine **mehrtägige Wanderung durch das Ngorongoro-Hochland** ist die schönste Möglichkeit, Menschen und Natur kennenzulernen.

Ausgangspunkt der Wandertour ist Arusha. Mit dem Auto geht es vorbei am Manyara-See und dem Ngorongoro-Krater nach Nainokanoka, einem kleinen Massai-Dorf. In der Nähe des Dorfes gibt es einen Campingplatz, wo das Lager für die erste Nacht aufgebaut wird. Am Nachmittag steht die Besteigung des **Olmoti-Kraters** an, von dessen Rand sich ein faszinierender Blick in sein Inneres bietet.

Am nächsten Tag startet die eigentliche Wanderung, die von einem aus dieser Gegend stammenden Massai angeführt wird. Nach dem Frühstück werden Gepäck und Ausrüstung auf Esel geladen, die für die nächsten Tage treue Begleiter sein werden. Die Tagesetappe ist ca. 16 km lang und führt nach Bulati, einem weiteren Massai-Dorf. Das durchquerte Gebiet dient den Massai als Weidegrund für ihr Vieh und ist Heimat vieler wilder Tiere, darunter Gazellen, Zebras und Gnus. Aber auch Büffel und Elefanten lassen sich während der Wanderung beobachten.

Blick in den Empakai-Krater

Nach dem Frühstück am nächsten Morgen wird das Gepäck wieder auf die Esel gehievt und die Wanderung fortgesetzt. Der Weg führt stetig bergauf und bei klarer Witterung bieten sich **fantastische Aussichten auf Kilimandscharo, Mount Meru, Olmoti und Ol Doinyo Lengai**. Das Ziel der heutigen Etappe ist der **Empakai-Krater**, dessen Rand gegen Mittag erreicht wird. Je nach Ankunftszeit kann man in den Krater hinabsteigen, dessen Boden zu einem Drittel von einem See bedeckt ist. Der Empakai-See ist einer von vielen Sodaseen im Großen Afrikanischen Grabenbruch. Die Mikroorganismen dieser Seen sind eine wichtige Nahrungsquelle für Flamingos.

Das Ngorongoro-Hochland ist von Hügeln geprägt

Beim Trekking in Ngorongoro

Nach dem anstrengenden Vortag ist die nächste Wanderetappe vergleichsweise einfach. Gegen Mittag erreicht man das Massai-Dorf Naiyobi. Nach dem Mittagessen geht es, den Blick auf den Ol Doinyo Lengai gerichtet, weiter Richtung Norden. Schließlich verlässt man das Ngorongoro-Schutzgebiet und erreicht nur wenig später das Nachtlager in einem kleinen Wald aus Fieberakazien. Außerhalb des Schutzgebiets ist es bereits deutlich wärmer und trockener.

Die letzte Etappe ist nicht sonderlich lang, führt hauptsächlich bergab und bietet herrliche Aussichten auf den Ol Doinyo Lengai und den Natronsee. Es wird zunehmend heißer und trockener, typisch für diese Gegend. Gegen Mittag erreicht man den Treffpunkt mit dem Fahrer. Hier verabschiedet man sich von den Begleitern der letzten Tage – und von den Eseln –, um den Rückweg nach Arusha anzutreten.

Info

Reisezeit: ganzjährig möglich, die große Regenzeit im April und Mai ist allerdings nicht zu empfehlen.
Kosten: ca. 1.600 € pro Person/DZ mit Vollpension und allen Kosten für Guide, Esel, Ausrüstung und Parkeintrittsgebühren.

Sonstiges: Der Ablauf ist beispielhaft und kann individuell ergänzt oder verlängert werden, z. B. um eine Pirschfahrt im Ngorongoro-Krater oder die Besteigung des Ol Doinyo Lengai.

53 Wildes Tansania – auf Safari mit Legendary Expeditions

Seit mehr als 25 Jahren ist der amerikanische Reiseveranstalter Legendary Expeditions in Tansania aktiv und damit einer der am längsten ansässigen Safarianbieter. Das Unternehmen ist eng mit der Friedkin-Stiftung verbunden, die zum Erhalt wichtiger, aber weitestgehend unbekannter Schutzgebiete in Tansania gegründet wurde und heute nahezu 25.000 km² Land verwaltet. Hierdurch verfügt Legendary Expeditions über **exklusive Nutzungsrechte für einige der wildesten Gebiete Tansanias**, wenn nicht ganz Afrikas.

Eine Safari-Rundreise mit Legendary Expeditions startet üblicherweise in Arusha. Von hier aus wird als erste Station der Natronsee angesteuert. Vom Ostufer des Sees bis zum West-Kilimanjaro-Schutzgebiet erstreckt sich die von den Massai erteilte private Konzession. Die Gegend ist heiß und trocken, aber landschaftlich sehr reizvoll. Hier stehen drei Unterkünfte zur Auswahl, die sich in Stil und Ausstattung teils deutlich unterscheiden. Geführte Wanderungen und Besuche in abgeschiedenen Dörfern ermöglichen intime Begegnungen mit den Massai. Bei Pirschfahrten können einige Tierarten beobachtet werden, die sonst eher schwierig zu finden sind, wie der Kleine Kudu, die Ostafrikanische Oryx-Antilope und die Giraffengazelle. Außerdem werden regelmäßig die stark bedrohten Wildhunde gesichtet, gelegentlich auch Löwen und Leoparden.

Auf Safari im Maswa Game Reserve

Wer den Ngorongoro-Krater besuchen möchte, führt die Safari per Fahrzeug fort, ansonsten geht es per Kleinflugzeug in Richtung Serengeti. Das Ziel ist allerdings nicht die Serengeti selbst, sondern das **Maswa Game Reserve** sowie das **Mwiba Private Game Reserve**, die beide weiter im Süden liegen. In den von vielen Quellen durchzogenen Gebieten erleben Gäste die afrikanische Savanne auf exklusive Weise bei ganzjährig sehr guten Tierbeobachtungsmöglichkeiten. Teilweise ziehen zwischen Dezember und März auch die großen Herden durch beide Gebiete. Insgesamt gibt es hier fünf Camps, die sehr weitläufig verteilt sind, sodass es durchaus lohnend sein kann, den Aufenthalt auf zwei unterschiedliche Gegenden zu splitten.

Ein **Abstecher in die nahegelegene Serengeti** darf von hier aus natürlich nicht fehlen. Zwar ist dies nun kein exklusives Safarierlebnis mehr, aber die Serengeti

Auf einem Kopje liegt die exklusive Mwiba Lodge

und die Wanderung der Gnus und Zebras bieten nach wie vor eines der beeindruckendsten Schauspiele dieser Erde. Zu diesem Zweck betreibt Legendary Expeditions ein **kleines mobiles Camp**, welches den Herden folgt.

Zum Abschluss der Safari verlässt man die weiten Ebenen der Serengeti und fliegt per Kleinflugzeug in Richtung Westen zum Moyowosi Game Reserve in Grenznähe zu Burundi. Das Reservat wird von fünf Flüssen durchzogen, die **eines der größten und wichtigsten Feuchtgebiete Ostafrikas** bilden. Hier befindet sich ein internationales Vogelschutzgebiet, das viele seltene Arten beheimatet, darunter auch den markanten Schuhschnabel. In den offenen und weniger feuchten Teilen sind viele große Säugetiere zu Hause, darunter nicht nur Löwen, Leoparden, Büffel und Flusspferde, sondern auch seltene Antilopenarten wie Pferde- und Rappenantilope. Die Impressionen, die sich bei diesen der Touren per Fahrzeug, Boot oder zu Fuß bieten, erinnern an das deutlich bekanntere Okavangodelta in Botswana – und brauchen diesen Vergleich keineswegs zu scheuen.

Info

Internet: www.legendaryexpeditions.com
Preise: ab ca. 11.000 US$ pro Person/DZ für eine zwölftägige Safari. Preise variieren je nach Dauer und Wahl der Unterkünfte. Im Preis sind die Kosten für Flüge, Unterkünfte, Parkeintrittsgebühren und Aktivitäten enthalten (zusätzlich fallen noch Trinkgelder an).

Sonstiges: Der Standard der Unterkünfte ist sehr hoch, allen voran in der Mwiba Lodge, die das Flaggschiff von Legendary Expeditions ist. Der beschriebene Verlauf ist beispielhaft und kann individuell geändert werden. Auch können die Camps separat gebucht und in andere Safaris integriert werden.

Camps und Lodges

54 Kleinod an der Swahili-Küste – das Kijongo Bay Resort

Kim Armstrong lebte schon einige Jahre in Tansania, als sie im Jahr 2010 den idealen Ort zum Bau einer Lodge fand. Einen kleinen Flecken Land in der Nähe des Dorfes Sange an einem **nahezu unberührten Abschnitt der Swahili-Küste** hatte sich die Kanadierin ausgesucht. Diese Unberührtheit stellte sich aber nicht nur als Vorteil, sondern auch als Hindernis heraus: Der Weg von der durch das Dorf verlaufenden Hauptstraße bis zum Strand war von Kokosnusspalmen gesäumt, sodass ein Durchkommen für Fahrzeuge unmöglich war. Der Preis, den die einheimischen Arbeiter für das Schlagen einer Schneise verlangten, war für Armstrong aber viel zu hoch. Deshalb geriet der Plan zunächst ins Stocken. Eines Morgens hatte sich das Problem aber wie von Zauberhand von selbst gelöst: Elefanten aus dem nahegelegenen Saadani-Nationalpark, die gelegentlich diesen Küstenabschnitt aufsuchen, hatten nachts entlang der geplanten Zufahrt einige Palmen umgestoßen und so unabsichtlich die Grundlage für den Bau der Lodge gelegt. Deshalb ziert heute ein kleiner Elefant das Logo des Kijongo Bay Resorts.

So ungewöhnlich diese Geschichte ist, so ungewöhnlich ist auch die Bauweise der Lodge. Während die meisten Lodges entlang der Küste traditionelle Bauweisen bevorzugen, wurden hier **kleine, zweistöckige Villen unter Reetdächern** gebaut. Diese bieten nicht nur viel Platz für jeweils bis zu sechs Personen, sondern verströmen mit einer eher schlichten, aber komfortablen und modernen Ausstat-

Das Kijongo Bay Resort besteht aus reetgedeckten Villen

tung eine angenehm ruhige Atmosphäre. Auf den Veranden im ersten Stock der Villen lässt es sich bei einem Cocktail, mit einem Buch oder einfach beim Nichtstun hervorragend aushalten.

Nichtstun steht bei den empfohlenen Aktivitäten an erster Stelle, denn Entspannung und Erholung kommen bei einem Safariurlaub für gewöhnlich zu kurz. Aber auch für diejenigen, die auf Aktivitäten nicht verzichten möchten, steht eine große Auswahl zur Verfügung. Kijongo verfügt über ein eigenes Safarifahrzeug für **Touren in den nahegelegenen Saadani-Nationalpark**, ein eigenes Boot für **Schnorchelausflüge** und bietet zudem **geführte Wanderungen in die Mangrovenwälder** sowie Ausflüge in das historische Pangani und in das weiter entfernte Bagamoyo (mit Übernachtung) an. Baden im Meer oder im großen Pool und ausgiebige Spaziergänge am Strand sind ebenso möglich – aber das fällt ja eher wieder in die Kategorie Nichtstun.

Einladung zum Nichtstun: die Veranda im ersten Stock

Abgerundet wird der Aufenthalt durch einen sehr freundlichen und zuvorkommenden Service und eine hervorragende Küche, in der überwiegend lokale Produkte verarbeitet werden. Im eigenen Garten werden viele Küchenkräuter angebaut, die die Grundlage der meisten Gerichte bilden. Wer Tee mag, sollte unbedingt nach einem **Chai Masala** (Gewürz-Tee) fragen, der nach einem Hausrezept frisch zubereitet wird. Kijongo ist außerdem eine umweltfreundliche Lodge. Sowohl bei der Strom- als auch bei der Warmwasserversorgung setzt man auf Solarenergie. In Sachen Nachhaltigkeit gibt es außerdem Bemühungen, die lokale Bevölkerung einzubeziehen, damit diese langfristig ebenfalls vom Tourismus an der Swahili-Küste profitiert.

Info

Internet: www.kijongobayresort.com
Preise: ab 178 US$ pro Person/DZ mit Halbpension; Vollpension ist gegen Aufpreis möglich.
Lage: Sange Long Beach, zwischen dem Saadani-Nationalpark und Pangani.
Anreise: mit dem Fahrzeug ab Daressalaam (ca. vier bis fünf Stunden, Allrad unbedingt empfohlen, da die Zufahrt sehr sandig ist) oder per Kleinflugzeug zur Landebahn in Pangani oder Saadani (Transferzeit eine bzw. eineinhalb Stunden).
Sonstiges: Neben den Villen gibt es noch einen Bungalow mit zwei Schlafzimmern und Küche, welcher für Selbstversorger geeignet ist. Kijongo ist ganzjährig geöffnet.
Kinder: sind jeden Alters willkommen.

55 Hoch gelegen – das Shu'Mata Camp

In der Sprache der Massai bedeutet *Shu'Mata* so viel wie „über den Wolken" oder „himmlisch". Kaum ein Wort wäre besser geeignet, um das Shu'Mata Camp zu beschreiben. Mit seinen nur fünf Zelten befindet sich das Camp auf dem kleinen **Hügel Nessuandet**, der aus der weiten Ebene des als West Kilimanjaro bekannten Lands der Massai aufragt. Gästen bietet sich nicht nur ein großartiger Ausblick über weite Savannenlandschaften, sondern auch auf die Westseite des nahen Kilimandscharo.

Die Inneneinrichtung ist eine Kombination aus Massai- und Kolonialstil

Der Aufenthalt im Camp ist wie eine Reise in die Zeit der Anfangsjahre des Safaritourismus. Die Wohnzelte bieten eine gelungene Kombination aus Massai- und Kolonialstil, ergänzt um Einflüsse aus der arabischen Welt. Die Inneneinrichtung wurde von der Eigentümerin selbst liebevoll ausgewählt und besteht überwiegend aus Massai-Kunstgegenständen und verschiedenen stilvollen Accessoires. Abgerundet werden die Zelte durch ein großzügiges Badezimmer und eine Veranda mit traumhaftem Blick über die Savanne. Zum Abendcocktail kommen die Gäste an der Feuerstelle zusammen, während das Panorama aus untergehender Sonne und Kilimandscharo den **Traum von afrikanischer Romantik** Wirklichkeit werden lässt.

Außer für Safaris eignet sich Shu'Mata ideal als Ausgangsort für einen Besuch in der Welt der Massai. Einige der Angestellten, darunter die Guides, entstammen den umliegenden Massai-Dörfern und freuen sich, den Gästen ihre Kultur näherzubringen. In Kooperation mit Ole Sululu, einem Massai aus dem Ngorongoro-

Ungewöhnliche Badezimmergestaltung

Vom Nessuandet blickt man auf die Westseite des Kilimandscharo

Gebiet, offeriert das Camp unter dem Namen „Masai Experience" auch ein zweitägiges Programm, das tiefe und **außergewöhnliche Einblicke in das Leben der Massai** eröffnet: Im Rahmen von Naturwanderungen erfahren Gäste einiges über die Bedeutung verschiedener Kräuter, aus denen im Anschluss ein Tee gekocht wird. Bei einem traditionellen Ziegen-Barbecue unter Massai-Kriegern, begleitet von rituellen Tänzen und Gesängen, klingt der erste Tag stimmungsvoll aus. Beim Essen ist ein Mitarbeiter der **Lion Guardians** anwesend, der über die Ziele und Anforderungen dieses Projekts zum Schutz der Löwen in West Kilimanjaro berichtet.

Am nächsten Morgen begibt man sich mit einem der Lion Guardians auf die Spur der Löwen. Zum Abschluss des Programms steht der Besuch in einem Boma an, um mehr über den traditionellen Alltag der Massai zu erfahren. Auf Wunsch kann man auch an einer der verschiedenen Zeremonien teilnehmen, deren Bedeutung Ole Sululu gerne erklärt.

Info

Internet: www.hatari.travel
Preise: ab 208 US$ pro Person/DZ mit Halbpension. Aktivitäten wie Pirschfahrten, Walking-Safaris, Besuch eines Massai-Dorfes, die Masai Experience sowie Ausflüge zum Shira-Plateau oder zu den Lion Guardians können vor Ort gegen Aufpreis gebucht werden. Alternativ gibt es auch ein All-inclusive-Paket mit Vollpension, lokalen Getränken und Aktivitäten.
Anreise: per Fahrzeug (ca. drei Stunden) oder per Kleinflugzeug ab Arusha zur West-Kilimanjaro-Landebahn (ca. 20 Minuten, ab 105 US$ pro Person).
Sonstiges: Alle Zelte können auch als Dreibettzimmer belegt werden. Das Camp ist während der Regenzeit im April und Mai geschlossen. Shu'Mata ist das Schwestercamp der Hatari Lodge im Arusha-Nationalpark und in Kombination werden interessante Pakete angeboten.
Kinder: jeden Alters sind willkommen.

56 Zu Gast bei einer Weltrekordlerin – die African View Lodge

Nur einen Katzensprung vom Arusha-Nationalpark entfernt liegt auf fast 1.400 m Höhe die gemütliche African View Lodge. Diese ist nicht nur ein idealer Ausgangspunkt für verschiedene Reiserouten durch Tansania, sondern auch die Heimat einer Weltrekordlerin.

Seit mehr als zehn Jahren wohnt und lebt die in Simbabwe geborene **Deborah Bachmann** mit ihrem Mann Horst und den beiden Töchtern Maria und Anna vor den Toren des Arusha-Nationalparks. Nach ihrem Reise- und Touristikstudium in Kapstadt arbeitete Deborah als Reiseführerin. Dabei lernte sie nicht nur ihren heutigen Mann Horst kennen, sondern entdeckte auch ihre Leidenschaft für den Kilimandscharo, die sich zu einer kleinen Obsession ausgewachsen hat: Inzwischen hat ‚Debbie' den Gipfel fast vierzigmal bestiegen, für einige Jahre hielt sie sogar mit einer Zeit von unter zwölf Stunden den **Weltrekord für Frauen**.

Die Lodge ist ein idealer Ausgangspunkt für die Erkundung der Umgebung von Arusha

Nach einem Intermezzo in Horsts Heimatort Mespelbrunn im bayerischen Spessart beschlossen die beiden, ihr eigenes Unternehmen in Tansania aufzubauen. 2004 übernahmen sie die Meru View Lodge und veränderten sie nach Ihren Vorstellungen. Die Lodge wurde die Ausgangsbasis ihres kleinen Safariunternehmens, dessen **Schwerpunkt auf Besteigungen des Kilimandscharo** liegt.

Einige Zeit später pachteten die beiden ein weiteres Grundstück, auf dem sie ihre zweite Lodge errichteten. Ende 2015 liefen die Pachtverträge aus und sollten auch nicht verlängert werden. Die beiden suchten nach einer Alternative, fanden

Die Ausstattung der Zimmer ist schlicht und gemütlich

in unmittelbarer Nähe ein neues Grundstück und bauten dort die African View Lodge, die 2016 eröffnet wurde.

Mit ihren 20 Zimmern ist die African View Lodge größer als die beiden vorherigen Lodges. Zusätzlich gibt es noch ein voll eingerichtetes, gemütliches Hauszelt, das in einer kleinen Baumgruppe versteckt liegt und einen Blick auf den Mount Meru bietet. Die Ausstattung ist bewusst einfach gehalten, die afrikanische Dekoration sorgt dennoch für eine angenehme und warme Atmosphäre. Dadurch ist die African View Lodge eine sehr schöne Alternative zu den Hotels direkt in Arusha, sie eignet sich hervorragend als Ausgangspunkt für Safaris sowie für die **Erkundung von Arusha und Umgebung**.

So wächst rund um die Lodge **eine der besten Kaffeesorten Tansanias** und ein Besuch auf einer privaten Farm der lokalen Wameru-Bauern kann organisiert werden. Donnerstags und sonntags kann man den quirligen Markt im nur wenige Kilometer entfernten Ort Usa besuchen, auf dem eine Vielzahl unterschiedlicher lokaler Produkte angeboten wird. Genauso gut kann man aber auch einfach nur in der Lodge relaxen, bei einem Drink am Swimmingpool die Ruhe des schönen Gartens genießen und bei klarem Wetter die Sicht auf den Gipfel des Mount Meru bestaunen.

Wohlfühlort: der Pool inmitten des schönen Gartens

Info

Internet: www.african-view.com
Preise: ab 55 US$ pro Person/DZ inkl. Frühstück. Gegen Aufpreis sind Halbpension und Vollpension möglich.

Sonstiges: Die Lodge verfügt über kostenloses WLAN und bietet Flughafentransfers, Gepäckaufbewahrung und Wäscheservice an. Außerdem kann Bergausrüstung ausgeliehen werden.
Kinder: jeden Alters sind gerne gesehen.

57 Im Einklang mit Natur und Kultur – Africa Amini Life

Das Hillside Retreat ist gut für Familien geeignet

Das Motto von Africa Amini Life lautet: **Experiences with impact**, also etwa: „Erfahrungen mit nachhaltiger Wirkung“. Dies bezieht sich nicht nur auf die Urlaubserinnerungen der Reisenden, sondern auch auf die Lebensbedingungen der einheimischen Bevölkerung. Denn alle Einnahmen, die über Africa Amini Life generiert werden, kommen direkt den Projekten des Vereins Africa Amini Alama („Afrika, ich glaube an dich“) zugute. Dieser wurde 2008 von der österreichischen Ärztin Christine Wallner gegründet, ihre Tochter Cornelia Wallner-Frisee – ebenfalls Ärztin – stieß kurze Zeit später dazu. Ziel des Vereins ist es, vor Ort Projekte verschiedenster Art anzustoßen, die mittel- bis langfristig von der lokalen Bevölkerung übernommen und fortgeführt werden und somit nachhaltig die Lebensverhältnisse der Menschen verbessern.

Neben Spenden an den Verein haben Touristen die Möglichkeit, den Verein zu unterstützen, indem sie für einen Teil ihres Aufenthaltes in Tansania eine der **drei Unterkünfte** von Africa Amini Life wählen. Die Unterkünfte befinden sich ca. zwei Stunden nördlich vom Flughafen Kilimanjaro International, zwei liegen an der

Entspannung und Einblick in die Kultur der Massai bietet die Original Maasai Lodge

nördlichen Grenze des Arusha-Nationalparks und eine mitten in der unberührten Natur am Rande des West-Kilimandscharo-Gebietes.

Die abgelegenste der drei Unterkünfte ist die **Original Maasai Lodge** in Sichtweite des Kilimandscharo. Sie wurde von Massai erbaut und wird auch von diesen geführt, sodass sie ihren Namen zu Recht trägt. Kulturelle Begegnungen in abgeschiedener Natur, aber auch Entspannung stehen hier im Vordergrund. Während die Massai gerne Einblick in ihr traditionelles Leben geben und vom Spagat zwischen Tradition und modernem Leben erzählen, finden die Gäste mit Pool, Massageräumen, Sauna und Ruhebereichen alles vor, was der Erholung dient. Die Lodge verfügt insgesamt über 14 individuelle Bungalows.

Mit seinen zwei Ferienhäusern und einem Pool ist das **Hillside Retreat** besonders für Gruppen und Familien geeignet. Die Häuser können aber auch nur zu zweit für ein ganz exklusives Erlebnis gebucht werden. Die Anlage ist bei Momella an der nördlichen Grenze des Arusha-Nationalparks gelegen und bei klarer Sicht lässt sich von den Terrassen aus der Mount Meru erblicken. Aber auch Tiere können jederzeit gesichtet werden, gelegentlich spazieren sogar Giraffen vorbei. Jede Mahlzeit wird von den Köchinnen frisch zubereitet und für Pirschfahrten in den Nationalpark sowie für Ausflüge in die Umgebung steht ein Fahrer bzw. Guide zur Verfügung (jeweils gegen Aufpreis).

Die Nature Homes zählen zu den preiswertesten Unterkünften in Tansania

Die von zahlreichen Akazienbäumen umgebenen **Nature Homes** befinden sich ebenfalls in der Nähe von Momella. Bei den hier angebotenen Bungalows handelt es sich um umgebaute ehemalige Gästehäuser. Ergänzend dazu gibt es auch Safarizelte. Diese sind nicht nur die preiswertesten Unterkünfte bei Africa Amini Life, sondern sie zählen auch zu den günstigsten Übernachtungsmöglichkeiten im ganzen Land. Von der Hängematte aus können die Gäste den Ausblick auf den Mount Meru genießen. Wie bei den Nature Homes steht auch hier ein Fahrer bzw. Guide für optionale Pirschfahrten und Ausflüge zur Verfügung.

Info

Internet: www.africaaminilife.com
Preise: ab 170 US$ pro Person/DZ mit Vollpension und ausgewählten Aktivitäten mit den Massai in der Original Maasai Lodge; ab 117 US$ pro Person/DZ mit Halbpension im Hillside Retreat; ab 37 US$ (Zelt) bzw. 72 US$ (Bungalow) pro Person/DZ mit Halbpension in den Nature Homes. Gegen Aufpreis sind Safariaktivitäten und Ausflüge mit den Massai möglich.
Sonstiges: In allen Unterkünften ist WLAN verfügbar, teilweise auch in den Bungalows.
Kinder: sind jeden Alters gerne gesehen. Kinder unter 5 Jahren übernachten kostenfrei.

58 Pioniergeist zwischen Elefanten und Baobabs – Oliver's Camp und Little Oliver's Camp

Als der Engländer Paul Oliver 1985 zum ersten Mal den Tarangire-Nationalpark besuchte, war er dem Land der Elefanten und Baobabs sofort verfallen. Sieben Jahre verbachte Paul damit, den Park, die lokale Bevölkerung und die natürlichen Gegebenheiten zu studieren, bis er 1992 endlich sein eigenes Camp eröffnete. Ursprünglich befand sich Oliver's Camp knapp außerhalb der östlichen Grenze des Parks. Dieser Bereich war damals noch völlig wild und unerschlossen und so gehörte neben dem Aufbau des Camps auch die Schaffung eines Wegenetzes für Pirschfahrten zu den Herausforderungen. Doch Paul und seine Partner meisterten jede Hürde und mit der steigenden Bekanntheit des Camps nahmen auch die Buchungen rapide zu. Mitte der 1990er-Jahre waren Oliver's Camp und Tarangire so bekannt geworden, dass Paul die Nachfrage kaum noch befriedigen konnte. Hieraus schlugen Trittbrettfahrer Kapital: 1996 entstanden innerhalb weniger Wochen acht neue Camps, zwei davon in unmittelbarer Nähe zum Oliver's Camp.

Stuhlkreis ums Feuer

Einladung zum Entspannen

Durch seine Einbindung der lokalen Bevölkerung war Paul Oliver einer der **Vorreiter für den nachhaltigen Tourismus**. Auch deshalb schien der Nationalparkbehörde TANAPA kaum ein Kandidat geeigneter, als sie über die Einführung von Walking-Safaris nachdachte. Da Paul sich ohnehin zunehmend von den neuen Camps eingeschränkt fühlte, nahm er das Angebot an und verlegte sein Camp in Abstimmung mit den Behörden im Jahr 2002 tief in den südöstlichen Teil von Tarangire, abseits der gängigen Routen. Hier etablierte er die **Walking-Safaris**, für die das Oliver's Camp bis heute bekannt ist.

Schon zu diesem Zeitpunkt war Oliver's Camp eine zeitlose Unterkunft mit einer stilvollen und komfortablen Ausstattung, ohne dabei übertrieben luxuriös zu wirken. Daran änderte sich auch nichts, als sich Paul im Jahr 2004 der **Asilia-Gruppe** anschloss. Neben kleinen Veränderungen an den zehn Zelten (Renovierungen, Vergrößerung und Bau einer traumhaften Außendusche) wurde das Camp auf eine kleine Anhöhe verlegt. Von jedem Zelt aus haben die Gäste nun eine tolle Aussicht auf ein tiefer gelegenes Sumpfgebiet, welches während der Trockenzeit viele Tiere anzieht.

2012 erhielt Asilia den Zuschlag für den Bau eines kleineren Schwestercamps und im Juli 2013 eröffnete das saisonale Little Oliver's Camp in ca. 1 km Entfernung vom Oliver's Camp seine fünf Zelte für die ersten Gäste. Abgesehen vom Namen und ihrer Lage unterscheiden sich beide Camps kaum voneinander. Service, Gastfreundschaft und Essen bieten den für Asilia typischen hohen Standard, die Atmosphäre ist sehr persönlich und regelmäßig werden anstelle der **familiären Abendessen an der gemeinsamen Tafel** großartige **Grillabende** veranstaltet. Nicht umsonst wird Oliver's Camp regelmäßig als eines der besten Busch-Camps in Ostafrika ausgezeichnet.

Sundowner mit Aussicht im Oliver's Camp

Info

Internet: www.asiliaafrica.com und www.asiliaafrica.de
Preise: ab 576 US$ pro Person/DZ mit Vollpension und lokalen Getränken im Oliver's Camp bzw. 518 US$ im Little Oliver's; ab 716 US$ pro Person/DZ mit Vollpension, lokalen Getränken und Pirschfahrten bzw. 614 US$ im Little Oliver's.
Anreise: per Fahrzeug ca. zwei bis drei Stunden ab Parkeingang, bzw. vier bis fünf Stunden ab Arusha. Per Kleinflugzeug ab Arusha ca. eine Stunde bis zur Kuro-Landebahn.
Sonstiges: Neben Pirschfahrten werden auch Walking-Safaris, Nachtpirschfahrten und Fly Camping (s. S. 116) angeboten. Das Little Oliver's ist auch in der großen Regenzeit im April und Mai zu sehr attraktiven Preisen geöffnet (ab 308 US$ pro Person/DZ), das Oliver's Camp ist in dieser Zeit geschlossen.
Kinder: sind ab 5 Jahren in den Camps willkommen. Für Familien gibt es im Oliver's Camp ein Familienzelt mit Platz für bis zu vier Personen.

59 Badewanne mit spektakulärer Aussicht – die Lemala Mpingo Ridge Lodge

Die Lemala Mpingo Ridge Lodge eröffnete erst im Juli 2018 und ist damit eine der neuesten Lodges innerhalb des Tarangire-Nationalparks. Sie zählt mit Sicherheit zu den schönsten Übernachtungsmöglichkeiten im Park. Wie alle Unterkünfte der Lemala-Gruppe ist auch Mpingo Ridge hochwertig ausgestattet und zeichnet sich nicht nur durch erstklassigen Service, sondern auch durch eine hervorragende Lage aus. Die Lodge verdankt ihren Namen dem Mpingo-Grabenbruch, an dessen Steilhang sie liegt. Von dort aus bietet sich den Gästen ein **herrlicher Blick** über den Park bis hin zum Fluss Tarangire – eine Aussicht, die es so kein zweites Mal im Nationalpark gibt.

Ein echtes Highlight: die Badewanne auf der Veranda

Die Lodge besteht aus insgesamt 15 sehr geräumigen Zeltsuiten, die alle so positioniert sind, dass sie nicht nur einen uneingeschränkten Blick über den Park bieten, sondern auch bei heißem Wetter die **kühlende Brise** nutzen. Alle Suiten verfügen über komfortable Badezimmer, Terrassen und abgesenkte Außenlounges, die sich perfekt für eine nachmittägliche Siesta eignen. Ein ganz besonderer Höhepunkt der Ausstattung ist die Außenbadewanne, die nicht nur für Romantik sorgt, sondern auch einen spektakulären Ausblick bietet.

Der Hauptbereich der Lodge liegt erhöht über den Zeltsui-

Schnörkelloser Luxus in den Zeltsuiten

Die Lemala Mpingo Ridge Lodge ist eine der neuesten Unterkünfte im Tarangire-Nationalpark

ten und verfügt über eine große Lounge und Bar, Innen- und Außen-Essbereiche, ein Spa und einen Swimmingpool. Trotz all des Luxus, der geboten wird, ist das Camp **nahezu CO_2-neutral**. Der Strom wird aus Solarenergie erzeugt und es gibt keinerlei Plastikflaschen im Camp.

Die tolle Lage ermöglicht es den Gästen, den bei Safaris obligatorischen Sundowner direkt in der Lodge genießen zu können, denn diese ist nach Südwesten ausgerichtet. Morgens werden Buschwanderungen mit einem Massai-Guide angeboten. Ansonsten stehen, wie bei den meisten Camps, die **Pirschfahrten** im Vordergrund. Diese können entweder mit dem eigenen Fahrzeug und Guide unternommen oder in der Lodge gegen Aufpreis gebucht werden. Oder man bleibt einfach auf dem Gelände, nutzt den Spa-Bereich, genießt den Komfort der Zeltsuiten und entspannt am Pool oder in der Badewanne mit dem vielleicht besten Ausblick in Tansania.

Info

Internet: www.lemalacamp.com
Preise: ab 507 US$ pro Person mit Vollpension und lokalen Getränken, ab 614 US$ pro Person mit Vollpension, lokalen Getränken und Pirschfahrten.
Anreise: ab Arusha per Fahrzeug (ca. zwei Stunden) oder per Kleinflugzeug (ca. 30 Minuten).
Sonstiges: WLAN ist im gesamten Camp verfügbar, auch in den Zeltsuiten. Eine der Suiten verfügt über zwei Schlafzimmer und eignet sich ideal für Familien.
Kinder: jeden Alters sind willkommen. Für Kinder bis 11 Jahre werden – wie in allen Lemala-Unterkünften – die Lemala Cubs angeboten, eine Serie von speziell für Kinder konzipierten Aktivitäten.

60 Idyllische Lage zwischen Tarangire und Lake Manyara – die Maramboi Tented Lodge

Auf den ersten Blick ist die Maramboi Tented Lodge eher unscheinbar und wenig individuell: eine von vielen Unterkünften außerhalb des Tarangire-Nationalparks, mit 44 Zeltsuiten vergleichsweise groß und eher ein Resort als eine Lodge. Wer aber genauer hinblickt, entdeckt, dass Maramboi trotz seiner Größe seinen ganz eigenen Charme versprüht.

Auch wenn sich die Lodge außerhalb der Nationalparks Tarangire und Lake Manyara befindet, verfügt sie über eine tolle Lage. Sie liegt in einem **privaten Konzessionsgebiet** zwischen beiden Parks, unweit vom Ostufer des Manyara-Sees. Von hier aus bietet sie einen weiten Blick über den See hinweg auf die Abbruchkante des Großen Afrikanischen Grabenbruchs. Sonnenauf- und -untergänge sind hier sehr schön und lassen See, Palmen und die Abbruchkante in unterschiedlichen Farbkompositionen erscheinen – **traumhafte Bedingungen für tolle Landschaftsaufnahmen**.

Durch Renovierung und Aufwertung in den letzten Jahren haben die 44 Zeltsuiten einen einheitlich guten Standard, neben 38 Zelten für zwei bis drei Personen gibt es sechs Familieneinheiten für bis zu fünf Personen. Die Zelte stehen separat und befinden sich auf hölzernen Plattformen, bei den Familieneinheiten handelt es sich jeweils um zwei benachbarte Zelte, die sich eine Plattform teilen und durch eine gemeinsame Veranda und einen gemeinsamen Eingangsbereich miteinander ver-

Statt Schnickschnack gibt es geräumige Zimmer

bunden sind. Alle Zeltsuiten bieten viel Platz und verfügen über sehr große Badezimmer. Auf eine luxuriöse Ausstattung wurde zugunsten großer und komfortabler Betten mit Moskitonetzen verzichtet. Vor jedem Zelt gibt es zudem eine **Veranda mit Blick auf den See**.

Zelte in der Maramboi Tented Lodge

In der Mitte des Camps befinden sich Lounge, Restaurant und Bar, ebenfalls mit Blick auf den See. Über einen Steg lässt sich der große Swimmingpool erreichen, von dem aus man ebenfalls den See im Blick hat. Wegen der Größe der Lodge werden **alle Mahlzeiten als Buffet serviert**, dabei ist das Essen für eine Anlage dieser Größe überraschend gut. Eine Besonderheit sind die Mittagspakete, die vor allem bei den vergleichsweise günstigen Unterkünften oftmals eher lieb- und einfallslos zusammengestellt werden. Bei der Maramboi Lodge hingegen werden auch diese als Buffet angeboten, sodass sich jeder Gast sein Paket individuell zusammenstellen kann.

Pool mit Seeblick

Die Maramboi Tented Lodge ist eine sehr schöne Alternative zu den höherpreisigen Unterkünften innerhalb des Tarangire-Nationalparks. Die Entfernung zum Parkeingang ist nicht weit und im Rahmen von Ganztagesfahrten können große Bereiche des Parks abgedeckt werden. Für Besuche des gleichnamigen Nationalparks ist die Lodge aber trotz der Lage am Ostufer des Manyara-Sees nur bedingt geeignet: Der Parkeingang liegt auf der anderen Seite des Sees.

Info

Internet: www.twctanzania.com
Preise: ab 170 US$ pro Person mit Vollpension und lokalen Getränken.
Anreise: per Fahrzeug. Die Fahrzeit von Arusha beträgt ca. zwei Stunden.
Aktivitäten: Maramboi bietet Wanderungen zum Ufer des Manyara-Sees in Begleitung eines Massai an, zum Sonnenuntergang auch mit Sundowner. Diese Wanderungen dauern ca. eine Stunde und sind eine schöne Gelegenheit, sich die Beine nach einem Safaritag im Fahrzeug zu vertreten.
Sonstiges: Die Zelte reihen sich links und rechts um den Hauptbereich. Bei 44 Einheiten sind die Wege zum Teil recht lang. Gäste, die nicht so gut zu Fuß sind, sollten bei der Buchung ein Zelt nahe dem Hauptbereich anfragen. Am weitesten entfernt liegen die Familieneinheiten.
Kinder: jeden Alters sind willkommen.

61 Inmitten wilder Tiere – das Swala Camp

Tief im Südwesten des Tarangire-Nationalparks, abseits der gängigen Routen und weit von den anderen Camps und Lodges entfernt, liegt in einem kleinen Waldgebiet das Swala Camp des Safariunternehmens Sanctuary Retreats. An und um alte Baobab-Bäume gebaut, besticht das Swala Camp vor allem durch seine Lage.

Das Wasser lockt die Tiere zum Camp

Der Wald ist Heimat einer Vielzahl von Vögeln, Insekten und Säugetierarten. Am zahlreichsten sind die Impala-Antilopen vertreten, denen das Camp auch seinen Namen verdankt: *Swala* ist das Swahili-Wort für Impala. Aber auch Elefanten, Büffel und Raubtiere wie Löwen und Leoparden sind im Wald und dem angrenzenden Sumpfgebiet zu Hause. **Das Camp befindet sich im Revier eines Löwenrudels**, welches regelmäßig im und um das Camp gesehen wird.

Während der Trockenzeit ziehen das Wasser des Sumpfes und ein **Wasserloch direkt vor dem Camp** viele Tiere an, teilweise wird dann auch der Pool als Trinkstätte genutzt. Während dieser Zeit lassen sich hier spektakuläre Beobachtungen machen, ohne dass man das Camp verlassen müsste. Große Elefantenherden, verschiedenen Antilopenarten, Büffel, Löwen, Leoparden und Hyänen – sie alle werden vom Wasserloch angelockt. Die Campmanager haben hierzu einige spannende Geschichten zu erzählen, die sie am Abend bei einem Drink um das Lagerfeuer gerne mit den Gästen teilen.

Aber in Swala spielen nicht nur die großen Säugetiere, sondern auch Insekten eine wichtige Rolle. Das Camp unterstützt das nahe, allerdings außerhalb des Parks liegende Dorf Mwika und fördert hier unter anderem ein **Imker-Projekt**. Und das mit Erfolg: Inzwischen produzieren die Imker von Mwika genug Honig, um alle Camps von Sanctuary Retreats in Tansania zu beliefern. Gäste haben die Möglichkeit, die Imker zu besuchen und so mehr über das Projekt und das Dorf zu erfahren.

Eine weniger angenehme Rolle spielt leider ein anderes Insekt: die Tsetsefliege. In der waldreichen Gegend um das Camp fühlen sich die Insekten, deren Stiche sehr schmerzhaft sein können, ausgenommen wohl. Die Fliegen sind sehr hartnäckig und reagieren auf dunkle Farben, vor allem auf schwarz und blau. Kleidung in diesen Farben sollte deshalb besser zu Hause gelassen werden.

Trotz dieses kleinen Wermutstropfens bietet das Camp ein **Höchstmaß an Komfort**. Die insgesamt zwölf Zelt-Pavillons sind hell und stilvoll eingerichtet und befinden sich auf Plattformen mit privater Terrasse und Blick auf das Wasserloch. Dank modernster, aber umweltfreundlicher Technologie müssen Gäste auch mitten im afrikanischen Busch nicht auf Annehmlichkeiten wie beispielsweise Föhn und WLAN verzichten.

Die Zelte sind hell und elegant

Auch wenn viele Tiere vom Camp aus beobachtet werden können, sind Pirschfahrten in der Gegend lohnend – und das nicht nur, um den Tsetsefliegen zu entkommen. Seit einiger Zeit wird wieder gelegentlich ein Rudel Wildhunde in diesem Teil des Parks gesichtet und auch Geparde zeigen sich hier regelmäßig. Da sich keine weiteren Camps in der Nähe befinden, wird man kaum von anderen Fahrzeugen gestört. Als nur eines von zwei Camps in Tarangire darf Swala außerdem Walking-Safaris (70 US$ pro Person) und Nachtpirschfahrten (80 US$ pro Person) durchführen.

Info

Internet: www.sanctuaryretreats.com
Preise: ab 500 US$ pro Person/DZ mit Vollpension, lokalen Getränken und Pirschfahrten. Preise für Vollpension und lokale Getränke im Rahmen einer privat geführten Safari mit eigenem Guide und Fahrzeug auf Anfrage.
Sonstiges: Das Camp ist während der Regenzeit im April und Mai geschlossen. Bei Sanctuary gibt es für Aufenthalte ab vier Nächten günstigere Preise, auch in Verbindung mit anderen Unterkünften des Unternehmens.
Kinder: sind ab 6 Jahren im Camp willkommen.

62 Zwischen Grabenbruch und Manyarasee – das Tortilis Lake Manyara Camp

Ob Serengeti, Ngorongoro, Tarangire oder Lake Manyara, alle Camps des noch recht jungen Safariunternehmens Tortilis haben etwas gemeinsam: hervorragende Standorte inmitten ursprünglicher Natur, gepaart mit rustikal-komfortabler Zeltatmosphäre aus vergangenen Zeiten.

Während es in der Serengeti, im Tarangire-Nationalpark und am Ngorongoro-Krater inzwischen recht viele Übernachtungsmöglichkeiten in guter Lage gibt, hat das Tortilis Lake Manyara Camp beinahe eine Monopolstellung. Als eine von nur drei Unterkünften innerhalb des Nationalparks Lake Manyara ist das klassische Zeltcamp traumhaft gelegen. Die Anlage ist so ausgerichtet, dass sich vor den Zelten der See erstreckt, während dahinter die Abbruchkante des Großen Afrikanischen Grabenbruchs emporragt. Vor allem in der Trockenzeit, wenn die Vegetation brach liegt, bietet sich ein weiter Blick über die flache Savanne bis zum anderen Ufer des Sees.

Tortilis Lake Manyara liegt **tief im Herzen des Nationalparks**, ein gutes Stück entfernt vom Parkeingang und von den vielen Lodges und Camps außerhalb des Parks. In den schönsten Stunden des Tages – den frühen Morgen- und späten Nachmittagsstunden – ist der zentrale und südliche Teil des Parks exklusiv den Gästen vorbehalten, die direkt im Nationalpark übernachten. Die vom Camp organisierten Sundowner am Seeufer oder die Abendessen mitten im Busch finden in einer der schönsten Landschaften Afrikas statt und lassen schnell vergessen, dass nur eine Stunde entfernt die Zivilisation des quirligen Örtchens Mto wa Mbu wartet.

Mit nur zehn Zelten ist das Camp vergleichsweise exklusiv

Tortilis Lake Manyara besticht aber nicht nur durch seine Lage, sondern auch durch seine **familiäre Atmosphäre**. Mit nur zehn Zelten ist das Camp vergleichsweise exklusiv, sodass die Mahlzeiten meist gemeinsam an einem großen Tisch eingenommen werden. Die Zelte sind mit kleinen Teppichen ausgelegt und verfügen über einen Schreibtisch sowie einen kleinen Sitzbereich. Die angeschlossenen Badezimmer sind geräumig, die Waschbecken und die übrige Ausstattung lassen das Gefühl vergangener Zeiten aufleben. Lounge- und Speisezelt sind im gleichen Stil ausgestattet und je nach Jahreszeit zu allen Seiten offen – gelegentlich findet das Abendessen auch unter dem freien Sternenhimmel statt, genauso wie der obligatorische Drink vor dem Abendessen am Lagerfeuer.

Rustikale Ausstattung im traditionellen Safari-Stil

Tortilis Lake Manyara befindet sich im Herzen des Nationalparks

Bei aller Romantik darf aber eines nicht vergessen werden: Das Camp ist nicht umzäunt und obwohl der Nationalpark relativ klein ist, leben hier **Elefanten, Löwen, Büffel und Leoparden**, die regelmäßig das Camp besuchen. Deshalb werden die Gäste bei Dunkelheit zur Sicherheit immer begleitet.

Wer Interesse an einem Blick hinter die Kulissen hat, sollte sich (nach vorheriger Abstimmung mit Management und Koch) das kleine Küchenzelt anschauen. Es ist erstaunlich, zu welch hoher Qualität die Köche unter solch einfachen Bedingungen in der Lage sind.

Info

Internet: www.tortiliscamps.com
Preise: ab 162 US$ pro Person/DZ mit Vollpension. Pirschfahrten können auf Anfrage gegen Aufpreis gebucht werden.
Sonstiges: Das Camp ist ganzjährig geöffnet. Bei Tortilis gibt es für längere Aufenthalte, auch in Verbindung mit anderen Unterkünften des Unternehmens, günstigere Paketpreise. Das Camp verfügt über kostenfreies WLAN im Hauptbereich.
Kinder: sind jeden Alters im Camp willkommen. Es gibt allerdings keine speziellen Familienzelte.

63 Eine einheimische Erfolgsgeschichte I – die Karatu Country Lodge

Die Lodge mit dem unscheinbaren Namen befindet sich am Stadtrand des kleinen Ortes Karatu im Ngorongoro-Hochland, umgeben von fruchtbaren Feldern und malerischen Wäldern. Entstanden aus einer Idee von **Reginald ‚Reggie' Bay** und **Jacob Ombay**, beide in Karatu geboren und aufgewachsen, entwickelte sich die Karatu Country Lodge im Laufe der Jahre von einem Geheimtipp zu einer beliebten Station für Safarireisende. Ausschlaggebend hierfür waren die sich ergänzenden Fähigkeiten von Jacob und Reggie. Während Jacob lange Zeit im Verkauf und im Gastgewerbe tätig war, erarbeitete Reggie sich einen **hervorragenden Ruf als Koch** auf der bekannten Gibb's Farm, die unweit von Karatu liegt.

In einheimischer Hand: die Karatu Country Lodge

So unscheinbar wie ihr Name ist die Lodge allerdings nicht. Die insgesamt 22 Zimmer verteilen sich auf 11 Cottages, die weitläufig in der gepflegten Gartenanlage verteilt stehen. Bougainvillea-Hecken, tropische Pflanzen und verschiedene Baumarten säumen den Garten und locken verschiedene Vogel- und Schmetterlingsarten an, die sich bei einem Spaziergang durch die Anlage beobachten lassen.

Die Zimmer sind gemütlich und geräumig

Die Zimmer sind vergleichsweise einfach, aber gemütlich eingerichtet und bieten viel Platz. Über den Betten sind Moskitonetze angebracht und an kühleren Tagen sorgt ein Kamin für angenehme Wärme. Die Badezimmer sind ausschließlich aus lokalen Materialien gebaut und ungewöhnlich gestaltet. Auch der Hauptbereich der Lodge ist bewusst einfach gehalten.

Statt eine weitere luxuriöse Lodge zu bauen, von der es im Ngorongoro-Hochland bereits einige gibt, hatten Jacob und Reggie ein anderes Ziel. Sie wollten zeigen, dass eine sehr gute Kü-

Die Lodge ist bekannt für ihre gute Küche

che, gepaart mit hervorragendem Service und landestypischer Gastfreundschaft, auch zu **kleinen Preisen** möglich ist.

Der Kamin sorgt für kuschelige Atmosphäre

Eine weitere Besonderheit der Karatu Country Lodge ist die **Integration der einheimischen Bevölkerung**. Die meisten Lebensmittel, die nicht im hauseigenen Garten angebaut werden, bezieht Reggie von einheimischen Bauern und sämtliche Mitarbeiter der Lodge wurden von Jacob in Karatu angeheuert. Außerdem betreiben die beiden ein Trainingsprogramm mit dem Schwerpunkt Gastgewerbe für junge Menschen aus dem Ort und bieten Studenten Praktikumsmöglichkeiten an – beides stets unter Leitung von Reggie und Jacob, deren Leidenschaft für den Tourismus jeder Gast zu spüren bekommt.

Aufgrund ihrer zentralen Lage im nördlichen Safari-Parcours und des sehr guten Preis-Leistungs-Verhältnisses eignet sich die Karatu Country Lodge hervorragend als Ausgangsbasis für Reisende, die mit einem kleineren Budget unterwegs sind. Die Nationalparks Tarangire und Lake Manyara sind nur ca. eineinhalb Stunden bzw. eine halbe Stunde entfernt und der berühmte Ngorongoro-Krater nur ca. 40 Minuten. Neben klassischen Safariaktivitäten können auch geführte Touren durch die Orte Mto wa Mbu und Karatu gemacht werden sowie verschiedene Wanderungen zu nahegelegenen Wasserfällen oder über eine Kaffeeplantage.

Der weitläufige Garten wurde liebevoll angelegt

Info

Internet: www.countrylodgekaratu.com
Lage: außerhalb des Ortes Karatu gelegen, nur zehn Minuten vom Eingang zum Ngorongoro-Schutzgebiet entfernt.
Preise: ab 101 US$ pro Person/DZ mit Halbpension. Vollpension ist gegen vergleichsweise geringen Aufpreis möglich.
Sonstiges: WLAN ist kostenfrei im Hauptbereich der Lodge verfügbar. Dreibettzimmer sind möglich.
Kinder: jeden Alters sind gerne gesehen.

64 Gartenparadies im Hochland – die Plantation Lodge

Inmitten der grünen Hügel Afrikas, denen Ernest Hemingway einst ein literarisches Denkmal setzte, findet sich – umgeben von Kaffeeplantagen – die vergleichsweise kleine Plantation Lodge. Sie liegt ca. 1.600 m über dem Meeresspiegel im Norden Tansanias in der Nähe des Ortes Karatu. Die Lage eignet sich hervorragend für Tagesausflüge in die Umgebung. Der Lake-Manyara-Nationalpark ist in einer halben Stunde zu erreichen, bis zum Eingang des Ngorongoro-Schutzgebietes sind es nur 20 Minuten und von dort bis zum Rand des Ngorongoro-Kraters nur eine weitere halbe Stunde. Auch der Eyasisee befindet sich nur ca. zwei Stunden von der Lodge entfernt.

Blick in den Garten der Plantation Lodge

Die Zimmer sind stilvoll und individuell eingerichtet

Charakteristisch für die Plantation Lodge sind die hochwertige Ausstattung der Zimmer und die Liebe zum Detail. Wer genau hinschaut, findet in den Badezimmern ausschließlich Armaturen made in Germany – nicht ganz zufällig, schließlich gehört die Lodge seit vielen Jahren den beiden **Hamburgern Renate und Udo Marahrens**. Jedes der sehr geräumigen Zimmer ist stilvoll und individuell eingerichtet und verfügt über ein großzügiges Bad mit WC und Dusche oder Badewanne. Die größeren Suiten sind noch geräumiger und zusätzlich mit einem Kühlschrank, einem Ankleidezimmer und größeren Badezimmern ausgestattet. Die insgesamt 24 Zimmer und Suiten befinden sich in mehreren, im deutschen Kolonialstil des 19. Jahrhunderts gestalteten Gebäuden, die weitläufig über die Anlage verteilt sind.

Ein besonderes Highlight ist der **prächtige Garten**, in dem sich neben einer Vielzahl von Baumarten wie Bougainvilleen, Jacaranda-, Mango- und Avocadobäumen auch eine kleine Kaffeeplantage, viele farbenprächtige Blumenarten und der haus-

Rasen und Telefonzelle muten englisch an, die Lodge befindet sich jedoch in hanseatischer Hand

eigene Nutzgarten befinden. Vor allem während der Blütezeit im Sommer können bei einem nachmittäglichen Spaziergang durch die Anlage viele Vögel und Insekten beobachtet werden. **Über 100 Vogelarten** wurden im Garten bereits gesichtet, darunter besonders farbenfrohe Exemplare wie der Afrikanische Paradiesschnäpper oder der Gelbbauch-Nektarvogel.

Bei einem solchen Garten ist es wenig verwunderlich, dass frische Vielfalt das Motto der hervorragenden Küche ist, denn **Gemüse, Salate, Kräuter und Obst kommen aus eigenem Anbau**. Je nach Jahreszeit werden die Mahlzeiten im Freien oder in dem sehr stilvoll eingerichteten Restaurant serviert. Vor und/oder nach dem Essen lädt die Bar zu einem Drink in gemütlicher Atmosphäre ein und wem das alles noch nicht genug ist, der kann einen Blick in den **hauseigenen Weinkeller** werfen, der im Jahr 2008 eingeweiht wurde. Hier lagert ein großes Sortiment überwiegend südafrikanischer Weine und regelmäßig werden Weinproben durchgeführt.

Info

Internet: www.plantation-lodge.com
Preise: ab 265 US$ pro Person/DZ mit Halbpension; Vollpension ist gegen Aufpreis möglich.
Sonstiges: Im Garten befindet sich ein Swimmingpool. Die Lodge ist ganzjährig geöffnet.

Kinder: sind in der Plantation Lodge gerne gesehen. Es gibt sowohl Dreibett- als auch Familienzimmer. Kinder unter 12 Jahren übernachten zu sehr günstigen Preisen im Zimmer der Eltern und zahlen meist nicht mehr als den Preis für die Mahlzeiten.

65 Stilikone am Kraterrand – die Ngorongoro Crater Lodge

Die Ngorongoro Crater Lodge von AndBeyond ist nicht nur eine der ältesten Safarilodges in Afrika, sondern auch eine der ungewöhnlichsten. Was im Jahr 1934 als private Jagdfarm begann, wurde 1997 mit der Übernahme durch AndBeyond und eine aufwendige Renovierung vollendet. Das Ergebnis kann sich bis heute sehen lassen: Die Ngorongoro Crater Lodge vereint unterschiedliche Stile, kombiniert Tradition und Moderne ebenso wie Afrika und Europa. AndBeyond selbst beschreibt den Stil der Lodge sehr zutreffend als *Maasai meets Versailles*.

Der Stil der Massai ist von außen direkt erkennbar. Jede der insgesamt 30 Suiten besteht aus zwei reetgedeckten sogenannten Rondavels, die **den Rundhütten der Massai nachempfunden** sind. Damit die Lodge nicht zu groß und unpersönlich wirkt, ist sie in drei kleinere Bereiche mit je eigenen Aufenthalts- und Speiseräumen unterteilt: das Ngorongoro North Camp, das Ngorongoro South Camp (beide mit jeweils zwölf Suiten) und das Ngorongoro Tree Camp (mit nur sechs Suiten). Der Stil ist in allen Camps gleich. Brokat-Sofas, persische Teppiche, Silber und Kristall gepaart mit einem offenen Kamin und einem persönlichen Butlerservice sorgen für eine warme Atmosphäre mit einem deutlichen Touch ins Luxuriöse.

Traditionsreich und luxuriös: die Ngorongoro Crater Lodge

Die Suiten sind freistehend und befinden sich auf hölzernen Plattformen. In einem Rondavel befindet sich das Schlafzimmer mit Lounge, in dem anderen das Badezimmer. Beide Zimmer sind mit großen Fenstern bis zum Boden versehen, sodass Gäste selbst **aus der Badewanne in den Ngorongoro-Krater blicken** können. Das Interieur besteht aus eleganten Verkleidungen aus Teakholz, alten viktorianischen Möbelstücken und afrikanischen Kunstgegenständen als Dekoration. In schweren Ledersesseln können Gäste am knisternden Kaminfeuer bei einem Drink den Blick in den Krater genießen. Kronleuchter in den Badezimmern, große Duschen und eine freistehende Badewanne ergänzen die hochwertige Einrichtung der Suiten.

Badewanne mit Kraterblick

Abgerundet wird der Service der Lodge durch eine **ausgezeichnete Küche**. Dazu zählen nicht nur die Mahlzeiten in der Lodge, sondern auch die üppigen Frühstücks- oder Mittagspakete zum Mitnehmen sowie die **hausgemachte Schokolade** in den Suiten. Die Guides der Lodge sind sehr erfahren und wissen nicht nur über die tansanische Flora und Fauna im Allgemeinen Bescheid, sondern auch über den Ngorongoro-Krater und das Hochland im Speziellen.

Wie bei AndBeyond üblich, spielen **Nachhaltigkeit und Naturschutz** auch bei der Ngorongoro Crater Lodge eine wichtige Rolle. So wurden beispielsweise seit der Übernahme mehr als 60.000 neue Bäume in der Umgebung gepflanzt, außerdem werden namhafte Wissenschaftler und Naturschützer durch die Lodge unterstützt. Die Guides unternehmen regelmäßig Pirschfahrten mit Massai-Kindern aus den umliegenden Dörfern, um sie über Flora und Fauna zu unterrichten.

Info

Internet: www.andbeyond.com
Preise: ab 1.115 US$ pro Person mit Vollpension, lokalen Getränken und Aktivitäten. Preise für Vollpension und lokale Getränke im Rahmen einer privat geführten Safari mit eigenem Guide und Fahrzeug auf Anfrage.
Anreise: per Fahrzeug (ca. drei Stunden Fahrzeit ab Arusha) oder per Kleinflugzeug zur Manyara-Landebahn (ca. 15 Minuten Flugzeit und eine Stunde Transferzeit zur Lodge).
Sonstiges: Die Lodge ist ganzjährig geöffnet.
Kinder: jeden Alters sind willkommen, allerdings wird ein Mindestalter von 8 Jahren empfohlen. Kinder unter 5 Jahren dürfen nicht an den Pirschfahrten der Lodge teilnehmen (Ausnahme: private Pirschfahrten).

66 Oase am Eyasisee – das Kisima Ngeda Tented Camp

Vor vielen Jahren erwarb ein deutscher Einwanderer namens Schmeling ein Stück Land am Ufer des Eyasisees. Für die Einheimischen war dieses Land ohne Wert. Zum Seeufer hin war der Boden trocken und wenig fruchtbar und im Hinterland machte dichte Vegetation eine wirtschaftliche Nutzung unmöglich. Der Kaufpreis war deshalb recht gering und das Investitionsrisiko für Schmeling, der zu dieser Zeit die Farmen um die heutige Plantation Lodge verwaltete, überschaubar. Damals ahnte niemand, dass sich auf dem Grundstück eine verborgene Quelle (*Kisima* bedeutet „Quelle" auf Swahili) befand. Diese ist heute die Grundlage einer kleinen Oase und eines Camps, das zu den schönsten in Tansania zählt.

Der Pool mit natürlichem Sichtschutz

Das Land befindet sich nach wie vor in Familienbesitz und es war Schmelings Sohn Christian, der das Camp gemeinsam mit seiner argentinischen Frau Nani aufbaute. Durch die Quelle stand unbegrenzt Wasser zur Verfügung, welches die beiden nutzten, um eine grüne Oase als Kern des Camps anzulegen. Die Wege zwischen den Zelten sind mit Gras bedeckt und viele Blumen, Sträucher und Bäume wurden gepflanzt, die die Anlage frisch und lebendig machen. Es gibt einen herrlichen Pool und **eine sehr schöne Teichanlage, die Rückzugsmöglichkeiten zur Entspannung bietet**. Die Teiche sind außerdem Lebensraum unzähliger Fische, Reptilien und Insekten, die wiederum viele bunte Vogelarten wie etwa Eisvögel anziehen. Gelegentlich stehlen Schreiseeadler den ein oder anderen Fisch aus den Teichen, selbst Pelikane haben sich schon hierher verirrt. Letztere wurden aber schnellstmöglich verscheucht, sonst wären die Teiche schnell geplündert worden.

Das Camp besteht aus nur sieben klassischen Safarizelten und einem sehr gemütlichen und zum See hin offenen Hauptbereich mit Restaurant, Bar und einer Lounge mit einer kleinen Bibliothek. Die Zelte sind komfortabel, aber ohne großen Luxus

Der Speisebereich mit freier Sicht auf den See

ausgestattet und verfügen neben einer Veranda mit Blick auf den See über sehr schöne Badezimmer, die sich hinten an die Zelte anschließen. Hervorzuheben sind außerdem der sehr freundliche und zuvorkommende Service, die hervorragende Küche (viele Zutaten werden im eigenen Garten angebaut) und **die Gastfreundschaft von Nani und Christian**, die sich nach wie vor persönlich um die Gäste kümmern.

Kisima Ngeda ist allerdings kein Safaricamp. Zwar leben entlang des Sees auch einige Tiere, so haben in unmittelbarer Nähe des Camps z. B. Streifenhyänen einen Bau, aber Pirschfahrten können hier nicht gemacht werden. Stattdessen ist das Camp ein idealer Ausgangsort für Jagdausflüge mit den Hadzabe (s. S. 76). Ansonsten eignet sich Kisima Ngeda hervorragend als Ort zur Entspannung, etwa bei Spaziergängen entlang des Seeufers.

Info

Buchung: über Reiseveranstalter
Preise: ab 270 US$ pro Person/DZ mit Vollpension.
Anreise: per Fahrzeug. Die Fahrzeit beträgt ca. eineinhalb Stunden ab Karatu auf sehr schlechter Straße.
Sonstiges: Der Ausflug mit den Hadzabe muss vorab gebucht werden, alle anderen Aktivitäten können vor Ort gewählt werden. Für die Zeit des Aufenthalts bekommen Gäste einen lokalen Guide zugewiesen, der u. a. mit den Hadzabe kommunizieren kann. WLAN ist im Hauptbereich der Lodge verfügbar, teilweise auch in den Zelten.
Tipp: Hinter dem Camp befindet sich ein kleiner Felsen, von dem aus sich der Sonnenuntergang über dem See sehr schön beobachten lässt.

67 Einfach, naturnah, charmant – die Wilderness Camps

„Zurück zur Natur" – dieses Motto schreiben sich zwar viele Safariunternehmen auf ihre Fahnen, aber kaum jemand setzt es so konsequent um wie Wildfrontiers mit seinen Wilderness Camps. Hier gibt es keinerlei Luxus, keinerlei überflüssige Dekoration, kein fließendes Wasser – und *Haute cuisine* ist hier tatsächlich noch ein Fremdwort. Stattdessen gibt es umweltfreundliche Toiletten, herzlichen und persönlichen Service, eine familiäre Atmosphäre und bodenständige Mahlzeiten. Nur Camping ist einfacher und noch näher an der Natur – und so gesehen bieten die Wilderness Camps dann doch ein kleines bisschen Luxus: Die Zelte sind größer als die des durchschnittlichen Campers und verfügen über richtige Betten sowie eigene Badezimmer.

Luxus ist relativ: In den Zelten stehen richtige Betten

Die Einrichtung ist zweckdienlich und gemütlich

Die Wilderness Camps bestehen aus zwei verschiedenen Anlagen: **dem permanenten Serengeti Wilderness Camp und einem mobilen Camp**. Während sich das Serengeti Wilderness Camp ganzjährig in der zentralen Serengeti befindet, wechselt das mobile Camp innerhalb des Jahres seinen Standort. Zwischen Dezember und März liegt es im südlichen Bereich des Ngorongoro-Schutzgebiets beim Ndutu-See und trägt den Namen Ndutu Wilderness Camp. Die Regenzeit im April und Mai wird für Wartungsarbeiten genutzt, ehe im Juni der Umzug in die nördliche Serengeti erfolgt. Zwischen Juli und Oktober ist das Camp in unmittelbarer Nähe zum Mara-Fluss positioniert und dann unter dem Namen Serengeti North Wilderness Camp zu finden.

Beide Camps verfügen über jeweils zehn zweckmäßig ausgestattete Zelte, wobei die des mobilen Camps etwas kleiner sind als die des permanenten Camps. Daneben gibt es ein Speise- und ein Loungezelt mit Bar und einer kleinen Bibliothek. Hier können auch Akkus aufgeladen werden, in den Gästezelten gibt es nämlich außer Solarlampen am Bett keinen Strom. Am Abend ist das **Lagerfeuer** ein beliebter Treffpunkt, um sich über die Erlebnisse des Tages auszutauschen und einander ein wenig kennenzulernen. Nach Einbruch der Dunkelheit sorgen Massai für die Sicherheit im Camp und begleiten Gäste zu ihren Zelten oder holen sie nach Vereinbarung dort ab.

Die Wilderness Camps gehören zu den **günstigsten Übernachtungsmöglichkeiten innerhalb der Serengeti**. Die Camps sind somit die beste Option für Reisende mit einem – gemessen an den üblichen Kosten eines Safariurlaubs – kleineren Budget. Aber auch Reisende, die ihr Augenmerk weniger auf Luxus und eher auf die Naturerfahrung legen, kommen hier auf ihre Kosten.

Unprätentiös und ursprünglich: die Wilderness Camps

Info

Internet: www.wildfrontiers.com und www.tanzaniawildernesscamps.com
Preise: ab 315 US$ pro Person/DZ mit Vollpension. Optional bietet Wildfrontiers auch sog. Game Packages an, d. h. die Camps können auch im Rahmen einer Flugsafari gebucht werden, da die Camps über eigene Fahrzeuge und Guides verfügen, was in dieser Preisklasse sonst eher unüblich ist (Aufpreis 130 US$ pro Person).
Sonstiges: Das Serengeti Wilderness Camp ist ganzjährig geöffnet und bietet in der Regenzeit im April und Mai günstigere Preise an. In allen Camps sind gegen Aufpreis Walking-Safaris möglich. Diese müssen allerdings im Voraus gebucht werden, da die Begleitung eines bewaffneten Nationalpark-Rangers erforderlich ist.
Kinder: sind ab 5 Jahren willkommen.

68 Auf den Spuren der Wanderungen – das mobile Olakira Migration Camp

Zur rechten Zeit am rechten Ort zu sein ist eine Kunst, die beim Safaritourismus in der Serengeti noch wesentlicher ist als im sonstigen Leben. Wie überall hat auch hier Safari immer ein Stück weit mit Glück zu tun, auch wenn die großen Gnu- und Zebraherden für gewöhnlich einem bestimmten Schema folgen. Der Trick ist, genau dort ein Camp als Basis zu haben, wo sich die Herden zu einer bestimmten Zeit befinden und von wo aus sie gut beobachtet werden können. Zu diesem Zweck wurde einst das mobile Olakira Camp gebaut, welches seit jeher den Tieren folgt.

Von Dezember bis März befindet sich das Camp in der Ndutu-Gegend, die Teil des Ngorongoro-Schutzgebietes ist und an die Serengeti grenzt. Zu dieser Jahreszeit stärken sich die Gnu- und Zebraherden hier und bringen ihre Kälber zur Welt. Die Regenzeit im April und Mai wird dann genutzt, um das Camp in die nördliche Serengeti umzusiedeln. Hier befindet es sich zwischen Juni und November in der **Bologonja-Region** an einem der wohl spektakulärsten Orte im Norden der Serengeti. Das Camp bietet einen **direkten Blick auf den Mara-Fluss** und ist nur 300 m von einer Stelle entfernt, die von den Tieren oft zur Flussüberquerung genutzt wird.

Olakira ermöglicht eine authentische Buscherfahrung, ohne dass es an hohem Komfort mangelt. Die Kombination aus dezentem Luxus mit großen, bequemen

Großartiger Blick und exzellentes Essen

Die Zelte sind mobil, bieten aber dennoch Komfort und dezenten Luxus

Betten und einer stilvollen Einrichtung mit rustikalen Elementen wie einer Eimerdusche sorgt für ein besonderes Flair. Jedes der neun Zelte ist mit einer separaten Nische versehen, in die das Bett geschoben werden kann, um den Gästen ein Schlaferlebnis unter freiem Sternenhimmel zu ermöglichen. Das kleine Camp bietet seinen Gästen zudem eine sehr persönliche Atmosphäre, zu der das stets freundliche und zuvorkommende Personal einen großen Teil beiträgt. Als Teil der Asilia-Gruppe ist Olakira auch ein Beispiel für die **Unterstützung und Förderung der einheimischen Bevölkerung**. So bekommen die Angestellten die Möglichkeit, in der Hierarchie aufzusteigen, was sonst leider nicht immer selbstverständlich ist.

Das wirklich Besondere an Olakira lässt sich aber nur schwer in Worte fassen. Olakira lebt von den Menschen und den Tieren, von einer exzellenten Buschküche und dem besonderen Charme, den ein romantisches Lagerfeuer oder ein Abendessen unter freiem Sternenhimmel versprühen. Olakira zeichnet sich aber vor allem durch die einzigartige Atmosphäre aus, die nur ein mobiles Zeltcamp bietet. In Swahili bedeutet *Olakira* „strahlender Stern". Der Name wurde nicht grundlos gewählt: Dieses Camp sollte unter all den mobilen Zeltcamps herausragen und neue Maßstäbe setzen. Vieles spricht dafür, dass dies gelungen ist und auch weiterhin gelingt.

Info

Internet: www.asiliaafrica.com und www.asiliaafrica.de
Preise: ab 690 US$ pro Person/DZ mit Vollpension und lokalen Getränken; ab 789 US$ pro Person/DZ mit Vollpension, lokalen Getränken und Pirschfahrten.
Sonstiges: Zwei der Zelte können mit drei Personen belegt werden, außerdem gibt es ein Familienzelt für bis zu vier Personen. Die Anreise erfolgt abhängig von der Jahreszeit mit dem eigenen Fahrzeug und Fahrer/Guide von Seronera, Loliondo oder dem Ndutu-See oder per Kleinflugzeug zur Ndutu- oder Kogatende-Landebahn.
Kinder: sind ab 5 Jahren willkommen.

69 Zelten zwischen Gnus und See – die Lake Masek Tented Lodge

Gnuherden im Ngorongoro-Schutzgebiet statt in der Serengeti? Richtig, denn was im Zusammenhang mit der großen Wanderung oft als südliche Serengeti bezeichnet wird, ist eigentlich Teil des Ngorongoro-Schutzgebiets. Der Übergang zwischen beiden Gebieten ist zwar fließend, aber es sind die weiten und fruchtbaren Ebenen im Ngorongoro-Schutzgebiet, auf denen sich Gnus und Zebras zwischen Dezember und März von den Strapazen der Wanderung erholen und ihre Kälber zur Welt bringen. Das Gebiet wird als Ndutu bezeichnet, in Anlehnung an den gleichnamigen See. Während der Migrationsmonate ziehen viele mobile Camps hierher, während der restlichen Zeit des Jahres ist es hier nahezu menschenleer. Dann freuen sich die Gäste der **drei einzigen permanenten Unterkünfte** nicht nur über attraktive Nebensaisonpreise, sondern auch über ein fast privates Safarierlebnis. Denn auch wenn Gnus und Zebras dann längst weitergezogen sind, leben dennoch ganzjährig Tiere in Ndutu. So bestehen gute Chancen, Geparde und die sonst nur schwer zu beobachtenden Löffelhunde zu sehen. **Gerne auch bei Off-Road-Fahrten, die hier im Gegensatz zu den Nationalparks gestattet sind**.

Ungewöhnliche Formen: Die Zelte sind achteckig angelegt

Eine der drei permanenten Unterkünfte ist die Lake Masek Lodge. Sie liegt auf einer kleinen Anhöhe und überblickt den Masek-See, den neben dem Ndutu-See zweiten größeren See der Gegend. Während der Ndutu-See stark alkalisch ist und große Scharen von Flamingos anzieht, ist das Wasser im Masek-See wesentlich milder und beheimatet sogar eine kleine Gruppe von Flusspferden, die oft vom Camp aus gesehen und gehört werden können. In Begleitung eines bewaffneten Rangers können **Wanderungen am Ufer des Sees** gemacht werden, die eine willkommene Abwechslung zu den Pirschfahrten bieten.

Die Veranden sind ein Refugium während der Mittagshitze

Auf den ersten Blick wirkt die Lodge eher wie ein typisches Zeltcamp. Mit 20 Zelten ist sie vergleichsweise groß. Damit wird sie sowohl den Ansprüchen von Individual- als auch von Gruppenreisenden gerecht. Erst auf den zweiten Blick fällt die ungewöhnliche Gestaltung der Zelte auf. Statt in der typischen rechteckigen Form sind die Zelte der Lake Masek Lodge als Oktagon angelegt und **die Sei-**

Der beste Blick auf den Masek-See bietet sich vom Restaurant aus

tenwände sind mit großen Fenstern versehen. Somit kommt viel mehr Tageslicht in die Zelte als bei der herkömmlichen Konstruktion, was eine warme und freundliche Atmosphäre schafft. Die Ausstattung der Zelte ist überschaubar, aber komfortabel. Fehlender Luxus wird durch viel Platz und eine Energieversorgung durch hochwertige Solartechnologie (die sogar den Betrieb eines Föhns ermöglicht!) ausgeglichen. Die Zelte stehen auf hölzernen Plattformen und die kleinen überdachten Veranden mit bequemen Sesseln mit Blick auf den See laden zum Verweilen während der Mittagshitze ein.

Eine noch schönere Aussicht haben Gäste nur vom Restaurant und der dazugehörigen Terrasse, auf der regelmäßig die Abendessen unter freiem Sternenhimmel serviert werden. Auch hier gibt es viel Platz, sodass selbst bei ausgebuchter Lodge keine gedrängte Atmosphäre aufkommt. Frühstück und Mittagessen werden meist als Buffet serviert, während die Darreichungsform des Abendessens variiert. Da die Lodge nicht umzäunt ist, werden die Gäste am Abend von einem Massai-Wächter zu ihren Zelten eskortiert.

Info

Internet: www.twctanzania.com
Preise: ab 293 US$ pro Person mit Vollpension und lokalen Getränken. Der Preis für ein sogenanntes Game Package im Rahmen einer Fly-In-Safari beträgt 414 US$ pro Tag für ein privates Fahrzeug mit sechs Sitzen.
Aktivitäten: Neben geführten Wanderungen am Seeufer können auch kulturelle Begegnungen mit den Massai organisiert werden. Ebenso eignet sich das Camp für Besuche der Oldupai-Schlucht, die sich ca. eine Stunde entfernt befindet. Fahrten in die benachbarte Serengeti sind auch möglich, es fallen dann allerdings zusätzliche Parkeintrittsgebühren an.
Sonstiges: Das Camp ist ganzjährig geöffnet.
Kinder: sind jeden Alters willkommen.

70 Auf Fels gebaut – das Kusini Camp

Exklusive Tierbeobachtungen, Einsamkeit und Abgeschiedenheit, tolle Lage und luxuriöse Safarizelte – das alles bietet das Kusini Camp seinen Gästen. Es ist (noch) das **einzige permanente Camp in diesem südlichen Abschnitt der Serengeti** und nur während der Migrationsmonate zwischen Dezember und März befinden sich ein paar mobile Camps in dieser Gegend. Wer die großen Gnu- und Zebraherden sehen, dabei aber auf die sonst übliche Masse anderer Fahrzeuge verzichten möchte, ist hier richtig aufgehoben. Außerhalb der Migrationszeit erscheint die gelegentlich von Kopjes (Granitfelsen) und kleinen Akazienwäldern durchzogene Savanne verlassen. Doch der Schein trügt, denn Elefanten, Büffel und Löwen halten sich hier dauerhaft auf und die offene Landschaft bietet einer stabilen Population von 50 bis 80 Geparden einen idealen Lebensraum. Einige Tiere suchen während der Nacht bewusst den Schutz des Camps auf und nicht selten begegnen Gäste nach dem Abendessen auf dem Rückweg zu ihren Zelten dem einen oder anderen Büffel.

Das Camp wurde auf und um einen Kopje in einem Waldgebiet errichtet. Zum **Sundowner auf der Spitze des Kopje** werden Sitzkissen verteilt, um bei Snacks und Drinks den Ausklang des Tages genießen zu können. Während der großzügig gestaltete Hauptbereich des Camps auf dem Kopje steht, wurden die zwölf Zelte um diesen herum gebaut. Die 48 m² großen Zelte stehen auf hölzernen

Abgeschieden im Süden der Serengeti liegt das Kusini Camp

Tagesausklang am Kopje

Plattformen mit Terrassen und sind weit genug voneinander entfernt, um ausreichend Privatsphäre zu ermöglichen. Die Innenausstattung ist klassisch-luxuriös und das angeschlossene Badezimmer mit separaten Türen für Dusche und WC ist großzügig angelegt. Trotz der ungewöhnlichen Lage muss auf fließendes Wasser und richtige Toiletten nicht verzichtet werden.

Bei einem Aufenthalt von mehr als zwei Nächten empfiehlt sich eine ganztägige Ausfahrt zu den 40 km nördlich gelegenen Moru Kopjes, um hier auf die Suche nach den letzten verbliebenen Ostafrikanischen Spitzmaulnashörnern in der Serengeti zu gehen. Bei diesen Tagesausfahrten gibt es statt der üblichen Lunchpakete ein **stilvolles Mittagessen im Busch**, für das Kusini weithin bekannt ist. Neben klassischen Pirschfahrten haben Gäste die Möglichkeit, das Serengeti-Geparden-Projekt zu besuchen. Hier informiert ein Mitarbeiter des Projekts über die Lebens- und Verhaltensweisen der Tiere und die Kunst, diese richtig zu fotografieren und einzelne Tiere zu identifizieren. Anschließend geht es per Fahrzeug hinaus in die Savanne auf die Suche nach den Geparden.

Info

Internet: www.sanctuaryretreats.com
Preise: ab 475 US$ pro Person/DZ mit Vollpension, lokalen Getränken und Pirschfahrten. Preise für Vollpension und lokale Getränke im Rahmen einer privat geführten Safari mit eigenem Guide und Fahrzeug auf Anfrage.
Sonstiges: Die waldreiche Gegend um Kusini ist idealer Lebensraum für Tsetsefliegen, die manchmal auch im Camp anzutreffen sind. Deshalb sollte im Camp und bei An- bzw. Abfahrt zur Vermeidung von sehr schmerzhaften Stichen lange Kleidung getragen werden. Allerdings sollte man blaue und schwarze Kleidung vermeiden, da diese Farben anziehend auf die Tsetsefliegen wirken.
Kinder: sind ab 6 Jahren im Camp willkommen.

71 Auf Zeitreise in der Serengeti – das Pioneer Camp

Ein Camp in der Serengeti – vor vielen Jahren hätte dieser Satz als Alleinstellungsmerkmal ausgereicht. Aber im Laufe der letzten beiden Jahrzehnte wuchs die Safaribranche in Tansania immens und mit ihr auch die Anzahl der Unterkünfte in der Serengeti. Wer heute ein Camp in der Serengeti eröffnet, muss etwas Besonderes bieten, einen tollen Standort oder einen ungewöhnlichen Stil haben, um sich gegen die Konkurrenz durchzusetzen. Beides trifft auf das Pioneer Camp zu, welches im Jahr 2012 eröffnet wurde und heute zu den besten Adressen in der Serengeti zählt.

Beste Hanglage: Die Zelte liegen verstreut auf einem Kopje

Die Moru Kopjes liegen eineinhalb Autostunden südlich der Seronera, der zentralen Serengeti, und sind eines der schönsten Gebiete in der Serengeti. Mit offener Savanne, Akazienwäldern, dem Magadi-See und den charakteristischen Granitfelsen, den Kopjes, ist die Landschaft sehr abwechslungsreich. Hinzu kommt eine nicht minder vielseitige Tierwelt. Hier haben Reisende **die Chance, die Big Five zu sichten**, auch wenn es ganz viel Glück braucht, um eines der wenigen verbliebenen Nashörner zu sehen. Neben dem Pioneer Camp gibt es in dieser Gegend vier weitere Camps, sodass die Besucherzahlen überschaubar sind.

Das Pioneer Camp wurde direkt an einem Kopje errichtet, und zwar versetzt auf verschiedenen Ebenen. Dies ermöglicht zum einen sehr viel Privatsphäre, zum anderen auch traumhafte Ausblicke über diesen Teil der Serengeti. Am höchsten gelegen sind das Lounge- und das Frühstückszelt, die damit die besten Aussichtsmöglichkeiten bieten. Durch die verstreute Lage am Kopje ist das Camp recht weitläufig und die Wege sind hügelig, sodass die Gäste sicher zu Fuß sein sollten.

Doch auf die spektakuläre Lage allein wollte sich der Betreiber des Camps, das Safariunternehmen Elewana, nicht verlassen. Das Pioneer Camp sollte **eine Hommage an die mobilen Zeltcamps der 1930er-Jahre** werden, als die Safariindustrie noch in ihren Kinderschuhen steckte und eine Reise nach Afrika eine Reise ins Unbekannte war. Wie damals prägen dunkle Möbel, Truhen und mit Leder bezogene Stühle die Ausstattung der insgesamt zwölf Zelte, in den Badezimmern gibt es Waschbecken und Duschköpfe aus Kupfer. Abends werden die Wege zwischen den Zelten und dem Restaurant mit Paraffinlampen beleuchtet. Moderne Annehmlichkeiten gibt es nur im kleinen Stil: richtige Toiletten, solarbetriebene Lampen sowie fließendes Wasser, welches ebenfalls mit Solarenergie erhitzt wird. In einem separaten Zelt bei der Lounge kann man Akkus laden und seinen Laptop mit dem Internet verbinden. In naher Zukunft soll die Lounge mit WLAN ausgestattet werden. Das Camp ist umweltfreundlich nach höchsten Standards und kommt vollständig ohne feste Konstruktionen aus. Es kann innerhalb weniger Stunden komplett abgebaut und abtransportiert werden und bereits nach wenigen Tagen sind kaum noch Spuren vorhanden.

Die Küche und der Service sind hervorragend, wie es in dieser Preisklasse auch zu erwarten ist. Während des Aufenthaltes kümmert sich ein persönlicher Butler um die Belange der Gäste und die Mahlzeiten finden in privater Atmosphäre an separaten Tischen statt. In der Regel wird das Abendessen jeden Tag an einer anderen Stelle serviert, um den Gästen auch hier Abwechslung zu bieten.

Der Stil des Camps erinnert an die Frühzeiten des Safaritourismus

Info

Internet: www.elewanacollection.com
Preise: ab 533 US$ pro Person/DZ mit Vollpension und lokalen Getränken; ab 681 US$ pro Person/DZ mit Vollpension, lokalen Getränken und Pirschfahrten im Rahmen einer Fly-In-Safari.
Sonstiges: Das Camp ist ganzjährig geöffnet. In Kombination mit weiteren Camps von Elewana sind oft günstige Paketpreise erhältlich. Der Mindestaufenthalt beträgt zwei Nächte.
Kinder: sind jeden Alters willkommen, bei den Aktivitäten kann es altersbedingt zu Einschränkungen kommen. Für Familien gibt es ein Familienzelt mit zwei Schlafzimmern.

72 Im Reich der Raubkatzen – das Namiri Plains Camp

20 Jahre lang war das Gebiet zwischen den Gol Kopjes und den Barafu Kopjes in der östlichen Serengeti für den Safaritourismus gesperrt. Es diente als **Forschungs- und Schutzgebiet für Geparde** und dank dieser Maßnahme lebt hier heute die größte ostafrikanische Population dieser Raubkatzen. Aber auch Löwen und Leoparden finden hier ideale Lebensbedingungen und haben der Gegend ihren Namen gegeben. *Namiri* ist das Swahili-Wort für Großkatze.

Die Namiri Plains sind eine der **spektakulärsten Landschaften Tansanias** und verkörpern Afrika, wie es aus Bildbänden bekannt ist: endlose Grassavanne, nur gelegentlich durchzogen von Schirmakazien und den als „Kopjes" bezeichneten Granitfelsen. Zwischen November und Juni ziehen die großen Gnu- und Zebraherden durch das Gebiet und mit ihnen viele Raubtiere. Neben den Großkatzen ist die Konzentration von Hyänen zu dieser Zeit eine der größten in ganz Afrika und nicht selten werden Rudel mit bis zu 30 Tieren gesichtet. Aber auch außerhalb dieser Monate gibt es hier mehr als ausreichend Beute für die großen Raubtiere, denn dann leben viele Antilopen hier.

Das erst im Juli 2014 eröffnete Namiri Plains Camp von Asilia ist eines der vielleicht bestgehüteten Geheimnisse der Serengeti, wenn nicht von ganz Tansania. Die Genehmigung für das Camp wurde nur unter strengen Regulierungen erteilt. Neben **hohen Umweltauflagen** sollte vor allem die Anzahl an Fahrzeugen und Touristen streng limitiert sein. So kann dieses Camp, anders als sonst in der Serengeti üblich, nicht mit dem eigenen Fahrzeug oder im Rahmen einer privat geführten Safari angesteuert werden (Ausnahme: eine von Asilia privat geführte Safari). Die Anreise erfolgt ausschließlich über die Seronera-Landebahn, wo die Gäste von einem

Dinner im gemütlichen Restaurant

Entspannen auf der privaten Veranda

Großkatzen wie Geparden verdanken die Namiri Plains ihren Namen

der sehr gut ausgebildeten Guides des Camps abgeholt werden. Mit nur zehn Zelten gehört Namiri Plains zu den kleineren stationären Camps in der Serengeti und garantiert ein **ungestörtes Safarierlebnis, wie es sonst nur in einem privaten Reservat möglich ist**. In der näheren Umgebung gibt es keine weiteren Camps, sodass dieses Gebiet den Gästen von Namiri Plains exklusiv zur Verfügung steht.

Das Camp wurde im Sommer 2019 in großem Stil umgebaut und hat ein völlig neues Gesicht bekommen. Der Standard wurde deutlich verbessert und das Angebot um einen Pool und ein Spa erweitert. Das neue Namiri Plains Camp mit seinen zehn Zelten wurde überwiegend aus lokalen Materialien gebaut und so gestaltet, dass es sich perfekt der Landschaft anpasst. Es ist vom Niveau her mit dem Sayari Camp (s. S. 162) vergleichbar. Neben den täglichen Pirschfahrten bietet das Camp ein Frühstückspicknick bei Sonnenaufgang auf dem Soit-le-Motonyi-Felsen, einen Sundowner auf einem der Kopjes sowie Walking-Safaris an.

Info

Internet: www.asiliaafrica.com und www.asiliaafrica.de
Preise: ab 362 US$ pro Person/DZ mit Vollpension und lokalen Getränken (nur mit einer von Asilia privat geführten Safari); ab 498 US$ pro Person/DZ mit Vollpension, lokalen Getränken und Aktivitäten.

Sonstiges: Alle Zelte haben eine Badewanne sowie Innen- und Außendusche. Anders als noch zu Beginn ist das Camp inzwischen ganzjährig geöffnet. Gegen Aufpreis können Gäste am Geparden-Forschungsprojekt teilnehmen.
Kinder: sind ab 5 Jahren willkommen und es gibt ein Familienzelt.

73 Exklusiv und nachhaltig – das Sayari Camp

Weit entfernt von allen anderen Camps in der nördlichen Serengeti liegt das Sayari Camp am Mara-Fluss. Trotz steigender Beliebtheit gilt das Camp der Asilia-Gruppe noch immer als Geheimtipp. Es liegt in einem der schönsten Teile der Serengeti und nirgends findet sich die Bilderbuch-Vorstellung Afrikas eher verwirklicht als hier, wenn die Zeit der Migration einsetzt. Dann überqueren zwischen Flusspferden und Krokodilen Hunderttausende Gnus und Zebras den Mara und bieten **ein Naturspektakel sondergleichen**. Aber auch während des restlichen Jahres sind auf den weiten Ebenen und in den Waldgebieten um den Fluss ungestörte Wildbeobachtungen an der Tagesordnung. Zudem sind sie hier besonders lohnend, denn die Artenvielfalt in der nördlichen Serengeti ist sehr hoch. Unter anderem ist dies neben den Moru Kopjes das **einzige Gebiet in der Serengeti, in dem noch Nashörner leben**. Ermöglicht werden diese Tierbeobachtungserlebnisse nicht zuletzt durch die hervorragenden Guides, für deren hohes Niveau Asilia seit Jahren bekannt ist.

Als Asilia Sayari im Jahr 2005 eröffnete war es eines der ersten Camps in der nördlichen Serengeti. Schon der Name verrät die ehrgeizigen Ziele, die sich das Safariunternehmen mit der Eröffnung des Camps gesteckt hat: *Sayari* bedeutet „Planet" auf Swahili. **Sayari sollte kein gewöhnliches Safaricamp werden, Sayari sollte neue Maßstäbe setzen**. Schon die Aufteilung in zwei Flügel mit sechs

Neuer Maßstab im Norden der Serengeti: das Sayari Camp

bzw. neun Zeltsuiten, die sich einen gemeinsamen, auf einem Granitfelsen gebauten Pool teilen, ist ungewöhnlich. Beide Flügel haben eine eigene Lounge und einen eigenen Speisebereich. Sowohl vom Pool aus als auch von der Lounge und dem Speisebereich haben Gäste einen ungestörten Blick auf die offene Savanne und die Turner Hills im Hintergrund.

Jede der 15 Zeltsuiten steht auf einer Plattform und ist mit einem Parkettboden aus Mahagoni ausgestattet. Im Inneren dominieren Brauntöne, die Materialien sind hochwertig, das Doppelbett ist riesig. Die geräumigen Badezimmer verfügen über eine Regendusche und eine Badewanne mit Aussicht auf die weite Landschaft. Auf den Plattformen befindet sich außerdem jeweils eine Veranda, von der aus die Gäste den Blick über die Serengeti genießen können.

Die Inneneinrichtung ist fast so beeindruckend wie die Landschaft

Sayari war eines der ersten Camps in Tansania, das **höchste Umweltstandards** erfüllte, und wurde so zu einem Vorreiter in Sachen nachhaltiger Tourismus in der Serengeti. Viele der Arbeitsplätze im Camp wurden an Angehörige des **Kuria-Stammes** aus den umliegenden und an den Nationalpark angrenzenden Dörfern vergeben. In Zusammenarbeit mit diesen Dörfern wurde außerdem ein Früchte- und Gemüseprojekt ins Leben gerufen, welches zusätzliches Einkommen generiert und durch das die Menschen direkt vom Safaritourismus profitieren. Seit 2009 ist Sayari – wie alle Asilia Camps – zudem CO_2-neutral.

Die Zelte gewähren freien Aus- und Einblick

Info

Internet: www.asiliaafrica.com und www.asiliaafrica.de
Preis: ab 602 US$ pro Person/DZ mit Vollpension und lokalen Getränken, ab 711 US$ pro Person/DZ mit Vollpension, lokalen Getränken, Pirschfahrten und Walking-Safaris.
Sonstiges: Die Zeltsuiten verfügen über WLAN. Das Camp ist im April und Mai geschlossen. Wegen Renovierungsarbeiten ist Sayari 2020 zusätzlich vom 22. Januar bis 31. Mai geschlossen.
Anfahrt: Die Anreise erfolgt mit dem eigenen Fahrzeug und Driver/Guide von Seronera oder Loliondo oder per Kleinflugzeug zur Kogatende-Landebahn (ca. 15 Min. vom Camp entfernt).
Kinder: sind ab 5 Jahren willkommen. Walking-Safaris sind allerdings erst ab 16 Jahren möglich.

74 Hüter des Kogakuria-Kopje – das Lamai Serengeti Camp

Lamai Serengeti gehört zu jenen Unterkünften, denen eine Beschreibung in Wort und Bild nicht gerecht werden kann. Es ist eines dieser Camps, von denen Gäste sagen: „Fahrt hin und erlebt es einfach selber." Nomad Tanzania, dessen Flaggschiff Lamai Serengeti ist, nennt es den „Hüter des Kopje", eines jener Granitfelsen, die zu den markanten landschaftlichen Merkmalen der Serengeti zählen. Um dem Namen gerecht zu werden, ließ Nomad Tanzania sich viel Zeit mit der Planung, Gestaltung und Umsetzung. Das Ergebnis bei der Eröffnung im Jahr 2011 war eine ungewöhnliche Architektur sowie ein besonderes Design. **Wie ein Leopard verschmilzt das Camp mit der Landschaft**: Sehen, aber nicht gesehen werden; hören, aber nicht gehört werden.

Auch beim Essen gilt: Sehen, aber nicht gesehen werden

Die Badezimmer sind lichtdurchflutet

Lamai Serengeti ist eine gelungene Kombination aus Komfort und Eleganz, ohne dabei jedoch die Nähe und den Bezug zur Natur zu verlieren. Die großen Gästezimmer sind im Stil von Zeltchalets gehalten und nach vorne hin offen. Bei Bedarf können sie mit einem Moskitonetz geschlossen werden. Sowohl vom Schlafzimmer mit vorgelagerter Terrasse als auch vom Badezimmer aus haben Gäste somit jederzeit einen freien Blick auf die offene Landschaft unterhalb des Kopje. Das Camp ist in zwei Einheiten mit vier bzw. acht Zimmern unterteilt. **Die kleinere Einheit kann auch als privates Camp gebucht werden**. Beide Einheiten verfügen über separate Gemeinschaftseinrichtungen wie Lounge, Restaurant und Swimmingpool.

Durch den Bau um den Kopje herum ist das Camp sehr weitläufig und die Zimmer sind weit genug voneinander entfernt und in unterschiedlichen Höhen platziert, um größtmögliche Privatsphäre zu gewähren. Küche,

Die Architektur des Camps verschmilzt mit der Landschaft

Service und Guiding brauchen sich vor dem Design und der Architektur nicht zu verstecken und lassen keine Wünsche offen – weder bei Neulingen noch bei erfahrenen Safarigästen.

Das Camp befindet sich in der nördlichen Serengeti am Kogakuria-Kopje, nur wenige Kilometer vom Mara-Fluss entfernt, an dem sich jedes Jahr zwischen Juli und Oktober **die spektakulären Flussüberquerungen Hunderttausender Gnus und Zebras** ereignen. Aber auch außerhalb dieser Zeit können viele Tiere beobachtet werden, die sich ganzjährig hier angesiedelt haben, mit viel Glück sogar Nashörner, allerdings nur nördlich des Mara. Zudem hat die vermeintliche Nebensaison den Vorteil, dass sich keine mobilen Camps hier aufhalten und deutlich weniger Gäste den Weg in die nördliche Serengeti finden. Zudem sind die Preise wesentlich günstiger als in der Hochsaison.

Info

Internet: www.nomad-tanzania.com
Preise: ab 760 US$ pro Person/DZ mit Vollpension, lokalen Getränken und Aktivitäten (Pirschfahrten & Walking-Safaris). Preise für Vollpension und lokale Getränke im Rahmen einer privat geführten Safari mit eigenem Guide und Fahrzeug auf Anfrage.

Sonstiges: Das Camp ist während der Regenzeit im April und Mai geschlossen. In Kombination mit anderen Camps von Nomad Tanzania sind oftmals günstigere Paketpreise möglich.
Kinder: sind ab 8 Jahren willkommen. Das Mindestalter für Walking-Safaris beträgt 12 Jahre.

75 Exklusives Trio – die Lodges im Grumeti-River-Reservat

Der mächtige Grumeti-Fluss, von Schirmakazien und Kopjes durchgezogene Savanne und die Wanderung der Gnu- und Zebraherden – dies alles prägt das 1.400 km² große private Grumeti-River-Reservat. In diesem Gebiet, welches für die Öffentlichkeit nicht zugänglich ist und das direkt an den westlichen Korridor der Serengeti angrenzt, betreibt das südafrikanische Safariunternehmen Singita **drei exklusive, aber völlig verschiedene Lodges**.

Singita bedeutet übersetzt „Ort der Wunder" und ein solcher wird den Gästen in Grumeti auch geboten. Das Reservat wird erst seit 2002 von einem professionellen Naturschutz-Management kontrolliert, vorher konnten Wilderer ungehindert durch das Gebiet streifen. 2006 bekam Singita das Management übertragen, **um mittels nachhaltigem Tourismus die Zukunft des Reservates zu sichern**. Das Ergebnis spricht für sich, denn die Populationen von Büffeln und verschiedenen Antilopenarten haben sich deutlich vergrößert, teilweise sogar verfünffacht. Dieser Erfolg wäre nicht möglich gewesen, ohne die lokale Bevölkerung miteinzubeziehen. Deshalb sind heute viele Menschen aus den umliegenden Dörfern im Reservat und in den Lodges beschäftigt.

Das Flaggschiff von Singita ist die auf einem Hügel liegende **Sasakwa Lodge**, die im Stile eines englischen Anwesens gebaut ist. Sie verfügt über elf freistehende Cottages mit atemberaubender Aussicht auf die weiten Ebenen. Alle Cottages sind im **klassischen englischen Kolonialstil** eingerichtet, gepaart mit moderner Tech-

Retro-Charme im Busch bietet Faru Faru

nologie. Hinsichtlich Komfort, Platz und Service erfüllt die Lodge auch höchste Ansprüche. Nicht ohne Grund wird Sasakwa von vielen als die exklusivste Safarilodge in ganz Afrika bezeichnet.

Eher rustikal gibt sich das Sabora Camp

Das **Sabora Camp dagegen ist ein klassisches Zeltcamp**, welches im Stil der 1920er-Jahre eingerichtet ist. Der eher rustikale Stil verleiht den neun Zelten einen besonderen Charme, ohne aber auf Komfort zu verzichten. Neben einem großen Badezimmer mit Badewanne sowie einer Außendusche mit toller Aussicht und einem separaten Ankleidebereich verfügen alle Zelte über eine Klimaanlage, die auch während der heißen Jahreszeit für angenehme Temperaturen sorgt. Das offene Hauptzelt umfasst eine Lounge mit Bar sowie ein Aussichtsdeck mit Blick auf den Grumeti-Fluss und ein Wasserloch, welches zu jeder Jahreszeit viele Tiere anzieht.

Sasakwa: die vielleicht exklusivste Lodge Afrikas

Eine sehr ungewöhnliche, geradezu einzigartige Lodge ist Singita mit Faru Faru gelungen. Die Kombination aus Retro-Look der 1960er-Jahre, ostafrikanischer Architektur, natürlichen Elementen und moderner Technik führt zu einem ungewöhnlichen Stil, der sich mit Worten nur schwer beschreiben lässt. Jede der neun klimatisierten Suiten verfügt über eine private Veranda mit Swarovski-Teleskop, sodass Tiere und Umgebung direkt von den Suiten aus beobachtet werden können.

So unterschiedlich der Stil der Lodges auch ist, zwei Dinge haben sie gemeinsam: erstklassiges Guiding und ein einzigartiges Naturerlebnis in Singitas privatem Grumeti-River-Reservat.

Info

Internet: www.singita.com
Preise: ab 1.615 US$ pro Person/DZ in der Sasakwa Lodge; ab 1.475 US$ pro Person/DZ im Sabora Camp und in der Faru Faru Lodge; Preis jeweils mit Vollpension, lokalen Getränken und Aktivitäten (Pirschfahrten, Walking-Safaris, Mountainbike-Safaris).
Sonstiges: Singita ist für seine herausragende Küche bekannt, die auf dem Niveau europäischer Sterneköche liegt. In der Trockenzeit sind Walking-Safaris im Flussbett des Grumeti sehr zu empfehlen. Singita betreibt außerdem noch das Explore Camp und das Serengeti House, die nur exklusiv gebucht werden können und für größere Familien und kleine Gruppen sehr gut geeignet sind.
Kinder: sind jeden Alters willkommen. Für Kinder werden eigene Aktivitäten wie z. B. Bogenschießen oder Mini-Ranger-Kurse angeboten.

76 Eine einheimische Erfolgsgeschichte 2 – die Mbugani Camps

Viele Camps und Lodges in Tansania gehören ausländischen Investoren oder größeren Safariunternehmen mit ausländischen Wurzeln. Nicht so die Mbugani Camps, die fest in den Händen eines Einheimischen sind.

Die Geschichte von Barnabas Petro Raphael liest sich wie ein **modernes tansanisches Märchen**. Schon als junger Mann interessierte sich der Massai mehr für Natur und Tiere als für das traditionelle Hirtenleben seines Stammes. So entschied er sich für eine Ausbildung zum Safariguide. Nach erfolgreichem Abschluss führte er jahrelang Safari-Touristen aus aller Welt durch sein Land, ehe sich ihm die Möglichkeit bot, sein eigenes Camp zu errichten – und zwar in einem der faszinierendsten Nationalparks der Welt, der Serengeti. Die Aussicht, ein eigenes Camp nach seinen Vorstellungen zu bauen, zu führen und seinen Gästen tansanische Gastfreundschaft auf authentische Art und Weise näher zu bringen, wollte Barnabas sich nicht entgehen lassen.

Das Camp bietet echt tansanische Gastfreundschaft

Gemeinsam mit seiner Familie errichtete er ein klassisches Zeltcamp, zunächst in der westlichen Serengeti, nicht weit vom Grumeti-Fluss entfernt. Da dieser Standort für die meisten Touristen aber nur für wenige Wochen im Jahr interessant ist – die Herden ziehen zwischen Mai und Juli hier vorbei –, erfolgte 2014 der Umzug in die zentrale Serengeti: in die Nähe der Turner-Quellen und des Engare-Nanyuki-Flusses. Beide führen permanent Wasser und dienen vielen Tieren als wichtige Versorgungsstation. Mit Elefant, Büffel, Löwe und Leopard leben sogar vier der sogenannten Big Five ganzjährig in der unmittelbaren Umgebung des Camps. Ebenfalls

Lagerfeuer in der Serengeti

im Jahr 2014 wurde das permanente Camp um ein **mobiles Camp** ergänzt, welches im Laufe des Jahres der großen Wanderung von Gnus und Zebras folgt.

Viel Platz und große Betten

Neben der besonderen Gastfreundschaft und dem persönlichen und familiären Service sind die insgesamt zwölf Zelte ein weiterer Pluspunkt des Camps. Mit zwei großen Queensize-Betten, viel Platz, permanentem Strom dank moderner Solaranlagen sowie fließend Kalt- und Warmwasser setzt Mbugani neue **Maßstäbe für klassische Zeltcamps**. Das mobile Camp mit seinen zehn kleineren Zelten ist zwar etwas einfacher ausgestattet, muss sich hinsichtlich des Service aber keinesfalls verstecken. Im Mittelpunkt beider Camps stehen ein Lounge- und ein Speisezelt sowie eine Feuerstelle unter freiem Himmel, die vor den Mahlzeiten am Abend als Treffpunkt dient. Diese werden gemeinsam an einem großen Tisch eingenommen, was die familiäre Atmosphäre im Camp noch verstärkt. Barnabas' langjährige Erfahrung im Tourismusbereich spiegelt sich auch in der sehr guten Küche wider, in der sich verschiedene kulinarische Richtungen und Einflüsse auf genussvolle Weise vermischen.

Info

Internet: www.mbuganicamps.com
Preise: ab 230 US$ pro Person/DZ mit Vollpension in beiden Camps
Sonstiges: Während das permanente Camp ganzjährig geöffnet ist, ist das mobile Camp in den Monaten April und November geschlossen. Diese Monate werden genutzt, um erforderliche Wartungsarbeiten zu erledigen und von einem Standort zum nächsten umzuziehen.
Kinder: jeden Alters sind willkommen.

77 Auf Afrikas Arche – das Rubondo Island Camp

Die Presse hat Rubondo Island im Viktoriasee den Namen „die Arche Afrikas" verpasst. In den letzten Jahrzehnten wurden auf der Insel einige Tierarten wie Schimpansen, Elefanten, Giraffen und Graupapageien, die ursprünglich nicht hier heimisch waren, erfolgreich angesiedelt. Auf dieser Arche findet sich auch das im Jahr 2013 eröffnete und im Herbst 2018 umfassend renovierte Rubondo Island Camp. Die Anlage ist eine Kombination aus klassischem Safaricamp und Strand-Lodge. Die Innenausstattung der Cottages entspricht eher einem Safaricamp – komfortable Betten, ein Schreibtisch mit Stühlen und ein Badezimmer mit offener Dusche –, während der Blick vom Bett mit Aussicht auf Strand und See mehr an eine Lodge in einem Badeort erinnert. Beim Bau des Camps wurden **ausschließlich lokale Materialien** verwendet, damit es sich perfekt an seine Umgebung anpasst. Herzstück des Camps ist der Lounge- und Restaurantbereich. Dieser ist zu drei Seiten offen und bietet eine traumhafte Aussicht auf den See. Hier können Gäste während des Tages bei einem Drink oder einem Buch aus der gut ausgestatteten Bibliothek abschalten und entspannen.

Rubondo Island ist kein Ort für klassische Großwild-Safaris, stattdessen bietet das Camp Erlebnisse der besonderen Art. Eines davon ist eine **Wanderung durch den Wald auf der Suche nach Schimpansen**. Anders als in Gombe oder Mahale sind die Tiere hier noch nicht so lange an den Menschen gewöhnt, aber einer der erfahrenen Guides wird immer Spuren und Nester und mit ein bisschen Glück auch Schimpansen selbst entdecken. Doch auch, wenn sich die Affen nicht zeigen, ist die Wanderung durch den Regenwald mit dem geschlossenen Blätterdach, den Geräuschen der Natur ebenso lauschend wie den Informationen, die

In der neu eingerichteten Bildungsstätte „The Nest" kann man sich über Schimpansen informieren

man von den Guides erhält, etwas ganz Besonderes.

Für die Abenteuerlustigen werden **mehrtägige Wanderungen über die Insel mit Fly Camping mitten im Wald**, an einem Strand oder an der felsigen Küste angeboten.

Neben den Wanderungen an Land sind die Wasseraktivitäten ein weiteres Highlight auf Rubondo Island. Auch hierfür sind die Guides sehr gut ausgebildet und führen die Gäste mit dem Motorboot in Bereiche der Insel, die auf dem Landweg nicht zu erreichen sind. Das Camp verfügt zudem über eine moderne Ausrüstung für die **Hochseefischerei**. Denn eine solche ist erforderlich, um erfolgreich dem neuen Herrscher des Viktoriasees, dem Viktoriabarsch, nachzustellen.

Als wäre das alles nicht genug, wartet das Rubondo Island Camp noch mit einem weiteren Höhepunkt auf: Im Rahmen der Renovierung 2018 wurde mit „The Nest" eine Art Bildungsstätte eingerichtet. Auf anschauliche Weise werden den Gästen hier zahlreiche Informationen über Schimpansen vermittelt, zudem steht Professor Shaibu von der Nationalparkbehörde TANAPA zu bestimmten Zeiten für Gespräche und Fragen bereit.

Das Camp changiert zwischen Safaricamp und Strand-Lodge

Per Boot werden abgelegenere Bereiche der Insel erkundet

Info

Internet: www.asiliaafrica.com und www.asiliaafrica.de
Preise: ab 598 US$ pro Person/DZ mit Vollpension, lokalen Getränken und Aktivitäten. Für das Schimpansen-Trekking muss eine zusätzliche Lizenz erworben werden (zurzeit 90 US$ für eine 24-stündige Lizenz).
Anreise: per Kleinflugzeug von allen Orten des nördlichen Safari-Parcours und ab Mwanza mit Auric Air bzw. Coastal Aviation.
Kinder: sind ab 5 Jahren willkommen. Eines der Cottages ist für Familien geeignet und verfügt über zwei Schlafzimmer für max. vier Personen.
Sonstiges: Im Hauptbereich gibt es eine Internet-Verbindung. Das Camp ist während der Regenzeit im April und im Mai geschlossen.

78 Tarzans Erbe – das Greystoke Mahale Camp

Das kristallklare Wasser des Tanganjikasees, eine einsame Bucht mit feinem Sandstrand, der dichte undurchdringliche Dschungel der Mahale Mountains, in denen **eine der größten verbliebenen Populationen von Schimpansen** lebt – so sähe der ideale Schauplatz für einen Tarzan-Film aus. Dies dachten sich wohl auch die heutigen Eigentümer des Greystoke Mahale Camps und benannten es nach dem fiktiven Adelsgeschlecht, dem Tarzan entstammt.

Zum Bau der Bandas wurde Holz von alten Segelbooten verwendet

Die Gäste von Greystoke Mahale leben deutlich komfortabler als der Namensgeber des Camps

Um die Sicht auf dieses malerische Szenario nicht zu verstellen, sollte das Camp so weit wie möglich mit der Landschaft verschmelzen. Die **sieben doppelstöckigen Bandas** wurden in den an den Strand angrenzenden Wald integriert. Auf einem die Bucht begrenzenden Felsvorsprung wurden eine kleine Bar und zwei Lounges gebaut. Lediglich der imposante zweistöckige Hauptbereich des Camps, der als einer der schönsten in Tansania gilt, ragt aus der Mitte des Strandes hervor und bietet den Gästen bei der Ankunft einen echten Blickfang, ohne jedoch das Landschaftsbild zu trüben.

Die zweistöckigen Bandas sind ähnlich beeindruckend wie der zu allen Seiten offene Hauptbereich. Für ihren Bau und die Innenausstattung wurden fast ausschließlich die **Planken und Masten alter und verschrotteter Dhow-Segelboote** verwendet, die Einheimischen entlang des Seeufers abgekauft wurden. Unter den spitz zulaufenden Makuti-Dächern aus geflochtenen Palmenblättern befinden sich Schlafzimmer, Ankleidebereich und eine private Lounge mit tollem Blick auf Strand und See. Das offene Badezimmer befindet sich direkt hinter der eigentlichen Banda.

Neben den Schimpansen, die das Camp während der Trockenzeit regelmäßig aufsuchen, war für lange Zeit Big Bird der Star von Greystoke. Big Bird war ein als Jungtier im Camp gestrandeter Pelikan, der während eines Sturms seine Kolonie verloren und alleine keine Überlebenschance hatte. Die Mana-

Der Hauptbereich des Camps ist nach allen vier Seiten hin offen

ger des Camps zogen ihn auf, brachten ihm das Fliegen bei und adoptierten ihn schließlich als einen Teil der Greystoke-Familie. Big Bird starb Anfang 2016 auf dem See bei einem Zusammenstoß mit einem Boot. Doch so tragisch und unnötig dieser Verlust auch war, an der besonderen Atmosphäre des Camps hat sich dadurch nichts verändert. So lässt sich Greystoke Mahale zwar mit Worten beschreiben, das besondere Flair des Camps sowie der Mahale Mountains, die zweifellos zu den faszinierendsten Orten in Afrika gehören, ist jedoch nicht in Sprache zu fassen. Und sowohl Afrika-Neulingen als auch erfahrenen Safari-Touristen bleibt nichts anderes übrig, als hierher zu reisen und den Zauber von Greystoke Mahale selbst zu erleben. Auch ohne Big Bird.

Info

Internet: www.nomad-tanzania.com
Preise: ab 760 US$ pro Person/DZ mit Vollpension und lokalen Getränken. Im Preis enthalten sind ein Schimpansen-Trekking pro Tag, Boots- und Angelausflüge sowie die Nutzung von Kajaks. In Kombination mit anderen Camps von Nomad Tanzania gibt es oft günstigere Paketpreise.
Sonstiges: Insgesamt gibt es sieben Bandas, wobei eine nur an Guides und/oder Piloten vergeben wird. In den Bandas gibt es keinen Strom. Akkus etc. können an der zentralen Ladestation im Hauptbereich geladen werden. Das Camp ist zwischen dem 26. März und dem 31. Mai geschlossen. Videos von Big Bird und seinen Flugversuchen sind auf Online-Videoplattformen verfügbar.
Kinder: sind ab 8 Jahren willkommen. Für das Schimpansen-Trekking besteht jedoch ein Mindestalter von 12 Jahren.

79 Zwischen Berg und Strand – Mbali Mbali Mahale

Der Mount Kungwe ist mit 2.400 m der höchste Berg in den Mahale Mountains und seine Ausläufer reichen bis an die **Strände des Tanganjikasees**. An einem dieser Strände steht eine Lodge, die in Anlehnung an ihre Lage zwischen Berg und Wasser lange Zeit den Namen Kungwe Beach Lodge trug. Im Rahmen einer Neuausrichtung heißt die Lodge seit 2018 nun Mbali Mbali Mahale.

Nach einer einstündigen Bootsfahrt, auf welcher **verschiedene Vogelarten und manchmal auch Krokodile** zu sehen sind, taucht in einer einsamen Bucht wie aus dem Nichts die Lodge auf. Der Blickfang ist ihr Hauptbereich, der wie ein gestrandetes Schiff am Strand liegt und bei der Ankunft gemeinsam mit den dicht bewachsenen Bergen im Hintergrund zu einem betörend-schönen Ensemble verschmilzt. Das Gebäude ist einer Dhow nachempfunden und in zwei Ebenen unterteilt. Im oberen Bereich befindet sich das Restaurant, im unteren Bereich sind Bar und Lounge untergebracht. Beide Bereiche sind zu allen Seiten hin offen und bieten uneingeschränkten Blick auf Strand und See.

Beim Bau der Lodge entschieden sich die Eigentümer bewusst für Zelte als Unterkünfte, um auch am Tanganjikasee ein Safari-Feeling hervorzurufen. Die **insgesamt neun Zelte** sind links und rechts vom Hauptbereich angeordnet und so in die Landschaft integriert, dass die Nachbarzelte nicht gesehen werden können. Auf hölzernen Plattformen stehend und mit einer kleinen Terrasse versehen, **bieten fast alle Zelte einen Blick auf den See**. Die Innenausstattung und die Badezimmer der großen Zelte sind dunkel und dezent gehalten.

Wie ein gestrandetes Segelboot liegt der Hauptbereich am Strand

Nach einem ereignisreichen Schimpansen-Trekking ist das **Baden im durchschnittlich 26 °C warmen See** die bei den meisten Gästen beliebteste Form der Entspannung. Deshalb wurden am Strand in regelmäßigen Abständen feste Sonnenschirme mit Liegen und Badehandtüchern aufgestellt. Aber Achtung: Der feine Sand kann sehr heiß werden, weshalb Sandalen oder Flipflops getragen werden sollten. In der Regel kann man im See bedenkenlos schwimmen; da gelegentlich aber Krokodile am Ufer brüten, sollte man vorher unbedingt das Management fragen.

Die Guides von Mbali Mbali Mahale verfügen allesamt über eine **zusätzliche Ausbildung für das Schimpansen-Trekking**. Einige von ihnen haben sogar unter Jane Goodall persönlich gelernt. Der zuvorkommende Service des weiteren Personals und die vorzügliche mediterrane Küche runden den Aufenthalt in Mbali Mbali Mahale ab. Als kleiner kulinarischer Höhepunkt findet immer am letzten Abend eines Aufenthaltes (aufgrund des Flugplans für gewöhnlich drei oder vier Nächte) ein Grillabend am Strand statt.

Wie am Meer: Urlaub am Strand des Tanganjikasees

Info

Internet: www.mbalimbali.com
Preise: ab 798 US$ pro Person/DZ mit Vollpension, lokalen Getränken, einem Schimpansen-Trekking pro Tag, einer Bootsafari während des Aufenthalts und Boottransfers zur Mahale-Landebahn. Weitere Bootsafaris und Angelausflüge sind vor Ort gegen Aufpreis (85 US$ pro Person) möglich. Kajaks stehen kostenfrei zur Verfügung.

Sonstiges: Die Lodge ist zwischen dem 1. März und 29. Mai geschlossen. Im Hauptbereich der Lodge ist WLAN kostenlos verfügbar. 2020 gibt es keinen Einzelzimmerzuschlag.
Kinder: jeden Alters sind willkommen. Es wird allerdings kein Babysitter-Service während der Aktivitäten angeboten. Das Mindestalter für das Schimpansen-Trekking beträgt 12 Jahre.

80 Tauchparadies am Tanganjikasee – die Lake Shore Lodge

Ein ganzjährig warmes Klima, kristallklares Wasser, freundliche und offene Menschen und nahezu unberührte Natur im Hinterland – der Tanganjikasee hat nur wenige Besucher, wer aber hierher reist, ist begeistert. So ging es auch den beiden Südafrikanern Louise und Chris Horsfall, die sich 2007 kurzerhand hier niederließen, um eine Lodge zu betreiben. Den geeigneten Ort dafür fanden sie in der Nähe des Ortes Kipili, direkt am Ufer des Sees. Hier eröffneten sie unter Einbeziehung der lokalen Bevölkerung die Lake Shore Lodge, die heute **vor allem unter Tauchern einen hervorragenden Ruf** genießt.

„Afrikanisches Zen" nennen die Inhaber den Einrichtungsstil

Im Zentrum eines jeden Besuchs in Lake Shore steht der Tanganjikasee. Direkt vor der Lodge befinden sich sieben kleine Inseln, die **tolle Möglichkeiten zum Tauchen und Schnorcheln** bieten. Mit über 280 Arten von Buntbarschen, einer fantastischen Unterwassersicht von bis zu 22 m und einer durchschnittlichen Wassertemperatur von 23 °C herrschen ideale Bedingungen, weshalb der See auch gerne als das größte Aquarium der Welt bezeichnet wird. Die Inseln können per Kajak erreicht und zu Fuß erkundet werden. Und wem nach all den kleinen Buntbarschen der Sinn nach Größerem steht, der kann bei einem **Angelausflug** dem **bis zu zwei Meter großen Tanganjikabarsch** (die Einheimischen nennen ihn *Sangala Pamba*) nachstellen, einem Verwandten des Viktoriabarsches. Für die Erkundung des Hinterlandes stehen Quadbikes zur Verfügung, Ausflüge in den nur 150 km entfernten Katavi-Nationalpark können ebenso organisiert werden. Jedes Jahr im April und Mai werden spezielle Kajak-Safaris mit Übernachtungen am Seeufer und auf Inseln angeboten.

Der Tanganjikasee in seiner ganzen Pracht

Nah am Wasser gebaut: die Lake Shore Lodge

In der Lodge selbst stehen zwei verschiedene Zimmerkategorien zur Verfügung. Direkt am Seeufer befinden sich die komfortablen Strandchalets. Die Ausstattung ist ausgewogen und harmonisch und wird von Louise und Chris als „Afrikanisches Zen“ beschrieben. In der zweiten Reihe liegen die rustikalen Garten-Bandas mit Gemeinschaftsbadezimmern, die in erster Linie für Reisende mit geringerem Budget interessant sind. Außerdem ist ein **kleiner Campingplatz** vorhanden.

Lake Shore ist nicht nur ein kleiner Familienbetrieb mit persönlichem und herzlichem Service, sondern auch eine **umweltfreundliche Lodge**, die auf nachhaltigen Tourismus setzt. So werden Beleuchtung und Wasserpumpen durch Solarenergie und die Küche mit Gas betrieben. Sämtliche Angestellten stammen aus den umliegenden Dörfern und die meisten Lebensmittel werden von heimischen Bauern bezogen. Dies führt zu einer hohen Identifikation der lokalen Bevölkerung mit der Lodge und dem Tourismus, da sie hiervon direkt profitiert.

Info

Internet: www.lakeshoretz.com
Preise: ab 120 US$ pro Person/DZ mit Halbpension in den Bandas, ab 185 US$ pro Person/DZ in den Chalets direkt am Seeufer. Alle Mahlzeiten sind exklusive, aber vor Ort im Restaurant der Lodge erhältlich. Tauchgänge kosten 75 US$ pro Person, halbtägige Schnorchel- und Kajakausflüge ab 40 US$.
Anreise: eine große Herausforderung, seit die Flugverbindung nach Sumbawanga eingestellt wurde. Der nächste Flughafen ist in Mbeya (täglich ab Daressalaam erreichbar), von hier aus sind es ca. acht Stunden per Straßentransfer. In Kipili gibt es eine Landebahn, sodass die Anreise per Charterflug ebenfalls möglich ist.
Sonstiges: Die Lodge ist im Februar geschlossen.
Kinder: sind jeden Alters willkommen.

81

Zurück in die Vergangenheit – das Chada Katavi Camp

Nur wenig hat sich in Chada Katavi geändert, seit das Camp vor beinahe 25 Jahren eröffnet wurde. Katavi ist immer noch einer der abgelegensten und am wenigsten besuchten Nationalparks Tansanias und das Camp besticht seit Mitte der 1990er-Jahre durch seinen **relativ einfachen, aber komfortablen Stil**. Es ist ein intimes kleines Buschcamp, welches an die Zeit der ersten Safaris zu Beginn des 20. Jahrhunderts erinnert und von denen es in Afrika nur noch wenige gibt.

Nicht nur für Nostalgiker: Chada Katavi

In einem lichten Wald am Rande der riesigen Chada-Ebene gelegen, bietet Chada Katavi ein Stück Safarinostalgie in wildromantischer Lage. Schwere Polstersessel mit geschwungenen Füßen sowie antike Regale und Anrichten prägen das kleine Loungezelt, welches sich seit 2013 zusammen mit dem Speisezelt auf einem kleinen Podest befindet und den Mittelpunkt des Camps darstellt. In den insgesamt sechs Gästezelten gibt es nicht viel mehr als ein großes, bequemes Bett, eine Truhe für das Gepäck und einen alten Schreibtisch. Die Ausstattung der separaten Badezimmerzelte, die über einen Gang mit den Schlafzelten verbunden sind, bestehen aus einem Waschbecken, einer Eimerdusche und einer Komposttoilette. Durch den **Verzicht auf fließendes Wasser** und eine Toilette mit Spülung kommt das Camp ohne feste Strukturen aus und ist somit eines der umweltfreundlichsten

Camps in Tansania. Innerhalb weniger Stunden können die Zelte und das Camp abgebaut und die Natur sich wieder nahezu komplett selbst überlassen werden. Lediglich Küche und Vorratskammern sind in festen Räumen untergebracht.

Das Camp liegt in einem Wald im abgelegenen Katavi-Nationalpark

Doch auch so hinterlässt das Camp kaum sichtbare Spuren. Die **Zelte sind hervorragend in die Landschaft integriert** und weder aus der Luft, noch vom Boden aus Fahrzeugen heraus zu entdecken. Viele Tiere nehmen das Camp gar nicht als solches wahr und ziehen regelmäßig hindurch. Auch wenn die Gästezelte absolut sicher sind und es keinerlei Bedrohung durch die Tiere gibt, ist ein Adrenalinschub garantiert, wenn direkt vor dem Fenster die Silhouette eines Elefanten auftaucht oder eine Hyäne sich nachts ein Brüll- und Heulduell mit einem Löwen liefert. Für den Fall, dass dies noch nicht aufregend genug ist, bietet Chada Katavi die **Möglichkeit zum Fly Camping** an. Das muss allerdings bereits bei Buchung angemeldet werden.

Aufgrund der Rahmenbedingungen ist Chada Katavi nicht für jeden geeignet, sondern eher etwas für Individualisten, die bereit sind, auf ihr gewohntes Komfortniveau zu verzichten und sich auf etwas Neues und Ungewohntes einzulassen. Aber auch wenn das Camp eher einfach und rustikal sein mag, auf den erstklassigen Service und die ausgezeichnete Küche von Nomad Tanzania muss auch in Katavi nicht verzichtet werden.

Info

Internet: www.nomad-tanzania.com
Preise: ab 760 US$ pro Person/DZ mit Vollpension, lokalen Getränken, Pirschfahrten und Walking-Safaris; Fly Camping und Nachtpirschfahrten sind gegen Aufpreis (225 US$ bzw. 50 US$ pro Person) möglich. In Kombination mit anderen Camps von Nomad Tanzania gibt es oft günstigere Paketpreise.

Sonstiges: Es gibt keinen Strom und keine Telefonverbindung im Camp. Lediglich die Manager verfügen über eine Internetverbindung per Satellit, um mit der Außenwelt kommunizieren zu können. Das Camp ist nur von Juni bis Mitte November geöffnet.
Kinder: sind ab 12 Jahren im Camp willkommen.

82 Rustikal und präsidial – Mbali Mbali Katavi

Mbali Mbali Katavi inmitten des Katavi-Nationalparks ist zwar abgelegen, erfreut sich aber selbst in höchsten Kreisen größter Beliebtheit: Die Lodge war die bevorzugte Unterkunft von Tansanias ehemaligem Präsidenten Jakaya Kikwete. Gemeinsam mit seiner Familie verbrachte der Staatsmann regelmäßig die Weihnachtstage in der damals noch als Katuma Bush Lodge bekannten Unterkunft. Hierfür wurde im Jahr 2013 eigens eine 500 m^2 große Präsidentensuite errichtet. Diese wurde 2018 im Rahmen einer Neuausrichtung allerdings zurückgebaut.

Mbali Mbali Katavi ist **eine von nur drei permanenten Unterkünften** im Katavi-Nationalpark und liegt unweit des Katuma-Flusses. Die Lodge verfügt über acht auf hölzernen Plattformen stehende Zelte, welche die Annehmlichkeiten einer Lodge mit dem bodenständigen Charme eines Buschcamps verbinden. Die typischen Safarizelte im Meru-Stil kommen ohne großen Luxus aus und sind mit komfortablen Betten mit Moskitonetzen, einem kleinen Schreibtisch, zwei Stühlen und einer Veranda mit Blick auf die Katsunga-Ebene eher spartanisch eingerichtet. Im Gegensatz dazu verfügt jedes der Zelte über eine **dauerhafte Stromversorgung**, wodurch sowohl Licht als auch Auflademöglichkeiten für Akkus jederzeit vorhanden sind. Das Highlight in den angeschlossenen Badezimmern ist zweifellos die mit einem großen Duschkopf versehene Dusche. Zu jeder Tageszeit sind ausreichender Wasserdruck und heißes Wasser verfügbar, was in einer solch abgele-

Blick von oben auf Mbali Mbali Katavi

Der Pool lädt die Gäste zum Baden ein – und Löwen zum Trinken

genen Gegend keine Selbstverständlichkeit ist. Als i-Tüpfelchen gibt es in den Zelten eine überraschend gute WLAN-Verbindung, die kostenlos genutzt werden kann.

Der zu drei Seiten offene Hauptbereich ist ebenfalls auf einem Podest erbaut und besteht aus zwei Ebenen. Auf der ersten Ebene befindet sich das Deck mit Feuerstelle und dem **einzigen Swimmingpool in Katavi**. An diesem wurden sogar schon Löwen beim Trinken beobachtet. Auf der zweiten Ebene befinden sich die mit komfortablen Sofas und Sesseln ausgestattete Lounge und der große, rustikal eingerichtete Speisebereich, von wo aus sich vorbeiziehende Tiere wie Giraffen, Zebras und Impalas gut beobachten lassen. Bis auf die sehr zu empfehlenden Frühstücke im Busch und die Mittagessen en route bei Tagesausflügen finden hier alle Mahlzeiten statt. Die Küche ist etwas einfacher und tendiert eher in Richtung Buschcamp. Die Frühstücksmuffins sind trotzdem hervorragend.

Info

Internet: www.mbalimbali.com
Preise: ab 742 US$ pro Person/DZ mit Vollpension, lokalen Getränken und Pirschfahrten. 2020 gibt es keinen Einzelzimmerzuschlag.
Sonstiges: Die zeitliche Planung der Aktivitäten (Tagesausflüge, Busch-Frühstück) wird i. d. R. von den Managern übernommen, individuelle Änderungen sind aber möglich. Es werden auch Nachtpirschfahrten (80 US$ pro Person) angeboten, diese müssen allerdings im Voraus gebucht werden.
Die Lodge ist zwischen dem 1. März und 29. Mai geschlossen.
Kinder: sind prinzipiell jeden Alters im Camp willkommen, können aber unter Umständen nicht an allen Aktivitäten teilnehmen.

83 Auf das Wesentliche – das Katavi Wildlife Camp

Das Katavi Wildlife Camp war das erste Camp im gleichnamigen Nationalpark. Es befindet sich seit jeher in einer hervorragenden Lage mit Blick über die Katsunga-Ebene und einen Teil des Katuma-Flusses. Bis heute bietet das Camp seinen Gästen ein pures Safarierlebnis, welches sich im Laufe der Jahre kaum verändert hat. Der ganz wilde Buschcamp-Charakter früherer Jahre ist zwar nicht mehr zu finden, aber es handelt sich nach wie vor um ein **rustikales Camp**, dessen Schwerpunkt auf dem puren **Safari-Erlebnis** liegt. Stopps für Tee- und Kaffeepausen oder Sundowner gibt es dabei nicht, nur bei sehr frühem Safaribeginn oder bei Tagesausflügen wird für ein Frühstück oder Mittagessen mitten in der Natur angehalten. Ansonsten wird die Zeit im Busch intensiv für Pirschfahrten genutzt.

Dinner mit Aussicht auf die Katsunga-Ebene

Eine besondere Kompetenz in Sachen Safari ist bei dem derzeitigen Management auch zu erwarten. Die Leitung des Camps hat Nick Greaves inne. Der gilt nicht nur als **einer der erfahrensten und angesehensten Guides in Afrika**, sondern ist zudem auch Herausgeber einer Sammlung von afrikanischen Folklore-Geschichten (u. a. *When Hippo was hairy* und *When Elephants could fly*). Auch wenn bei ihm die Managementtätigkeiten mittlerweile im Vordergrund stehen – neben dem Camp leitet und koordiniert er auch das Guide-Training aller Camps von Foxes Safaris –, lässt er es sich nicht nehmen, Gäste gelegentlich persönlich auf Pirschfahrten durch Katavi zu führen. Aber auch wenn Nick nicht selbst hinter dem Steuer sitzt, ist auf sehr gutes Guiding beim Katavi Wildlife Camp Verlass.

Den Kern des Camps bilden sechs auf Plattformen stehende und mit einem Reetdach überdachte große Zelte, die nur mit dem Nötigsten ausgestattet sind: Es gibt jeweils zwei große Betten, ein Badezimmer, eine Gepäckablage und einen kleinen Schreibtisch sowie eine Veranda mit Aussicht auf die Ebene. Ende 2014 wurde das Camp um zwei Familieneinheiten erweitert (zwei Zelte auf einer Plattform mit einer gemeinsamen Veranda), die etwas moderner ausgestattet sind und zusätzlich

Das Camp aus der Luft

über einen **kleinen Pool** verfügen. Alle Zelte sind außerdem über eine Rampe erreichbar, sodass sie auch mit einem Rollstuhl zugängig sind. Eine spezielle Ausstattung für Personen mit Gehbehinderung gibt es in den Zelten allerdings nicht.

Der Hauptteil der Lodge ist zu drei Seiten offen, liegt unter einem hohen Reetdach und verteilt sich auf zwei Etagen, die jeweils einen tollen Blick auf die Katsunga-Ebene bieten. In der oberen Etage ist eine kleine Lounge mit einer Auswahl an Büchern untergebracht, während sich unten Bar sowie Speise- und Aufenthaltsbereich befinden. Eine vorgelagerte Feuerstelle rundet die Buschcamp-Atmosphäre ab.

Info

Internet: www.kataviwildlifecamp.com
Preise: ab 420 US$ pro Person/DZ mit Vollpension und Pirschfahrten, ab 225 US$ mit Vollpension für Selbstfahrer bzw. Gäste mit privatem Fahrzeug und Guide; Getränke sind zu moderaten Preisen (Bier ca. 4 US$, ein Glas Wein ca. 5 US$, Softgetränke 3 US$) in bar zu bezahlen. Pro Nacht und Person ist eine Flasche Wasser im Preis enthalten, ebenso sind Wasser und Softgetränke während der Pirschfahrten inklusive.
Sonstiges: Das Camp gehört zu Foxes Safaris, den Pionieren im südlichen Tansania. In Kombination mit anderen Camps von Foxes sind oftmals günstigere Paketpreise möglich als bei Einzelbuchung. Das Camp ist zwischen dem 1. März und 31. Mai geschlossen.
Kinder: sind ab 2 Jahren willkommen.

84 Die Hohe Schule – das Mwagusi Safari Camp

Am Mwagusi-Fluss inmitten des Ruaha-Nationalparks liegt eines der originellsten Camps in Tansania, das zugleich eines der letzten inhabergeführten ist. Chris Fox, Nachfahre britischer Einwanderer, hatte lange Zeit als Guide gearbeitet, ehe er das Mwagusi Safari Camp eröffnete. Gestartet ist er mit einem saisonalen Camp mit einfachen und rustikalen Zelten. Der Erfolg stellte sich schnell ein und erlaubte ihm, das Camp nach seinen Vorstellungen auszubauen. Dabei setzte er auf eine **ungewöhnliche und gewagte Architektur**, die Mwagusi bis heute auszeichnet. Jede der 13 Bandas besteht aus einem Schlafzimmer, einem En-Suite-Badezimmer und einer großen überdachten Terrasse mit Blick auf das Flussbett. Der besondere Clou: Das Schlafzimmer ist in einem klassischen Safarizelt untergebracht, was tagsüber aber kaum auffällt, weil es komplett offen ist. Lediglich in der Nacht wird es zum Schutz vor Tieren geschlossen. Die außergewöhnliche Dachkonstruktion sorgt dafür, dass es in den Bandas auch in der heißesten Zeit des Jahres immer angenehm kühl bleibt.

Elefanten …

… sind häufig gesehene Gäste im Mwagusi Safari Camp

Doch Mwagusi steht nicht nur für seine außergewöhnliche Architektur, sondern auch für eine **besondere Guiding-Philosophie**. Alle Guides werden in der campeigenen Schule ausgebildet und parallel auf weitere Tätigkeiten im Camp vorbereitet – wer tagsüber studiert, hilft z. B. abends beim Service, um so die Arbeit im Kontakt mit den Gästen kennenzulernen. Die Kriterien sind allerdings streng und nur wenige schaffen es tatsächlich bis zum Guide.

Eine weitere Besonderheit in Mwagusi sind die **ständig wechselnden Orte, an denen das Abendessen stattfindet**. Während das Frühstück (ein Muss: das Zimtbrot) meist während der Pirschfahrten im Busch und das Mittagessen aufgrund der hohen Temperaturen ausschließlich im Hauptbereich des Camps stattfindet, sind die Abendessen an verschiedenen Stellen im Flussbett des Mwagusi, der nur in der Regenzeit Wasser führt, ein tolles Erlebnis. Nicht selten gesellen sich Elefanten (die zu jeder Tageszeit im und um das Camp herum anzutreffen sind) zum Sundowner hinzu und während der Nacht sind oft Löwen in der Nähe zu hören.

Gelegentlich findet das Abendessen im Trockenflussbett statt

Wer während seiner Safari nicht auf eine gesunde und ausgewogene Ernährung verzichten möchte, ist bei Mwagusi an der richtigen Adresse. Im Camp wird viel Wert auf **frische Produkte und abwechslungsreiche Mahlzeiten** gelegt. Dabei profitiert Mwagusi von der Nähe zum fruchtbaren Hochland bei Iringa, von wo viele frische Produkte bezogen werden, darunter Süßkartoffeln, Kürbisse sowie verschiedene Gemüse- und Obstsorten – und zu bestimmten Zeiten sogar Spargel und Erdbeeren.

Info

Internet: www.mwagusicamp.com
Preise: ab 565 US$ pro Person/DZ mit Vollpension und Pirschfahrten. Gegen Aufpreis (ca. 45 US$ pro Person) sind während der Trockenzeit Walking-Safaris möglich.
Sonstiges: Mwagusi ist ein sehr umweltfreundliches Camp. Der Strom für das Licht in den Bandas und das Warmwasser für die Duschen werden per Solarenergie erzeugt. Akkus für Telefone und Kameras können im Büro der Manager aufgeladen werden.
Kinder: jeden Alters sind willkommen. Die Größe der Bandas erlaubt die Unterbringung von bis zu zwei Erwachsenen und zwei Kindern.

85 In tiefster Wildnis – das Jongomero Camp

Charles Dobie betrieb schon lange erfolgreich das Siwanu Camp in Selous, als er 1995 bei der Suche nach einem geeigneten Standort für ein neues Safaricamp auf eine Ausschreibung der Nationalparkbehörde TANAPA aufmerksam wurde. Darin ging es um den Bau eines Camps im Ruaha-Nationalpark. Zwar hatte Charles auch Saadani, Katavi, Mikumi oder Mahale als neuen Standort in Betracht gezogen, zwei Dinge bewogen ihn dann aber doch zu einer Bewerbung um die Konzession in Ruaha: Die gute Erreichbarkeit per Flugzeug und der landschaftliche Kontrast zu seinem angestammten Gebiet in Selous.

Herzstück mit grandiosem Blick auf den (trockenen) Fluss: die Lounge

Der Pool lockt während der Trockenzeit mitunter auch vierbeinige Besucher an …

Um dem Prinzip der Selous Safari Company gerecht zu werden, Camps in abgelegenen Gegenden abseits von Massentourismus und bekannten Pfaden zu betreiben, beantragte Charles den **von anderen Camps am weitesten entfernt liegenden Platz**. Der Bewerbungsprozess zog sich über sechs Jahre, während derer Charles gemeinsam mit einem anderen Unternehmen übergangsweise ein mobiles Camp betrieb. Im Jahr 2001 kam endlich die langersehnte Genehmigung und nur ein Jahr später öffnete das Jongomero Camp seine Pforten für die ersten Gäste.

70 km vom nächsten Camp entfernt und am Ufer des saisonalen Jongomero-Flusses gelegen, ist es vor allem die besondere Lage, die das Camp so unvergleichlich macht. Eine eigene Landebahn und ein eigens für das Camp geschaffenes Wegenetz für Pirschfahrten lassen das Gefühl aufkommen, sich in einem privaten Reservat zu befinden und nicht in einem Nationalpark. Nur selten begegnet man auf Pirschfahrten anderen Fahrzeugen; und wenn doch sitzen darin meist Nationalpark-Ranger oder die Zeltnachbarn aus Jongomero.

Jongomero besticht aber nicht nur durch seine Lage, sondern auch durch seine Ausstattung und die liebevollen Details. Bei der Ankunft werden die Gäste vom Personal singend begrüßt und anschließend in die offene Lounge geführt. Von hier eröffnet sich ein **grandioser Blick auf das Flussbett**, in dem während der Tro-

Abendessen im trockenen Bett des Jongomero

ckenzeit häufig die Abendessen stattfinden. Nach der Begrüßung werden die Gäste in eines der acht sehr großen und komfortablen Zelte geführt. Diese befinden sich auf einer Plattform und sind mit einem hohen, zu den Seiten offenen Reetdach versehen, das nicht nur vor Regen schützt, sondern auch für eine natürliche Klimatisierung sorgt. Im Inneren der Zelte warten riesige Betten mit Blick auf das Flussbett und eine dezente, aber luxuriöse Ausstattung auf die Gäste. Die im Verhältnis zu anderen Camps sehr großen Badezimmer im Kolonialstil sind mit zwei Waschbecken und einer ebenerdigen Dusche ausgestattet. Auch die überdachte Veranda blickt auf das Flussbett und lädt ebenso zum Verweilen ein wie der Pool. Oftmals lassen sich von hier aus Tiere entlang des Flusses beobachten und zum Höhepunkt der Trockenzeit kommt es nicht selten vor, dass Elefanten den **Pool als Wasserquelle** nutzen – ein unvergessliches Erlebnis für jeden, der dies zu sehen bekommt.

Info

Internet: www.selous.com
Preise: ab 655 US$ pro Person/DZ mit Vollpension, lokalen Getränken und Pirschfahrten; gegen Aufpreis (ca. 45 US$ pro Person) sind von Juli bis Mitte Dezember Walking-Safaris in Begleitung eines Nationalpark-Rangers möglich.
Sonstiges: Als einziges Camp in Ruaha bietet Jongomero zwischen Mitte August und Mitte November Fly Camping an. Anlässlich des 30-jährigen Bestehens des Unternehmens gelten 2020 Nebensaisonpreise auch in der Hochsaison.
Während der Regenzeit von Mitte März bis Ende Mai ist das Camp geschlossen.
Kinder: ab 6 Jahren sind gerne gesehen. Die Größe der Zelte erlaubt eine Unterbringung von max. zwei Erwachsenen und zwei kleinen Kindern, abhängig von der Auslastung des Camps.

86 Ein gelebter Traum – das Ikuka Safari Camp

Bei den Recherchen zur ersten Auflage dieses Buches begegnete ich Mark Johnson zum ersten Mal. Zu dieser Zeit managte er übergangsweise das Chada Katavi Camp (s. S. 178) im Katavi-Nationalpark, nachdem er zuvor viele Jahre mit seiner heutigen Frau Chloe verschiedene Camps in Tansania betreut hatte (u. a. auch das Lamai Serengeti Camp in der nördlichen Serengeti, s. S. 164). Damals sagte er zu mir mit einem Lächeln auf den Lippen, dass ich in der zweiten Auflage einen Platz für ihn freihalten solle.

Zwei Jahre später war es dann so weit. Zu Beginn der Safarisaison 2016 eröffneten Mark und Chloe mit dem Ikuka Safari Camp ihr eigenes Camp im Herzen des Ruaha-Nationalparks. Und als ob Ruaha nicht schon **wild und entlegen** genug wäre, suchten sie sich als Standort eine Anhöhe des Ikuka-Bruchs aus. Die Ausblicke von hier sind traumhaft und einzigartig in Ruaha. Von den sieben Zeltsuiten aus bietet sich den Gästen ein 180°-Panoramablick, welcher von Sonnenauf- bis -untergang reicht.

Der Aufwand war groß, bevor das Camp endlich die ersten Gäste empfangen konnte. Nahezu 250 m musste durch Felsgestein gebohrt werden, um an Wasser zu gelangen. Geplant und gebaut wurde das Camp von Neil Rocher, einem bekannten Safariarchitekten, der u. a. auch das Chongwe River House und das Luangwa Safari House in Sambia gebaut hat. Wie bei diesen beiden Camps wurden auch für Ikuka überwiegend **lokale und natürliche Materialien** verwendet.

Neben der Aussicht bietet der Standort zwei weitere Besonderheiten: Zum einen dürfen **Walking-Safaris** hier direkt vom Camp aus begonnen werden, während die Gäste anderer Camps zunächst mit einem Fahrzeug in bestimmte Bereiche des Parks fahren müssen, die für Walking-Safaris ausgewiesen sind. Zum anderen ist die

Panoramablick aus den Zeltsuiten

Abendstimmung im Herzen des Ruaha-Nationalparks

hügelige und bewaldete Gegend hinter dem Camp ideal für Rappen- und Pferdeantilopen, deren übliche Lebensräume in Ruaha ansonsten nur schwer zugänglich sind.

Neben Mwagusi und Kichaka Expeditions ist Ikuka das dritte **inhabergeführte Camp** in Ruaha. In Zeiten, in denen fast ausschließlich die größeren Safariunternehmen neue Camps errichten bzw. bestehende Camps übernehmen, ist es ungewöhnlich, dass Privatpersonen die Mühe und das Risiko noch auf sich nehmen. Umso schöner ist es dann, wenn diejenigen, die es dennoch tun, auch erfolgreich sind. Es zeigt, dass es sich lohnt, seine Träume zu verwirklichen.

Info

Internet: www.ikukasafaricamp.com
Preise: ab 560 US$ pro Person/DZ mit Vollpension, lokalen Getränken und Aktivitäten.
Sonstiges: Als eines von nur drei Camps im zentralen Teil des Parks verfügt Ikuka über einen Pool. Im Hauptbereich des Camps steht den Gästen eine gute WLAN-Verbindung kostenfrei zur Verfügung. Zusätzliche Ausgaben können per Kreditkarte (Visa oder Master) bezahlt werden.
Kinder: sind ab 7 Jahren willkommen. Das Mindestalter für Walking-Safaris beträgt allerdings 16 Jahre. Neben den sechs Zelten gibt es ein Zelt extra für Familien.

87 Wo die wilden Hunde wohnen – das Lake Manze Tented Camp

Im Herzen des für Touristen zugänglichen Teils des Selous-Reservats liegt das Lake Manze Tented Camp am Ufer des gleichnamigen Sees. Es ist die tierreichste Gegend des Schutzgebiets und **wer in Selous Wildhunde sehen möchte, hat hier die wohl besten Chancen**. Aber auch Elefanten streifen regelmäßig durch das Camp, sowohl tagsüber als auch nachts, immer auf der Suche nach etwas Essbarem. Nicht selten werden die Gäste vom Geräusch schwankender Palmen wach, wenn die Dickhäuter versuchen, die Früchte von den Bäumen zu schütteln. Auf ihrer nächtlichen Suche nach frischem Gras durchqueren Flusspferde das Camp und auch Löwen gehören neben einer reichhaltigen Vogelwelt zu den regelmäßigen Besuchern. Gäste brauchen sich um ihre Sicherheit aber keine Sorgen zu machen, es sind stets einheimische Askari der Massai anwesend, die genau wissen, was im und um das Camp herum passiert.

Das Lake Manze Tented Camp ist ein **Safaricamp der alten Schule**: einfach, bodenständig und charmant. Kern des Camps ist der offene, unter einem mächtigen Reetdach liegende Lounge- und Speisebereich. Gäste sind hier jederzeit zu einem Drink an der Bar willkommen und das sehr freundliche Personal und die Manager sind immer für ein Gespräch und einen kleinen Spaß zu haben. Links und rechts um den Hauptbereich verteilen sich die insgesamt 12 klassischen Safarizelte. Jedes verfügt über eine kleine überdachte Terrasse mit Blick auf den See und einen geräumigen Schlafbereich mit einem angeschlossenen, offenen Badezimmer. In den Zelten gibt es keinen Strom, was den klassischen Charme unterstreicht und an längst vergangene Zeiten erinnert. Kleine Solaranlagen sorgen aber dafür, dass nach einem langen Safaritag niemand auf eine heiße Dusche verzichten muss.

Blick vom Camp auf den See

Das mit Pirschfahrten, Walking-Safaris und Bootsafaris sehr umfangreiche Angebot an Aktivitäten lässt dem Gast die Qual der Wahl. Am besten begegnet man dieser, indem man einfach alles ausprobiert. Die **Bootsafaris auf dem Manze-See und seinen kleinen Seitenkanälen** bieten ein spektakuläres Szenario mit Sonnenuntergängen wie aus dem Bilderbuch. Nicht selten lassen sich hierbei Wasserdurchquerungen von Elefanten beobachten und natürlich dürfen Flusspferde und Krokodile nicht fehlen. Wer mehr als zwei Nächte hier verbringt, sollte nach einer Ganztagespirschfahrt zum Tagalala-See und zu den heißen Quellen (Maji Moto) fragen – und die Badesachen nicht vergessen.

Sonnenuntergang während einer Bootsafari auf dem Manze-See

Info

Internet: www.ed.co.tz
Preise: ab 385 US$ pro Person/DZ mit Vollpension und Aktivitäten; gegen Aufpreis sind Angelausflüge möglich.
Anreise: Die Anreise zum Lake Manze Tented Camp erfolgt für gewöhnlich per Kleinflugzeug ab Daressalaam zur Siwandu-Landebahn. Der Flug dauert ca. 45 Minuten und ebenso lang dauert die (Pirsch-)Fahrt zum Camp. Auf dem Weg werden die verschiedenen Seen passiert und Gäste bekommen einen ersten Eindruck von Landschaft und Vegetation.
Sonstiges: Das Camp ist sehr umweltfreundlich angelegt. Wasser für die Dusche wird nur über Solarenergie erhitzt. Es gibt keinen Strom in den Zelten und Akkus für Telefone und Kameras können nur bei den Managern aufgeladen werden. Beim Bau des Camps wurde darauf geachtet, dass der Einfluss auf die Natur so gering wie möglich ist.
Kinder: sind ab 6 Jahren willkommen. Das Mindestalter für Walking-Safaris beträgt allerdings 15 Jahre. In Kombination mit dem Schwestercamp Mdonya Old River in Ruaha sind oft Paketpreise möglich.

88 Im Kampf mit den Naturgewalten – das Siwandu Camp

Die Geschichte des Siwandu Camps beginnt im Jahr 1988 in Afrikas größtem Schutzgebiet Selous. Zu dieser Zeit gab es hier nur ein weiteres Camp und der Safaritourismus steckte noch in seinen Anfängen. Es galt viele logistische Herausforderungen zu lösen, aber nach und nach zahlte sich der Aufwand aus und die Besucherzahlen stiegen. 1993 zog das Camp, das damals noch Selous Safari Camp hieß, an einen Nebenfluss des Rufiji, zwischen die beiden Seen Nzerakera und Siwandu, dessen Namen es heute trägt.

Trotz einer langen Pechsträhne gilt Siwandu nach wie vor als eines der besten Camps in Selous

1996 schlug jedoch das Schicksal zum ersten Mal zu. Ein **verheerender Tornado** fegte über das Camp hinweg und richtete große Schäden an. Der Wiederaufbau dauerte fast ein Jahr, sollte aber nur von kurzer Dauer sein. Als Fernwirkung des Klimaphänomens El Niño brachen im Oktober 1997 **sintflutartige Regenfälle** über Tansania herein. Diese ließen den Rufiji und die beiden Seen so schnell über die Ufer treten, dass das Camp hastig evakuiert werden musste. Erst im Juni 1998 wurde mit dem Wiederaufbau begonnen. Allerdings hatte El Niño dafür gesorgt, dass der Rufiji seinen Lauf geändert hatte. Mit aller Macht drängte der Fluss immer weiter in Richtung Camp, sodass man sich schließlich geschlagen geben und erneut umziehen musste.

An den Ufern des Nzerakera fand man einen neuen Standort, an dem sich das Camp bis heute befindet. Der Wiederaufbau wurde genutzt, um den Standard auf ein deutlich höheres Niveau zu setzen. Von Ruhe konnte allerdings immer noch nicht die Rede sein: Im Jahr 2000 **schlug ein Blitz in das Dach des prächtigen Hauptbereichs ein**, der daraufhin bis auf die Grundmauern abbrannte. Dieses hoffentlich letzte Unglück wurde zum Anlass genommen, Restaurant und Lounge neu zu gestalten. Auf hohen Stelzen und zu allen Seiten offen, bietet sich den Gästen seitdem eine spektakuläre Panoramasicht auf den Nzerakera.

Das Camp trägt den Namen des Siwandu-Sees, eröffnet aber den Blick auf den Nzerakera

Die insgesamt zehn Zelte des Main Camps sind ähnlich beeindruckend wie Restaurant und Lounge. Jedes liegt erhöht auf einer Plattform unter einem hohen Reetdach und verfügt über eine Veranda, von der aus man den Blick über den See schweifen lassen kann. Im Inneren der sehr geräumigen Zelte dominiert eine klassische Einrichtung im kolonialen Safaristil. Die Badezimmer mit angeschlossener Außendusche bieten ebenfalls viel Platz und alle denkbaren Annehmlichkeiten. **Giraffen, Impalas und Elefanten ziehen oft durch das Camp** und lassen sich ungestört von den Zelten aus beobachten. Nachts kommen Flusspferde zum Grasen bis an die Plattformen heran.

Obwohl Siwandu immer als ein Camp angesehen wird, ist es **in zwei Einheiten unterteilt** (Siwandu Main Camp mit zehn und Siwandu Private Camp mit vier Zelten), von denen das Private Camp nur exklusiv von Gruppen oder Familien gebucht werden kann. Beide sind unabhängig voneinander und haben eigene Küchen, Lounges, Restaurants (das auf Stelzen stehende Restaurant gehört zum Siwandu Main Camp) und sogar eigene Zufahrten für die Gäste. Lediglich den in der Mitte liegenden Swimmingpool teilen sich beide Einheiten. Anlässlich des 25-jährigen Bestehens wurde das Camp im Jahr 2012 in Siwandu unbenannt, es gilt nach wie vor als eines der besten Camps in Selous.

Info

Internet: www.selous.com
Preise: ab 735 US$ pro Person/DZ mit Vollpension, lokalen Getränken und Aktivitäten.
Aktivitäten: Zwischen Pirschfahrten, Bootsafaris auf dem Nzerakera-See oder dem Rufiji (abhängig vom Wasserstand) und Walking-Safaris (Mindestalter: 16 Jahre) kann frei gewählt werden. Die Abstimmung erfolgt mit den Campmanagern.
Sonstiges: Ein langsames, rudimentäres WLAN ist vorhanden. Das Camp ist während der Regenzeit zwischen Mitte März und Ende Mai geschlossen. In Kombination mit den Schwestercamps Ras Kutani, Fanjove Island und Jongomero gibt es oft sehr gute Paketpreise. Anlässlich des 30-jährigen Bestehens des Unternehmens gelten 2020 Nebensaisonpreise auch in der Hochsaison.
Kinder: sind ab 6 Jahren willkommen.

89 Auf den Spuren des berühmten Afrikaforschers – Stanley's Kopje

Stanley's Kopje ist das einzige Camp nördlich der Hauptstraße, die quer durch den Mikumi-Nationalpark verläuft. Weit entfernt von der Straße, auf und um einen der so charakteristischen Granitfelsen gelegen, überblickt das Camp die weiten Flächen der Mkata-Ebene. Das Wegenetz in diesem Teil des Parks ist gut ausgebaut und ermöglicht ausgiebige Pirschfahrten durch die offenen Ebenen, die ein wenig an die Serengeti erinnern. **Durch diese Landschaft zog einst Henry Morton Stanley** mit seiner Expedition auf der Suche nach dem verschollenen David Livingstone. Ob Stanley mit seinem Gefolge tatsächlich am Fuße des Kopje gerastet hat, auf dem sich heute das Camp befindet, ist nicht verbürgt. Im Camp haben Gäste dennoch die Möglichkeit, mehr über diese Geschichte zu erfahren, denn in jedem der Zelte befindet sich ein kleiner Aushang über den umtriebigen Reporter und Entdeckungsreisenden.

Die geografischen Gegebenheiten sorgen für eine interessante und ungewöhnliche Anordnung des Camps. Bei der Anfahrt fällt schon aus einiger Entfernung der aus der sonst flachen Landschaft herausragende Kopje ins Auge. Auf diesem thront der markante Hauptbereich, der nicht nur mit Restaurant, Bar, Lounge und Pool, sondern auch einer spektakulären 360-Grad-Aussicht aufwartet. Neben dem Blick auf die Mkata-Ebene beeindruckt vor allem die **Sicht auf ein Wasserloch**. Insbesondere während der Trockenzeit zieht dieses Wasserloch Elefanten, Büffelherden und sogar Löwen an, die sich vom Camp aus bequem beobachten lassen. Viele Gäste des Camps verzichten deshalb auch auf die eine oder andere Pirschfahrt und genießen stattdessen die Aussicht auf Landschaft und Tiere von den Sesseln der Lounge aus. Wen es dennoch in die Wildnis zieht, der kann sich vom Management ein Frühstück im Busch oder einen Sundowner unter einem Akazienbaum mit Blick über die weite Ebene hinweg auf die Uluguru-Berge organisieren lassen.

Ob Stanley an diesem Kopje gerastet hat, ist unklar – das Camp trägt trotzdem seinen Namen

Blick vom Camp auf die Mkata-Ebene

Die insgesamt zwölf Zelte unter reetgedeckten Dächern liegen am Fuße des Kopje auf hölzernen Plattformen mit eigener Veranda mit offenem Blick über die Mkata-Ebene. Vier von ihnen haben zusätzlich freie Sicht auf das Wasserloch. Die Zelte verfügen über genug Platz für ein Doppel- und ein Einzelbett, außerdem gibt es noch zwei spezielle Familienzelte mit Platz für zwei Erwachsene und zwei Kinder. Die Ausstattung kommt ohne großen Luxus daher, sorgt aber trotzdem – oder gerade deswegen – für eine **angenehme Buschatmosphäre**, die bei allen Camps der Foxes-Gruppe im Vordergrund steht. Von den Zelten führen recht steile Wege nach oben zum Hauptbereich des Camps, weshalb Stanley's Kopje für Personen mit eingeschränkter Mobilität eher weniger geeignet ist. Zwar ist eines der Zelte über eine Rampe auch für Rollstühle zugängig, ansonsten verfügt es aber über keine weitere Ausstattung für Menschen mit Gehbehinderung. Für den Weg zum Hauptbereich steht das Personal aber gerne hilfsbereit zur Verfügung. Alternativ können Mahlzeiten und Getränke auch direkt im Zelt serviert werden.

Info

Internet: www.stanleyskopje.com
Preise: ab 280 US$ pro Person/DZ mit Vollpension und Pirschfahrten, ab 170 US$ mit Vollpension für Selbstfahrer bzw. Gäste mit privatem Fahrzeug und Guide.
Anreise: per Fahrzeug (ca. vier bis fünf Stunden Fahrzeit) oder per Kleinflugzeug (ca. eine Stunde), jeweils ab Daressalaam.
Sonstiges: Das Camp ist während der großen Regenzeit zwischen dem 01. März und 31. Mai geschlossen. Von Stanley's Kopje sind auch Ausflüge zum Udzungwa-Mountains-Nationalpark möglich (ab zwei Personen, 85 US$ pro Person).
Kinder: sind ab 2 Jahren willkommen.

90 Vor den Toren der Stadt – Ras Kutani

Nur 35 km südlich von Tansanias größter Stadt Daressalaam gibt es einen Ort der Ruhe, eine **kleine Oase** namens Ras Kutani. Das Camp liegt inmitten eines urwüchsigen und gut erhaltenen Küstenwalds an einer Süßwasserlagune. Der lange, von Palmen gesäumte Sandstrand und das azurblaue Wasser des Indischen Ozeans machen Ras Kutani zu einer ernsthaften Alternative zu den Inselwelten von Sansibar und Mafia. Zwar ist der Sand des Festlandes nicht so fein und weiß wie der auf den Inseln, dafür sind die Gezeitenunterschiede wesentlich geringer, sodass es ohne Einschränkungen möglich ist, im Meer zu baden. Auch auf Aquaschuhe kann man verzichten, da es hier mangels vorgelagerter Riffe keine abgestorbenen Korallen und nur wenige Muscheln und Steine gibt.

Tropischer Traumstrand vor Tropenwald

Maritim geht es auch in der Lounge zu

Ras Kutani verfügt über neun Cottages, vier Suiten und ein Familienhaus, bestehend aus zwei über eine Veranda verbundenen Cottages für jeweils maximal drei Personen. Die Cottages liegen eingebettet in den **tropischen Garten** und haben teilweise Blick auf das Meer und die Lagune. An dieser Stelle sei verraten, dass Cottage Nummer sieben die schönste Aussicht hat. Die größeren Suiten liegen etwas abseits am Hang und bieten neben einem kleinen Tauchbecken und einem kleinen „Privatstrand" mit Liegestühlen eine schöne Sicht auf den Strand und das Meer. Auch ist der Abstand zwischen den einzelnen Suiten größer als zwischen den Cottages, weshalb die Suiten nicht zuletzt bei Honeymoonern sehr beliebt sind. Wer hier die beste Aussicht ergattern möchte, sollte bei der Buchung nach Suite Nummer eins fragen. Alle Cottages und Suiten haben eine eigene Veranda, aber nur die Cottages verfügen auch über Hängematten, in denen sich herrlich entspannen lässt.

Fast wie auf Sansibar: der Strand von Ras Kutani

Die Mahlzeiten werden im zu allen Seiten offenen Hauptbereich mit angeschlossener Bar serviert. Wie für die Küste typisch, dominieren **fangfrischer Fisch und Meeresfrüchte** die Küche. Nicht selten stehen Hummer, Red Snapper und Garnelen auf dem Speiseplan. Fleischliebhaber und Vegetarier kommen in Ras Kutani aber ebenso auf ihre Kosten. Von der Terrasse aus bietet sich den Gästen ein toller Blick auf die Lagune, das Meer und den Strand. Und auch außerhalb der Essenszeiten lädt die angeschlossene Bar zu frisch zubereiteten Cocktails und die Lounge zum Relaxen ein.

Mit ein wenig Glück kann man in Ras Kutani zwischen Juni und September zwei besondere Ereignisse verfolgen. Gelegentlich lassen sich vom Strand aus **Buckelwale** beobachten, die in diesen Monaten sehr nah an der Küste vorbeiziehen. Zum anderen legen am Strand von Ras Kutani verschiedene **Schildkrötenarten ihre Eier** ab, aus denen während dieser Zeit die Jungtiere schlüpfen. Wer außerhalb dieser Monate anreist, kann sich entweder an verschiedenen heimischen Vogel- und Primatenarten (u. a. leben einige der seltenen Colobus-Affen hier) erfreuen oder auch einfach nur das tun, wofür Ras Kutani sich am besten eignet: abschalten und entspannen!

Info

Internet: www.selous.com
Preise: ab 355 US$ pro Person/Cottage mit Vollpension; ab 410 US$ pro Person/Suite. Transfers ab/bis Daressalaam ab 100 US$ pro Fahrzeug (Fahrzeit je nach Verkehr eineinhalb bis drei Stunden) oder ab 550 US$ pro Flugzeug (Flugzeit ca. zehn Minuten).
Aktivitäten: Kajaks, Schnorchelausrüstung (an einem versunkenen Fischerboot kann geschnorchelt werden) und Boogie Boards stehen kostenfrei zur Verfügung. Durch den Wald um die Lagune herum führt ein ca. einstündiger Lehrpfad, der unbegleitet gewandert werden kann. Eine kleine Karte mit Erläuterungen gibt es an der Rezeption.
Sonstiges: Im hauseigenen Spa werden verschiedene Anwendungen zu vernünftigen Preisen angeboten. Ras Kutani ist während der Regenzeit von Mitte März bis Ende Mai geschlossen. Anlässlich des 30-jährigen Bestehens des Unternehmens gelten 2020 Nebensaisonpreise auch in der Hochsaison.
Kinder: sind ab 6 Jahren willkommen.

91 Im Einklang mit Natur und Mensch – die Chole Mjini Lodge

Auf den ersten Blick mag das Konzept der Chole Mjini Lodge recht einfach scheinen: **eine nachhaltige und naturnahe Lodge mit geringstmöglichem Einfluss auf die Umwelt**. Die Umsetzung war trotzdem nicht leicht. Denn als Anne und Jean de Villier sich in den 1990er-Jahren an die Umsetzung ihrer Hotelpläne auf Chole Island machten, war es ebenso ihr Anspruch, die lokale Bevölkerung eng einzubinden. Diese stellte aber eine Bedingung: Mindestens 90 Prozent der Angestellten mussten aus den Bewohnern der Insel rekrutiert werden. Das klingt einfacher, als es Mitte der 1990er-Jahre war. Denn damals war kaum einer der Einheimischen der englischen Sprache mächtig. Kein geringes Hindernis beim Kontakt mit internationalen Gästen.

Schnell war dem Südafrikaner Jean und der in Kenia aufgewachsenen Anne klar, dass sie den Betrieb ihrer Lodge in einen größeren Rahmen einbetten mussten, um den Hoffnungen und Ansprüchen der lokalen Bevölkerung gerecht zu werden. So starteten die beiden verschiedene **Bildungs- und Ausbildungsprojekte**, um die entsprechenden Rahmenbedingungen zu schaffen. Dabei lief zwar nicht immer alles rund und auch Rückschläge mussten verkraftet werden, die Ergebnisse sprechen bei heutiger Betrachtung aber für sich: Alle Angestellten mit direktem Gästekontakt sprechen fließend Englisch, der Jahresbericht der Lodge wurde von einer Ein-

Der Charme von Chole Mjini ist durchaus rustikal

heimischen verfasst und mittlerweile gibt es die ersten Universitätsstudenten von Chole Island. Auch für Besucher hat die **enge Einbindung der Dorfbewohner** durchaus Vorteile. Denn neben der Unterwasserwelt des Mafia-Archipels bietet sich hier eine authentische und intime Möglichkeit hinter die Kulissen eines Dorfes zu blicken und als Gast der Lodge Teil des Alltags der Menschen zu werden.

Baumhaus mit Ausblick

Auch für Anne und Jean zahlten sich die Mühen aus. Mit den **ungewöhnlichen Baumhäusern** und der hervorragenden Meeresküche hat sich Chole Mjini im Laufe der Jahre einen sehr guten Ruf erarbeitet und zählt heute zu den individuellsten Unterkünften, die Tansania zu bieten hat. Die sieben Hütten sind hoch in die Bäume gebaut und verfügen über eine Terrasse bzw. eine zweite Etage, die als Lounge dient und eine Aussicht über Mangroven hinweg auf das Meer bietet.

Unterbringung in luftiger Höhe

Die Baumhäuser sind zu allen Seiten offen, dank der dichten Vegetation und den aus Palmenblättern geflochtenen Dächern aber vor fremden Blicken geschützt. Badezimmer im eigentlichen Sinne gibt es keine: In den Baumhäusern stehen eine Schale, ein kleiner Spiegel und ein Eimer mit Wasser; die Komposttoiletten und die offene Dusche befinden sich am Boden. Für diejenigen, die nachts in der Dunkelheit das Baumhaus für einen Gang zur Toilette nicht verlassen möchten, stehen Eimer zur Verfügung.

Info

Internet: www.cholemjini.com
Preise: ab 160 US$ pro Person/DZ mit Vollpension. Diverse Aktivitäten wie z. B. Schnorchelausflüge und Sandbank-und Sundownerfahrten per Dhow können vor Ort gebucht werden. Tauchausflüge und Walhai-Safaris (jeweils ab ca. 100 US$) können von der Lodge aus organisiert werden. Außerdem empfiehlt sich bei Ebbe eine Wanderung von Chole zur benachbarten Insel Juani in Begleitung eines Guides (ca. 10 US$ pro Person). Alternativ ist der Besuch der Nachbarinsel auch im Rahmen einer Bootstour möglich.
Sonstiges: Die Lodge ist im April und Mai geschlossen.
Kinder: sind jeden Alters willkommen. In sechs der sieben Baumhäuser befindet sich ein zusätzliches Bett, in dem Kinder schlafen können.

92 Eine afrikanische Robinsonade – die Fanjove Island Lodge

140 km südlich von Daressalaam und 30 km von der Küste entfernt liegt mitten im Indischen Ozean der aus fünf kleinen Inseln bestehende **Songo-Songo-Archipel**. Umgeben von einem 10 km langen Riff, welches die Inseln vor den Kräften des offenen Ozeans schützt, entwickelte sich hier im Laufe der Zeit ein **sehr artenreicher und vielfältiger Lebensraum**. So zählen unter anderem seltene Meeresschildkröten, verschiedene Seevögel und mit dem Palmendieb das größte an Land lebende Krebstier der Welt zu den Bewohnern dieser einzigartigen Inselwelt. Eine dieser Inseln ist Fanjove Island, wo lediglich ein von den deutschen Kolonialherren erbauter Leuchtturm daran erinnert, dass hier einmal Menschen lebten.

Wie ein Traum von Südsee an Afrikas Küste: Fanjove Island

Schon die Anreise nach Fanjove ist ein Erlebnis. Per Kleinflugzeug geht es nach Songo Songo. Während des Fluges blickt man auf kleine tropische Inseln, mit denen das Meer gesprenkelt ist. Nach der Ankunft warten bereits Angestellte der Lodge an der Landebahn, um die Gäste zum Bootsanleger zu fahren. Von hier erfolgt über türkisfarbenes Wasser die Überfahrt zur kleinen Insel Fanjove, die ohne Weiteres als Vorlage für eine afrikanische Version von Daniel Defoes „Robinson Crusoe" dienen könnte.

Fanjove ist umgeben vom warmen Wasser des Indischen Ozeans, der dank des umliegenden Riffs viel von seiner Kraft einbüßt, bevor er auf die Insel trifft. Dadurch gibt es hier nicht nur gute Bade- und Schnorchelbedingungen, sondern auch einen idealen Lebensraum für eine kaum zu beschreibende Unterwasserwelt. Die Ost- und Südküste sind geprägt von weißen Sandstränden, während an der Nord- und Westküste überwiegend raue Klippen anzutreffen sind.

Relikt des Kolonialismus: der Leuchtturm

Als das Safariunternehmen Essential Destinations vor Jahren die Genehmigung zum Bau einer Lodge erhielt, war den Verantwortlichen bewusst, dass sie den Einfluss auf die Umwelt so gering wie möglich halten mussten. Zwar sollte dieses kleine Stück vom Paradies für den Tourismus erschlossen werden, dabei sollte aber auch ein Teil der Einnahmen in den Schutz dieser bis dahin nur wenig berührten Insel reinvestiert werden.

Naturnah und umweltfreundlich: die Bandas

Deshalb wurde die Architektur der Banda-Hütten und des Hauptbereichs der Lodge so gewählt, dass sie mit der Silhouette der Insel verschmelzen und mit ihren natürlichen Baustoffen im Schatten der Palmen so gut wie unsichtbar sind. Die Energieversorgung erfolgt ebenso über Solarenergie wie die Beheizung des Wassers für die Duschen. Spezielle Wassertanks ermöglichen eine umweltfreundliche Aufbereitung des benutzten Wassers. Von den **strengen Umweltauflagen** bekommen die Gäste auf Fanjove jedoch kaum etwas mit und der Komfort leidet keineswegs. 2018 wurde Fanjove von der Selous Safari Company übernommen, die das Camp aber mit derselben Philosophie weiterführt.

Jede der nur sechs Bandas bietet sehr viel Platz und verfügt über ein offenes Badezimmer sowie einen Balkon im ersten Stock. Die **offene Architektur** lässt die Brise des Ozeans durch die Bandas wehen und schafft so eine natürliche Klimatisierung, die selbst im Hochsommer für angenehme Temperaturen sorgt.

Info

Internet: www.selous.com
Preise: ab 385 US$ pro Person/DZ mit Vollpension.
Lage: im Indischen Ozean, ca. 30 km östlich von der Küste bei Kilwa entfernt.
Aktivitäten: Kajaks und Schnorchelausrüstungen stehen kostenfrei zur Verfügung. Tauch- und Schnorchelausflüge per Boot sind vergleichsweise günstig, die Preise hängen von der Dauer und der Entfernung von der Insel ab (ab 60 US$ bzw. 25 US$ pro Person). Außerdem kann die Insel in ca. eineinhalb Stunden zu Fuß umwandert werden.
Sonstiges: Fanjove Island ist ganzjährig besuchbar und nur während der Regenzeit im April und im Mai geschlossen. In Kombination mit weiteren Camps der Selous Safari Company sind oft günstige Paketpreise möglich. Anlässlich des 30-jährigen Bestehens des Unternehmens gelten 2020 Nebensaisonpreise auch in der Hochsaison.

93 Symbiose zweier Welten – das Zanzibar Serena Hotel

Das Zanzibar Serena ist ein Wandler zwischen den Welten. Das Hotel liegt etwas abseits des Ortskerns von Sansibar-Stadt, fernab des hektischen Trubels, und erinnert mit seinem schönen Sandstrand und dem Palmengarten mehr an ein Strand- als an ein Stadthotel. Dennoch sind die **engen und belebten Gassen der Altstadt von Stone Town** in nur wenigen Minuten zu Fuß zu erreichen, sodass Gäste zwischen Ruhe und Entspannung auf der einen und Kultur und Historie auf der anderen Seite frei wählen können.

Spielerisch kombiniert das Zanzibar Serena Hotel **Moderne und Tradition**. Das Hotel besteht aus zwei historischen Gebäuden, in denen einst ein chinesischer Arzt residierte. Während einer aufwendigen Restaurierung fand bei der Innenausstattung überwiegend der für Sansibar typische **Swahili-Stil** Berücksichtigung, der **starke arabische Einflüsse** aufweist. So versprüht das Innere heute das Flair eines Sansibars längst vergangener Tage. Dennoch muss man auf die Annehmlichkeiten eines zeitgemäßen Hotels mit westlichem Standard nicht verzichten. Jedes der insgesamt 51 Gästezimmer verfügt über eine Klimaanlage und eine Minibar sowie Flachbildfernseher mit Satelliten-TV und eine sehr gute WLAN-Verbindung. In seiner Anfangszeit war das Hotel unter dem Namen Sansibar Serena Inn bekannt. Seit einer strategischen Neuausrichtung vor einigen Jahren heißt es Zanzibar Serena Hotel. Außer dem Namen hat sich allerdings nicht viel geändert, das Hotel ist nach wie vor eine der besten Adressen in Stone Town.

Im Mittelpunkt des palastartig wirkenden Hotels steht die sehr schöne Poolanlage. Von Palmen umsäumt und mit Sonnenliegen ausgestattet, lädt der große Pool mit tollem Blick über Strand und Meer zum Entspannen und Abkühlen ein. Zwar wirkt

Im Inneren dominiert der Swahili-Stil

Trotz seiner Lage in Stone Town ist das Zanzibar Serena Hotel ein Hort der Ruhe

der Strand vor dem Hotel durchaus einladend, zum Schwimmen und Sonnenbaden ist er aber weniger geeignet. Es handelt sich um einen öffentlichen Stadtstrand, an dem – nicht zuletzt aus Respekt gegenüber der muslimischen Bevölkerung – auf knappe Badekleidung verzichtet werden sollte. Stattdessen verfügt das Hotel mit dem Mangapwani-Strand über einen **privaten Strand**, der ca. 45 Minuten entfernt ist und vom Hotel aus mehrmals täglich kostenfrei angefahren wird. Das Mangapwani-Strandrestaurant sorgt mit internationaler Küche, aber auch frischem Fisch und Meeresfrüchten für die Verpflegung der Gäste, die somit bequem einen ganzen Tag hier verbringen können. Wer lieber im Hotel essen möchte, kann in eines der beiden hoteleigenen Restaurants einkehren, wo mindestens ebenso hohe Qualität geboten wird.

Info

Internet: www.serenahotels.com
Preise: ab 180 US$ pro Person/DZ mit Frühstück. Halb- oder Vollpension sind auf Anfrage möglich.
Lage: am Westrand von Stone Town, ca. 15 Minuten Fahrzeit vom Flughafen entfernt.
Sonstiges: Diverse Ausflüge, wie z. B. eine Gewürztour, können an der Rezeption gebucht werden. Das Hotel ist ganzjährig geöffnet und verfügt über ein Spa, in dem verschiedene Anwendungen angeboten werden.
Kinder: sind jeden Alters willkommen. Ein Babysitter kann nach vorheriger Anmeldung zur Verfügung gestellt werden.

94 Wie ein Märchen aus 1001 Nacht – das Zanzibar Palace Hotel

Das mit nur neun Zimmern in drei Kategorien sehr kleine Zanzibar Palace Hotel wurde im Jahr 2006 eröffnet und erarbeitete sich schnell den Ruf, **eines der besten Boutique Hotels in Stone Town** zu sein. Das Haus ist im touristisch ruhigeren Stadtteil Kiponda gelegen und es war das Ziel der holländischen Eigentümer, hier den arabischen Traum aus 1001 Nacht real werden zu lassen.

Von außen ist das Gebäude mit dem weißen Anstrich eher unscheinbar, nur die schwere, im für Stone Town typischen Stil geschnitzte Eingangstür lässt erahnen, was sich im Inneren verbirgt. Direkt dahinter befindet sich der Eingangsbereich mit Rezeption, Lounge, Bar und Restaurant. Eine kleine Fontäne unterstreicht die ruhige und entspannte Atmosphäre, die durch einen sehr persönlichen Service in der Bar und im Restaurant abgerundet wird. Die Bar ist für erstklassige Cocktails, die Küche für hervorragende Mahlzeiten bekannt. Der Schwerpunkt der Speisekarte liegt auf **Fisch und Meeresfrüchten**, die von einheimischen Fischern bezogen werden. Das im Übernachtungspreis enthaltene Frühstück ist sehr umfangreich und lockt mit hausgebackenem Brot und frischen Früchten.

Klassische Einrichtung und offene Gestaltung prägen die Zimmer

Das Innere des Hauses dominiert ein Atrium, das sich über drei Etagen erstreckt, auf die sich die Zimmer verteilen. Diese wurden allesamt individuell gestaltet und ausgestattet, haben aber dennoch eines gemeinsam: Sie verbinden traditionelle und klassische Elemente mit moderner Ausstattung. Hier finden sich hochwertige und sorgfältig ausgewählte Möbel im typischen Sansibar-Stil, persische Teppiche und dekorative Sei-

Von außen eher unscheinbar, verbirgt sich hinter der geschnitzten Tür eines der besten Hotels Tansanias

dentücher ebenso wie Klimaanlagen, Flachbildfernseher und WLAN-Verbindung. Besonders hervorzuheben sind zwei der Suiten im Obergeschoss des Hauses. Die Dunia Suite (auch Honeymoon Suite genannt) verfügt über ein per Treppe erreichbares 18 m^2 großes und **offenes Badezimmer mit separatem Sonnendeck** auf dem Dach, von wo aus sich ein herrlicher Blick über Stone Town eröffnet. Die Sherali Suite bietet einen ähnlich beeindruckenden Ausblick bis zum Meer und ein noch größeres, halboffenes Badezimmer, in dessen Zentrum eine große Badewanne steht.

In Anerkennung seiner außergewöhnlichen Qualität in Ausstattung, Service und Küche wurde das Zanzibar Palace Hotel vielfach als **Tansanias führendes Hotel** ausgezeichnet, zuletzt im Jahr 2019. Auf diesen Auszeichnungen ruht man sich hier allerdings nicht aus. Die Eigentümer sind ständig darauf bedacht, Details zu verändern und zu verbessern. Nicht zuletzt deshalb ist das Zanzibar Palace Hotel eine der besten Adressen in Stone Town und in der Hochsaison oft weit im Voraus ausgebucht.

Die Dunia Suite bietet einen wunderbaren Ausblick über Stone Town hinweg bis zum Meer

Info

Internet: www.zanzibarpalacehotel.com
Lage: im Herzen von Stone Town in Sansibar-Stadt, fußläufig sind der Hafen, das House of Wonders und das alte Fort erreichbar. Zum Flughafen sind es ca. zehn Minuten Fahrzeit.
Preise: ab 110 US$ pro Person/DZ mit Frühstück. Halbpension und Vollpension sind im hauseigenen Restaurant gegen Aufpreis möglich.
Sonstiges: Vier der Suiten können mit einem zusätzlichen Bett versehen werden. Aktivitäten und Ausflüge können über die Rezeption gebucht werden. Das Hotel verfügt außerdem über ein Spa, welches verschiedene Anwendungen anbietet.

95 Ein holländischer Traum – die Unguja Lodge

Ralph und Elies erging es wie so vielen Reisenden vor ihnen: Sie kamen nach Afrika, konnten dem Reiz dieses Kontinents nicht widerstehen und blieben. Als passionierte Taucher reisten sie 2003 zum ersten Mal nach Unguja, der Hauptinsel des Sansibar-Archipels. Nicht nur die hervorragenden Tauchmöglichkeiten, sondern auch die Menschen, die Atmosphäre und das besondere Flair dieser Insel zogen sie in ihren Bann. In den beiden folgenden Jahren kehrten sie bei jeder Gelegenheit zurück, um die Insel und ihre Küsten besser kennenzulernen. 2005 fanden sie schließlich ganz **im Süden von Unguja bei Kizimkazi** den perfekten Ort für sich. Nach vielen Überlegungen und Diskussionen entschlossen sich die beiden Niederländer, mit ihren drei Kindern nach Sansibar umzusiedeln, um dort ihren Traum von einer eigenen Lodge zu verwirklichen.

Bei den Vorbereitungen trafen sie auf den Slowenen Ivan Sutila, einen auf Sansibar bestens bekannten Architekten, der schon beim Bau vieler Lodges mitgewirkt hatte. Gemeinsam entwickelten die drei ein Design, das maritime Elemente mit denen eines afrikanischen Dorfes kombiniert. Insbesondere die Vorliebe für Muscheln, die Ralph mit seinem Sohn Thijs teilt, fand einen starken Niederschlag. Neben der **außergewöhnlichen Architektur** wurde beim Bau der Lodge vor allem auf eines Wert gelegt: viel Platz. Statt einer Vielzahl von Zimmern wurden insgesamt nur zwölf Villen gebaut, die diesen Namen auch zu Recht tragen. Nicht nur sind die zweistöckigen Gebäude sehr groß, auch der Abstand zwischen den Villen ist weitläufig genug, um eine ungestörte Privatsphäre zu ermöglichen.

Die zwölf Villen sind großzügig verteilt

Große Rollen spielen außerdem ökologische Nachhaltigkeit und der Einbezug der lokalen Bevölkerung. So wurden überwiegend Materialien verwendet, die auf Sansibar erhältlich sind, und der Bau der Lodge wurde von einheimischen Fundis (gleichzusetzen mit Handwerksmeistern) durchgeführt. Ralph und Elies unterhalten engen Kontakt zu den umliegenden Dörfern. Einige der Einheimischen arbeiten in der Lodge, andere beliefern sie mit lokal erzeugten Produkten.

Beim Bau der Lodge sollte der Einfluss auf Flora und Fauna so gering wie möglich gehalten werden, was zu teils eigenwilligen und sehr charmanten Lösungen geführt hat. So wurden etwa drei der Villen direkt **um Baobab-Bäume herum gebaut**, anstatt diese zu fällen. Die ansässige Tierwelt (viele Vögel und eine seit Generationen hier lebende Familie von Weißkehlmeerkatzen) hatte sich schnell an die neuen Bedingungen gewöhnt und ist heute ein wichtiger Bestandteil der Lodge.

Die Unguja Lodge hat sich in den letzten Jahren auch einen Ruf als **sehr familienfreundliche Unterkunft** erarbeitet; zum einen durch die beiden Familienvillen, vor allem aber durch die ungewöhnliche Preispolitik. Die Kindertarife gelten bis einschließlich 18 Jahre und alle Kinder zwischen zwei und 18 Jahren zahlen in Begleitung beider Eltern nur 50 Prozent des regulären Preises, während Kleinkinder unter zwei Jahren kostenlos übernachten.

Vor der Lodge liegt das offene Meer – und ein hauseigenes Riff

Nicht nur das Meer, auch der Pool lädt zum Baden ein

Info

Internet: www.ungujalodge.com
Preise: ab 210 US$ pro Person/DZ mit Halbpension. Gegen Aufpreis auch Vollpension möglich. Günstige Kindertarife (s. o.).
Lage: im Südosten der Insel, ca. eine Stunde Fahrzeit ab Sansibar Flughafen und Stone Town.
Sonstiges: Unguja verfügt als einzige Lodge auf Sansibar über ein hauseigenes Riff direkt vor der Haustür und über ein eigenes Tauchcenter, das auch Tauchkurse und Schnorchelausflüge anbietet. Darüber hinaus werden weitere Ausflüge wie z. B. eine Gewürztour oder der bei Familien beliebte Safari-Blue-Ausflug angeboten.

96 Tief im Osten – die Seasons Lodge Zanzibar

Während inzwischen viele Lodges, Hotels und Resorts zu größeren Unternehmen gehören, ist die Seasons Lodge Zanzibar eine der immer seltener werdenden inhabergeführten Lodges auf Sansibar. Mit ihr hat sich Michael Clarke, der als Sohn eines irischen Paares in Uganda geboren wurde, seinen Traum von einer eigenen Lodge erfüllt. Erst 2011 eröffnet, gehört die Seasons Lodge in der Nähe des Dorfes Pongwe auf Unguja inzwischen zu den bewährten Unterkünften Sansibars.

Nicht nur bei Ebbe bietet der Pool eine ausgezeichnete Alternative zum Meer

Die Sonne über Sansibar sorgt für faszinierende Schattenspiele

Die Lodge befindet sich auf **einem kleinen Kliff** und verfügt über insgesamt zehn Zimmer. Drei davon befinden sich als klassische Doppelzimmer im ersten Stock des Hauptgebäudes und eignen sich aufgrund der Nähe zueinander vor allem für Familien. Das Herzstück sind allerdings die sieben freistehenden Cottages, die sich in separaten Parzellen befinden und viel Ruhe und Abgeschiedenheit bieten. Jede dieser Parzellen hat ihren eigenen kleinen tropischen Garten und einen privaten Strand. Die Cottages wurden in umfangreicher liebevoller Detailarbeit errichtet und fast ausschließlich mit örtlichen Materialien gebaut. Die Eingänge zieren **schwere, über 100 Jahre alte Türen im traditionellen Sansibar-Stil**. Durch die direkte Lage am Meer weht durch die Zimmer und Cottages immer eine erfrischende Brise, die für eine natürliche Klimatisierung sorgt. Und sollte der Wind doch einmal ausbleiben, bringen große Deckenventilatoren über den Betten Abkühlung während der Nacht.

Frühstück am Meer

Die Zimmer sind angenehm luftig

Wie für die Ostküste Sansibars typisch, sind die Unterschiede zwischen den Gezeiten recht groß. Bei Flut kann man im Meer baden (es gibt drei Zugänge zum Meer), während der Ebbe sorgt der erste solarbetriebene Pool Sansibars für Erfrischung. Dann sind auch Spaziergänge am endlos langen Strand möglich, bei denen sich in verschiedenen Wasserbecken und entlang des Kliffs einige Meeresbewohner beobachten lassen. Für aktive Gäste stehen Mountainbikes und Kajaks zur Verfügung, außerdem hat die Lodge ein eigenes Boot mit Schnorchelausrüstung für Ausflüge zu nahegelegenen Riffen. Ergänzt wird das umfangreiche Angebot von einer **tollen Cocktail-Strandbar**, einer modernen Lounge im Hauptgebäude mit Flachbild-TV, WLAN und Bar sowie freundlichem Service und internationaler Küche.

Info

Internet: www.seasonszanzibar.com
Preise: ab 89 US$ pro Person/DZ mit Frühstück. Halbpension und Vollpension sind auf Anfrage möglich.
Sonstiges: Weitere Ausflüge, z. B. nach Stone Town oder zum Jozani-Forest-Nationalpark, können von der Rezeption ebenso vermittelt werden wie Transfers zum ca. 40 km entfernt liegenden Flughafen. Im tropischen Garten der Anlage werden viele Nutzpflanzen, wie z. B. Ananas, Papaya und verschiedene Kräuter, für den Eigenbedarf angebaut. Die Angestellten zeigen Gästen gerne, wie diese Pflanzen aussehen.

97 Im Osten geht die Sonne unter – das Michamvi Sunset Bay Resort

Sonnenuntergänge an der Ostküste. Das klingt zunächst paradox. Doch im Osten von Unguja ragt die kleine Halbinsel Michamvi hervor, an deren Westseite sich das Michamvi Sunset Bay Resort befindet – und wo sich die vielleicht **schönsten Sonnenuntergänge Sansibars** zeigen.

Neben der Lage zeichnet sich Michamvi durch Liebe zum Detail, erstklassigen Service und eine sehr familiäre Atmosphäre aus. Unter Leitung des Südafrikaners Brad Cousins hat sich das kleine Resort zu einer der besten Adressen an der Ostküste Ungujas entwickelt, es gilt aber trotzdem immer noch als Geheimtipp. Aufgrund der Herkunft der Eigentümer und des Managers wurde Michamvi in der Vergangenheit vor allem von Südafrikanern sehr geschätzt, erfreute sich aber auch bei Deutschen steigender Beliebtheit. Um dieser Entwicklung Rechnung zu tragen, wurde mit Simone Galle vor Jahren eine **deutsche Managerin** eingestellt, um so sprachliche Barrieren zu überwinden.

Der Pool bildet das Herzstück des Hotels

Die Bezeichnung „Resort" ist ein wenig irreführend, denn mit nur 20 Zimmern ist Michamvi eher ein Boutique Hotel. Die Zimmer verteilen sich auf vier zweistöckige Gebäude und haben entweder eine kleine Terrasse oder einen Balkon, jeweils mit Blick auf das Meer und den ungewöhnlich großen Pool. Anders als in vielen anderen Hotels auf Unguja sind die Zimmer eher modern statt traditionell eingerichtet und verfügen z. B. über Klimaanlagen. An den mit modernsten Armaturen ausgestatteten Badezimmern sind vor allem die großen Doppelduschen hervorzuheben.

Auch von außen überzeugt die kleine Anlage. Die Gebäude sind hell gestrichen und in sehr gutem Zustand. Das zu zwei Seiten offene Restaurant mit Bar ist eher rustikal gehalten und hat einen ganz eigenen Charme. Gelegentlich enden die Abende hier damit, dass die Tische zusammengeschoben werden und die Gäste gemeinsam an einer großen Tafel den Tag ausklingen lassen. Die kleine Gartenanlage ist sehr gepflegt und geht direkt in den von Palmen gesäumten Strand über. Der Pool ist nicht nur eine ideale Alternative für ein Bad, wenn sich das Meer bei Ebbe weit zurückgezogen hat, sondern auch der Mittelpunkt der Anlage: zum einen, weil die

Der private Strand ist der perfekte Ort, um traumhafte Sonnenuntergänge zu beobachten

meisten Wege am Pool entlang verlaufen, und zum anderen, weil um den Pool herum auch oft die Abendessen stattfinden. Unter freiem Sternenhimmel, bei dezenter Pool-Beleuchtung und einer leichten Meeresbrise ist dies der ideale Ort für **ausgiebige Grillabende** oder Büffets aus Fisch und Meeresfrüchten.

Die besondere Atmosphäre von Michamvi ist nicht nur auf die sehr zuvorkommenden Manager zurückzuführen. Die Angestellten stammen überwiegend aus dem gleichnamigen Dorf und profitieren somit direkt vom Tourismus. Darüber hinaus fördert und unterstützt Michamvi verschiedene Projekte im Dorf, um den Menschen eine Perspektive zu bieten – und um auch langfristig dieses besondere **familiäre und persönliche Flair** vermitteln zu können, für das Michamvi von den Gästen so geschätzt wird. Denn ohne zufriedene und motivierte Angestellte ist dies nicht möglich.

Info

Internet: www.michamvi.com
Preise: ab 114 US$ pro Person/DZ mit Frühstück. Halbpension und Vollpension sind gegen Aufpreis möglich.
Aktivitäten: Schnorchelausrüstung und Kanus stehen kostenlos zur Verfügung. Gegen Aufpreis sind diverse Wasser- und Landausflüge möglich. Es gibt zudem ein Spa, das verschiedene Anwendungen anbietet.
Sonstiges: Drei- und Vierbettzimmer sind möglich, letztere allerdings nur für Familien mit Kindern. Vier der 20 Zimmer haben statt einer Doppeldusche eine Badewanne.
Kinder: sind ab 4 Jahren willkommen. Bis 12 Jahre übernachten Kinder kostenfrei im Zimmer der Eltern und zahlen nur eine Pauschale in Höhe von 15 US$ für das Essen.

98 Rustikaler Charme und Barfuß-Atmosphäre – die Matemwe Lodge

Die Geschichte der Matemwe Lodge begann vor mehr als 20 Jahren mit der Ankunft zweier schwedischer Schwestern auf Unguja. Die beiden waren auf der Suche nach dem idealen Standort für ihre eigene Traumlodge und durchkämmten dabei die Insel. Schließlich kamen sie nach Matemwe und verliebten sich sofort in diesen kleinen, abgelegenen Ort **mit feinem Sandstrand und felsigen Abschnitten aus Korallengestein**.

Stimmungsvolle Abendbeleuchtung

Das bei Tauchern beliebte Mnemba Island, das als eines der besten Tauch- und Schnorchelreviere an der Ostküste Afrikas gilt, liegt gegenüber und ist per Boot schnell zu erreichen. Genau hier legten die beiden Schwestern den Grundstein für etwas, das heute zu den schönsten Hotels von Sansibar zählt.

Die Wahl des Ortes stellte sich im Laufe der Zeit als Glücksgriff heraus. Denn während andere Teile Sansibars einen rapiden Zuwachs erlebten, ist die Anzahl der Lodges in Matemwe nach wie vor überschaubar. Das Leben der Menschen hier hat sich durch den Tourismus zwar verändert, aber immer noch bestimmen die Fischerei und das Ernten von Seegras ihren Alltag. So hat sich in Matemwe bis heute der Charme von vor 25 Jahren erhalten.

Damals wie heute war es den Betreibern der Lodge wichtig, mit der lokalen Bevölkerung

Gegenüber ist ein beliebtes Tauchrevier – man kann aber auch einfach liegenbleiben

Urlaub in der Postkartenidylle

Hand in Hand zu arbeiten. Viele Fische und Meeresfrüchte, die den Gästen im offenen Restaurant mit Blick auf das Meer serviert werden, kommen **fangfrisch von den Fischern aus dem Dorf**. Als Pionier in Sachen Tourismus in Matemwe half die Lodge beim Aufbau einer Infrastruktur, sodass das Dorf heute über eine eigene Trinkwasserversorgung, Elektrizität und eine Schule verfügt.

Mit nur zwölf Chalets in eher rustikaler Bauweise ist die Matemwe Lodge ein echtes Boutique Hotel und bietet viel Privatsphäre und persönlichen Service. Die Chalets liegen in einer Reihe direkt am Meer und sind auf den Ausläufern eines alten Riffes gebaut. Die Einrichtung der Chalets ist dezent, aber stilvoll und verfügt über viele traditionelle sansibarische Elemente. Auf der überdachten Veranda befindet sich eine Hängematte, von der aus in fast schon kitschiger Postkartenidylle vorbeiziehende Fischerboote auf dem türkis schimmernden Wasser beobachtet werden können.

Info

Internet: www.asiliaafrica.com
Lage: an der Nordostküste von Unguja, ca. 60 Minuten von Stone Town und 75 Minuten vom Flughafen entfernt.
Preise: ab 262 US$ pro Person/DZ mit Halbpension, Tee, Kaffee und Wasser. Geführte Wanderungen entlang des Riffs bei der Lodge und in das Dorf sind kostenfrei, ebenso die Nutzung von Kajaks und Schnorchelausrüstung; Schnorchel- und Tauchausflüge nach Mnemba Island sind gegen Aufpreis (Höhe abhängig von Art und Dauer des Ausflugs) möglich.
Sonstiges: Zwei der Chalets (Nr. 8 und 9) sind zusätzlich mit einem kleinen Pool auf der Veranda ausgestattet. In der gesamten Lodge ist WLAN verfügbar. Die Lodge ist im April und Mai geschlossen.
Kinder: sind ab 5 Jahren willkommen. Sechs Chalets sind mit einem weiteren Doppelbett ausgestattet und hervorragend für Familien geeignet.

99 Privates Ökoparadies im Indischen Ozean – Chumbe Island

Chumbe ist eine kleine private Insel im Indischen Ozean vor der Westküste Sansibars. Die Insel ist **als Naturreservat ausgewiesen**, welches aus drei Teilen besteht: einem Unterwasserpark, einem Korallenriff-Schutzgebiet und einem Waldreservat. Hier haben Gäste die Möglichkeit, auf eigene Faust oder gemeinsam mit einem lokalen Ranger auf Erkundung zu gehen. An Land können mit ein wenig Glück und Geduld eine interessante Vogelwelt, der Palmendieb (das größte an Land lebende Krustentier) oder der Sansibar-Ducker (eine der kleinsten und seltensten Antilopenarten) beobachtet werden. Unter Wasser warten verschiedene große und kleine Fischarten und einer der schönsten Korallengärten vor der Ostküste Afrikas auf den Besuch von Schnorchlern. Bei Ebbe gibt das Meer verschiedene Pfade entlang des Flutsaumes frei und in Wasserlöchern und zwischen den Mangroven wimmelt es nur so von verschiedenen Meeresbewohnern. Der über 100 Jahre alte Leuchtturm, der im Ersten Weltkrieg eine wichtige Rolle spielte, sowie die einzige Moschee indischer Bauart im Sansibar-Archipel sorgen dafür, dass auch die Historie auf Chumbe nicht zu kurz kommt.

Chumbe Island bildet ein geschütztes Paradies vor den Küsten Sansibars

Ob über oder unter Wasser, Chumbe ist ein kleines und schützenswertes Naturparadies. Um das fragile Ökosystem nicht zu gefährden, ist die **Besucherzahl streng limitiert**. Mehr als 14 Gäste dürfen sich nicht zeitgleich auf der Insel aufhalten und dementsprechend ist die kleine Lodge auf Chumbe auf sieben Bandas beschränkt. Nicht nur die Bandas, auch der Hauptbereich wurde nach den neuesten Standards der Öko-Architektur unter Federführung von Architekten der TU Braunschweig geplant und gebaut: Strom und Wärme werden über Solarenergie gewonnen, Regenwasser wird gesammelt und gefiltert und Abwasser wird durch verschiedene Beete geleitet und dort wiederum gefiltert. Statt einer Kanalisation gibt es umweltfreund-

Die Zeiten, in denen „Öko" Verzicht bedeutete, sind zwar vorbei, rustikal geht es auf Chumbe dennoch zu

Chumbe ist Heimat einer vielfältigen Tierwelt

liche Komposttoiletten. Um den tropischen Temperaturen zu trotzen, sind die Bandas offen und zum Meer hin konstruiert, damit auch hier der Wind für eine beständige Luftzirkulation sorgt.

Öko-Architektur bedeutet aber nicht, dass Gäste auf Komfort oder eine stilvolle Einrichtung verzichten müssen. Die Bandas wurden so geplant, dass den Gästen viel Platz zur Verfügung steht. In der ersten Etage befinden sich die Schlafzimmer und im Erdgeschoss der große Aufenthaltsbereich mit Hängematten, handgefertigten Möbelstücken und Kunstgegenständen sowie farbenfrohen Stoffen, die typisch für Sansibar sind. Und dass „Öko" auch längst nicht mehr bedeutet, dass man auf gutes Essen verzichten müsste, ist ja hinlänglich bekannt. **Die Küche ist typisch sansibarisch und kombiniert indische, arabische und afrikanische Einflüsse**. Meeres- und Tropenfrüchte prägen die Speisekarte ebenso wie heimische Gemüse- und Gewürzsorten.

Info

Internet: www.chumbeisland.com
Preise: ab 260 US$ pro Person/DZ mit Vollpension, nichtalkoholischen Getränken, Aktivitäten (geführte Wanderungen und Schnorchelausflüge) und Boottransfers ab/bis Unguja.
Tagestouren: Wenn die Lodge nicht ausgebucht ist, können auch Tagesgäste von Unguja aus die Insel besuchen. Der Tagesbesuch kostet ca. 90 US$ pro Person und beinhaltet u. a. Transfers und Mittagessen. Er kann allerdings nicht vorab reserviert, sondern nur vor Ort und ca. zwei Tage im Voraus gebucht werden.
Sonstiges: Solarbetriebenes WLAN ist um das Büro der Manager verfügbar. Die Lodge ist während der Regenzeit im April und Mai geschlossen.
Kinder: jeden Alters sind willkommen. Kinder unter zwei Jahren übernachten umsonst, zwischen zwei und zwölf Jahren zum halben Preis.

100 Privater Tropentraum vor Sansibars Ostküste – die Mnemba Island Lodge

Das Safariunternehmen AndBeyond ist für Lodges der Extraklasse an spektakulären Standorten bekannt, aber auch für Engagement in Hinblick auf Naturschutz und Nachhaltigkeit. Beides können Besucher der Mnemba Island Lodge erleben, die nordöstlich von Sansibars Hauptinsel Unguja auf der Insel Mnemba liegt, der die Lodge ihren Namen verdankt.

Mnemba Island ist umgeben von dem **als Meeresschutzgebiet ausgewiesenen Mnemba-Atoll**, einem der besten Tauchreviere an der tansanischen Küste. Die Korallenriffe des Atolls sind Heimat einer Vielzahl von großen und kleinen Fischarten, im tieferen Wasser sind Delfine, Haie und zu bestimmten Zeiten auch Walhaie und Buckelwale anzutreffen. Die Insel selber ist Nistplatz der stark bedrohten Grünen Meeresschildkröte und zahlreicher Vogelarten. In den Wäldern der Insel leben zudem die beiden Zwergantilopenarten Suni (Schulterhöhe: bis zu 40 cm) und der vom Aussterben bedrohte Sansibar-Ducker. In der Nähe der vielen Kokosnusspalmen sollte nach dem Palmendieb Ausschau gehalten werden, dem größten an Land lebenden Krebstier.

Neben den beeindruckenden natürlichen Voraussetzungen ist das Besondere an Mnemba Island, dass es eine **private Insel** ist, für die AndBeyond das Nutzungsrecht gepachtet hat. Außer den maximal 24 Gästen und den Angestellten der

Auf Mnemba hat man die Insel fast für sich allein

Lodge darf niemand die Insel betreten – **mehr Exklusivität ist kaum möglich**.

Die Unterbringung der Gäste erfolgt in landestypischen Bandas, für die eine offene Bauweise und mit geflochtenen Palmwedeln bedeckte Dächer charakteristisch sind. Viel Platz und eine rustikal-komfortable Ausstattung, geprägt von hellen und warmen Farben sowie traditionellen Schnitzereien, zeichnen das Interieur der Bandas aus. Statt auf übertriebenen Luxus wird viel Wert auf eine **zwanglose Barfuß-Atmosphäre ohne Dresscode** gelegt. Die Bandas liegen direkt am Strand und verfügen über eine Veranda mit freiem Blick auf das Meer, das stets nur wenige Schritte entfernt ist. Der Hauptbereich der Lodge unterstreicht die lässige Atmosphäre.

Eine weitere Besonderheit auf Mnemba Island ist die hohe Flexibilität des Managements und der übrigen Angestellten. Nicht nur in Hinblick auf ihre Aktivitäten, sondern auch bei den Mahlzeiten können die Gäste ihren Tagesablauf frei bestimmen. Ob Schnorcheln, Tauchen oder Relaxen, ob Frühstück auf der eigenen Veranda oder Abendessen direkt am Strand – das Personal der Lodge macht es möglich. Darüber hinaus ist die Lodge bestrebt, die Auswirkungen auf die sensible Umwelt so gering wie möglich zu halten. So wird der Großteil des Wasserbedarfs der Lodge durch die Entsalzung von Meerwasser gedeckt, der Strom stammt aus Solarenergie.

Geräumig und lässig: die Mnemba Island Lodge

Entspannen im privaten Paradies

Info

Internet: www.andbeyond.com
Preise: ab 1.270 US$ pro Person/DZ mit Vollpension, lokalen Getränken, Aktivitäten (u. a. zwei PADI-Tauchgänge pro Tag, Schorcheln, Sundowner-Fahrt mit einer Dhow und Fliegenfischen) sowie Transfers ab/bis Unguja.

Sonstiges: Die Lodge ist ab der zweiten Aprilwoche bis zur letzten Maiwoche geschlossen.
Kinder: Ein Mindestalter von 8 Jahren wird empfohlen, wobei auch jüngere Kinder willkommen sind. Es dürfen maximal zwei Kinder unter 12 Jahren gleichzeitig auf der Insel sein.

101 Musterbeispiel für nachhaltigen Tourismus – die Pemba Lodge im Sansibar-Archipel

Der Weg ins Paradies

Es ist kein leichter Weg zur Pemba Lodge. Er beginnt auf der Insel Pemba und endet auf Shamiani Island. Denn anders als der Name der *Eco Lodge* vermuten lässt, befindet sie sich nicht auf Pemba selbst, sondern **auf einer kleinen Insel etwas weiter südlich**. Vom Flughafen in Chake Chake fährt man gute 45 Minuten zu einem kleinen Fischerhafen an der Südspitze von Pemba. Die Fahrt durch das Landesinnere, vorbei an dichten Wäldern und Nelkenplantagen, macht deutlich, warum Pemba den Beinamen „Grüne Insel" trägt.

Am Hafen wartet bereits das Team der Lodge mit einem traditionellen (wenn auch motorisierten) Boot für die ca. 30-minütige Überfahrt nach Shamiani. Nicht selten passieren heimkehrende Fischer während der Überfahrt das Boot und gelegentlich kauft der Kapitän noch fangfrischen Fisch oder Meeresfrüchte für das Abendessen ein. Abhängig von den Gezeiten steht nach der Ankunft auf der Insel noch ein zehn- bis 20-minütiger Spaziergang durch Felder und Farmland an. Denn nur bei Hochwasser ist es möglich, mit dem Boot direkt bis an die Lodge zu fahren. Die Mühen der Anreise lohnen sich aber, denn der feine weiße **Sandstrand direkt vor der Lodge** gehört zu den schönsten, die Tansanias Küsten zu bieten haben.

Das Konzept des Inhabers Nassor El Mahruki, der auch auf Unguja eine kleine Lodge betreibt, beruht auf Nachhaltigkeit, der einzigen Möglichkeit, an einem so abgelegenen Ort dauerhaft und erfolgreich Tourismus zu betreiben. Ein wichtiger Aspekt ist der **Natur- und Umweltschutz**, da in einem so unberührten

Die Anreise zu Pembas Nachbarinsel Shamiani ist nicht leicht, aber sie lohnt sich

Gebiet bereits kleinste Eingriffe große Auswirkungen haben können. Aus diesem Grund bestehen die Bungalows nur aus lokalen Materialien und verfügen über Regenwasser-Duschen, Komposttoiletten und solarbetriebene Lampen.

Der zweite, genauso wichtige Aspekt ist die Einbeziehung der lokalen Bevölkerung. Die Angestellten sind Einheimische und wurden von Nassor persönlich ausgebildet. Sämtliche frische Produkte wie Obst, Gemüse, Fisch und Meeresfrüchte werden von **lokalen Bauern und Fischern** bezogen. Den Menschen auf Shamiani ist anzumerken, dass sie von der Lodge profitieren. Denn auch wenn sie nicht perfekt Englisch sprechen und es ab und an Kommunikationsprobleme gibt: Das Lächeln und die Herzlichkeit den Gästen gegenüber sind echt.

Direkt am Strand liegt die Pemba Lodge

Info

Internet: www.pembalodge.com
Preise: ab 120 US$ pro Person/DZ mit Halbpension.
Aktivitäten: Kajaks und Schnorchelausrüstung stehen kostenfrei zur Verfügung, Tauch- und Angelausflüge können gegen Aufpreis vor Ort arrangiert werden. Die Insel lässt sich auch hervorragend zu Fuß erkunden (festes Schuhwerk empfohlen). Ein Besuch im Fischerdorf bietet eine tolle Gelegenheit, die Lebensweise der lokalen Bevölkerung kennenzulernen.
Sonstiges: Neben fünf baugleichen Bungalows gibt es einen Familienbungalow mit drei Schlafzimmern und Platz für bis zu sechs Personen. Bei einer Kombination von Pemba Lodge und der Schwesterlodge Mnarani Beach (www.lighthousezanzibar.com) auf Unguja sind Paketpreise möglich.
Kinder: sind jeden Alters willkommen.

Anhang

Steckbrief Tansania

Geografische Lage:	an der Ostküste Afrikas zwischen Indischem Ozean und den großen Seen Viktoria- und Tanganjikasee und südlich des Äquators gelegen. Die Küstenlinie umfasst ca. 1.424 km (ohne die Inseln) und erstreckt sich von Mosambik im Süden bis Kenia im Norden.
Anrainerstaaten:	Kenia und Uganda im Norden; Ruanda, Burundi und Demokratische Republik Kongo im Osten; Sambia, Malawi und Mosambik im Süden.
Fläche:	945.166 km², davon sind ca. 25 % als Nationalparks und Schutzgebiete ausgewiesen.
Städte:	Dodoma (ca. 700.000 Einwohner) ist die Hauptstadt des Landes. Der Regierungssitz befindet sich allerdings in Daressalaam, das mit ca. 6 Millionen Einwohnern nicht nur die größte, sondern auch wirtschaftlich wichtigste Stadt in Tansania ist. Weitere bedeutende Städte sind Mwanza (ca. 813.000 Einwohner) am Viktoriasee und Arusha (ca. 482.000 Einwohner), das als Safari-Hauptstadt von Tansania gilt.
Einwohnerzahl und Bevölkerung:	In Tansania leben derzeit ca. 57 Millionen Menschen. Die Bevölkerung setzt sich aus nahezu 120 verschiedenen Ethnien unterschiedlicher Herkunft zusammen, von denen keine eine nennenswerte Mehrheit hat. Der größte Anteil einer einzelnen Ethnie beträgt max. 10 %.
Sprachen:	Die offiziellen Amtssprachen sind Swahili und Englisch, daneben gibt es um die 100 weitere lokale und regionale Sprachen der verschiedenen Ethnien. Während Englisch überwiegend in den Städten und im Tourismus gesprochen wird, ist Swahili bei fast allen Einwohnern die zweite Sprache neben ihrer lokalen Sprache.
Religion:	Tansania gilt als Musterbeispiel für das friedvolle Zusammenleben verschiedenster Religionen, auch wenn es in der Vergangenheit vereinzelt Zwischenfälle gab. Genaue Zahlen über die Religionszugehörigkeit gibt es nicht, es wird aber angenommen, dass ca. 35–40 % der Bevölkerung Christen und weitere 35–40 % Muslime sind. Aufgrund der Geschichte sind vor allem die Küste und die Inseln muslimisch geprägt, so liegt alleine auf Sansibar der muslimische Anteil an der Bevölkerung bei 98 %.
UNESCO-Welterbestätten:	Tansania verfügt über insgesamt sieben Welterbestätten. Die Ruinen von Kilwa Kisiwani, die Felsenmalereien von Kondoa und Stone Town sowie die Altstadt von Sansibar-Stadt sind als Weltkulturerbe ausgezeichnet. Die Serengeti, der Kilimandscharo-Nationalpark und das Selous-Reservat gelten als Weltnaturerbe. Das Selous-Reservat steht allerdings seit Juni 2014 auf der Roten Liste des gefährdeten Welterbes, da die Wilderei (vor allem auf Elefanten und Nashörner) hier außer Kontrolle geraten ist und zu beobachten bleibt, wie sich das Staudamm-Projekt auswirken wird. Das Ngorongoro-Schutzgebiet wird mit dem Ngorongoro-Krater und der Oldupai-Schlucht in beiden Kategorien geführt.

Allgemeine Reiseinformationen

Informationsmaterial und Auskünfte

Anders als viele andere afrikanische Länder unterhält Tansania keine touristische Vertretung in Deutschland. Informationen und Auskünfte sind über das Tanzania Tourist Board unter www.tanzaniatourism.go.tz erhältlich. Die Nationalparkbehörde TANAPA hat mit www.tanzaniaparks.go.tz eine sehr interessante Seite mit Informationen über und Eindrücken aus den Nationalparks zusammengestellt.

Anreise

Die **Anreise nach Tansania** erfolgt üblicherweise per Flugzeug zum Flughafen Kilimanjaro oder nach Daressalaam. Die Preise in der Economy Class können je nach Saison, Auslastung und Fluggesellschaft zwischen ca. 650 und 1.400 € pro Person schwanken. Als Hochsaison gelten die Weihnachtsferien, der Zeitraum zwischen Mitte Januar und Mitte März (für das nördliche Tansania) sowie die Monate Juni bis Oktober.

Direktflüge ab Deutschland sind die Ausnahme. Lediglich Condor fliegt zwischen Ende Juni und Mitte April einmal wöchentlich von Frankfurt nach Kilimanjaro und zurück und zweimal wöchentlich von Frankfurt nach Sansibar und zurück (davon jedoch einmal mit Zwischenstopp in Mombasa). Die genauen Flugtage können unter www.condor.com eingesehen werden. Die Flugdauer beträgt ca. neun Stunden. Condor hat im September 2019 Insolvenz angemeldet und bis

Manchmal erschweren natürliche Bedingungen die Anreise; hier Elefanten auf der Landebahn

Redaktionsschluss war noch nicht klar, wie es dort weitergeht. Bislang sind alle Flüge noch uneingeschränkt buchbar.

Als einzige europäische Fluggesellschaften bieten KLM und Turkish Airlines ab vielen deutschen Flughäfen tägliche Verbindungen nach Kilimanjaro und Daressalaam (Turkish Airlines zusätzlich nach Sansibar) an, jeweils mit Umstieg in Amsterdam bzw. Istanbul.

Ethiopian Airlines ist die einzige Fluggesellschaft, die ab Frankfurt via Addis Abeba täglich sowohl nach Kilimanjaro und Daressalaam als auch nach Sansibar fliegt.

Die beiden arabischen Fluggesellschaften Emirates und Qatar Airways haben ebenfalls tägliche Verbindungen nach Daressalaam (Emirates) bzw. Kilimanjaro, Daressalaam und Sansibar im Programm, teilweise gibt es sogar zwei Verbindungen. Wer die etwas längere Reisezeit nicht scheut (die Flüge gehen über Dubai bzw. Doha), kann hier teilweise sehr gute Angebote finden.

Besonders interessant ist die von Emirates in Kombination mit FlyDubai, der Low-Cost-Fluggesellschaft des Emirats Dubai, angebotene Verbindung nach Daressalaam. Die Ankunft ist am frühen Morgen, sodass die Anschlussflüge nach Selous und Ruaha erreicht werden und eine Zwischenübernachtung nicht erforderlich ist.

Einreise

Besucher aus Deutschland, Österreich und der Schweiz benötigen für einen touristischen Aufenthalt von bis zu 90 Tagen ein **Touristenvisum**. Dieses kann entweder bei der Einreise am Flughafen oder vorab als E-Visum beantragt werden, beide Varianten kosten derzeit 50 US$ pro Person für die einfache Ein- und Ausreise. Die Abwicklung am Flughafen erfolgt recht schnell und unkompliziert. Das **E-Visum** kann man seit November 2018 über das tansanische Immigration Department beantragen (https://eservices.immigration.go.tz/visa). Bei Einreise nach Tansania auf dem Landweg (z. B. im Rahmen einer länderübergreifenden Reise) kann das Visum ebenso vor Ort beantragt werden.

Seit dem 1. Juni 2019 gilt ein allgemeines **Verbot von Plastiktüten**. Die Veröffentlichung eines Katalogs mit möglichen Strafen für die Ein- und Ausfuhr, die Aufbewahrung und den Gebrauch von Plastiktüten steht noch aus. **Ausdrücklich ausgenommen** sollen die für die Mitnahme von Flüssigkeiten vorgeschriebenen Plastikbeutel mit Zipp-Verschluss sein, in der Annahme, dass diese auch wieder ausgeführt werden.

Klima

Aufgrund der Nähe zum Äquator erfreut sich Tansania **ganzjährig eines angenehmen und warmen Tropenklimas**. Anders als im südlichen Afrika fallen die Unterschiede zwischen den Jahreszeiten gering aus, regional kommt es aber zu großen Unterschieden. So kann es im sogenannten Winter (Juni und Juli) in den Höhenlagen sehr kalt werden, auf dem Kitulo-Plateau sind Frost und sogar Schnee keine Seltenheit.

Entspanntes Klima

An der Küste oder am Tanganjikasee dagegen fallen Temperaturen und Luftfeuchtigkeit zu dieser Zeit nur etwas geringer aus als sonst. Und in flachen Bereichen des Afrikanischen Grabenbruchs, z. B. am Natronsee, können im Sommer Temperaturen von über 40 °C erreicht werden.

Die wärmste Region ist die Küste und im Sommer ist es vor allem in Daressalaam sehr heiß und stickig. Am kältesten ist es im Hochgebirge am Kilimandscharo.

Das Klima in Tansania ist durch **Regen- und Trockenzeiten** gekennzeichnet, die sich im Norden und Süden des Landes leicht unterscheiden. Im Norden gibt es zwei Regenzeiten (kleine Regenzeit im November und Dezember, große Regenzeit im April und Mai), die von einer kurzen Trockenperiode unterbrochen werden, während im Süden durchgängig von November bis Mai mit Regenfällen zu rechnen ist. Der Höhepunkt der Regenfälle wird aber auch hier in den Monaten April und Mai erreicht, weshalb die Safari-Industrie im Süden inzwischen dazu übergegangen ist, die Monate von November bis März nicht als Regenzeit, sondern als *Green Season* zu bezeichnen.

Reisezeit

Tansania kann das ganze Jahr über besucht werden, nur während der großen Regenzeit ist ein Besuch nicht unbedingt zu empfehlen. Viele Unterkünfte sind zu dieser Zeit auch geschlossen. Letztlich kommt es darauf an, welche Absichten man mit einer Reise verfolgt.

Für **Tierbeobachtungen** sind die trockenen Monate Juli bis Oktober die beste Zeit, vor allem in Gebieten, in denen selbst zum Höhepunkt der Trockenzeit noch Wasser vorhanden ist. Hierzu zählen z. B. der Tarangire-Nationalpark, die Serengeti entlang der Flüsse Seronera, Grumeti und Mara, der Ruaha-Nationalpark oder

Die Trockenzeit bietet Tierwanderungen und Flüsse ohne Wasser

der Katavi-Nationalpark. Aber auch darüber hinaus gibt es gute Beobachtungsmöglichkeiten, denn mit dem einsetzenden Regen im November werden viele Jungtiere geboren, außerdem kehren viele Zugvögel zurück.

Aus fotografischer Sicht können die letzten Wochen der Trockenzeit sehr schwierig sein. Zwar sind die Tiere dann leichter zu sehen, dafür wird aber viel Staub in die Luft getragen, der den Himmel oft milchig und trüb erscheinen lässt. Mit den ersten Niederschlägen wird der Staub vom Himmel gewaschen und zwischen November und März bieten sich die schönsten Kontraste und die besten Bedingungen für schöne Aufnahmen – nicht zuletzt durch die zu neuem Leben erwachende Flora, die die Landschaft nicht mehr so trist erscheinen lässt.

Für **Wanderungen**, z. B. in den Usambara- oder Udzungwa-Bergen, empfiehlt sich die Trockenzeit. Zwar sind in diesen Gegenden jederzeit Niederschläge möglich, allerdings sind die Zustände der Wanderwege während der Trockenzeit am besten und das Klima ist am angenehmsten. Eine Kilimandscharo-Besteigung ist dagegen ganzjährig möglich, allerdings sollten die sehr regenreichen Monate April und Mai gemieden werden.

Die **Küste und die großen Seen** sind ebenso ganzjährig gut besuchbar, wobei auch hier in den Monaten April und Mai viele Unterkünfte geschlossen sind.

Kleidung

Für eine Reise nach Tansania empfiehlt sich der Zwiebel-Look aus **mehreren Lagen Kleidung**. Durch den Großen Afrikanischen Grabenbruch befinden sich viele Teile des Landes auf einer Höhe von 1.000 m und mehr, sodass auch im Sommer die Nächte vergleichsweise frisch werden können. Während einer Pirschfahrt in den frühen Morgenstunden ist es oft empfindlich kühl, sodass ein Fleecepulli, ein Halstuch und mitunter auch eine Mütze zu empfehlen sind. Ist die Sonne erst einmal aufgegangen, steigt die Temperatur schnell an, dann bietet sich leichte Kleidung wie T-Shirt und kurze Hose an.

Neben einem Paar fester Schuhe (Turnschuhe oder leichte Wanderschuhe) sollte ein Paar Flipflops oder Sandalen zum Reisegepäck gehören. Wer sportlich ambitioniert ist und z. B. am Strand joggen möchte, sollte seine Laufschuhe nicht verges-

Für eine Walking-Safari empfiehlt sich gutes Schuhwerk

sen. Die Wanderwege in den Bergen sind in gutem Zustand und mit leichten Wanderschuhen begehbar. Im Hochgebirge dagegen sollte ein gutes Paar knöchelhoher Schuhe getragen werden.

Schließlich sollten Reisende bei der Wahl der Kleidung auch darauf achten, wann und wo etwas getragen wird. Während es z. B. auf Sansibar an den Stränden der Lodges unproblematisch ist, den ganzen Tag in Badesachen zu verbringen, sollte bei einem Besuch in Stone Town aus Respekt gegenüber der überwiegend muslimischen Bevölkerung so wenig Haut wie möglich gezeigt werden.

Bis auf wenige Ausnahmen ist bei der Wahl der Kleidung jedoch keine besondere Etikette zu beachten. Einige wenige Lodges und Resorts legen allerdings bis heute Wert darauf, dass zu den Mahlzeiten eine adäquate Kleidung getragen wird. Teilweise wird zum Abendessen sogar Abendgarderobe verlangt.

Sicherheit

Tansania ist ein **sicheres Reiseland**, in dem es nur sehr selten zu Zwischenfällen kommt. Dies liegt vor allem daran, dass bei einer Reise nach Tansania das Naturerlebnis im Vordergrund steht und Besucher sich meist nur bei der An- und Abreise in einer Stadt aufhalten. Zu den häufigsten Vergehen zählt Diebstahl, z. B. von Bargeld aus den Zimmern, weshalb es sich empfiehlt, sein Portemonnaie immer mitzuführen. Anders als noch bis vor wenigen Jahren im benachbarten Kenia sind Anschläge mit terroristischem Hintergrund in Tansania kein Thema, nicht zuletzt aufgrund der diplomatischen Zurückhaltung der Regierung. Es gibt allerdings auf Sansibar Anzeichen für Radikalisierungstendenzen unter jungen Muslimen. In letzter

Zeit wurden zudem einige Diskriminierungsvorfälle gegenüber Homosexuellen publik, die teilweise sogar von den Behörden ausgingen. Gemäß tansanischem Strafrecht können homosexuelle Handlungen mit Gefängnisstrafen belegt werden. Es ist daher empfehlenswert, sowohl in der Öffentlichkeit als auch in den sozialen Medien entsprechend zurückhaltend aufzutreten.

Bei einem Aufenthalt in einer Stadt sollten Besucher tagsüber sorgfältig auf ihre Wertsachen Acht geben und nach Einbruch der Dunkelheit nicht mehr zu Fuß unterwegs sein. Auch tagsüber sollten nur die Stadtzentren besucht und Seitenstraßen und abgelegene Viertel gemieden werden. Ohne Ortskenntnisse empfiehlt es sich ohnehin, die Dienste eines einheimischen Guides in Anspruch zu nehmen.

Währung

Die Landeswährung ist der **Tansania-Schilling (TZS)**. Ein Tansania-Schilling ist unterteilt in 100 Cent und ein Euro entspricht einem Gegenwert von ca. 2.487 TZS (Stand Oktober 2019). Über Kreditkarten (das Visa-System ist weiter verbreitet als das Maestro-System von Mastercard) kann an fast allen Geldautomaten Geld abgehoben werden. Dies ist allerdings nicht zwingend erforderlich, da der **US-Dollar (US$) für den Tourismus von größerer Bedeutung** ist. Alle Unterkünfte akzeptieren US$, auch in Restaurants kann meist in US$ gezahlt werden. In den Städten und in vielen Lodges ist eine Bezahlung per Kreditkarte möglich. Liegen die Unterkünfte aber mitten im Busch, ist die Bezahlung häufig nur in bar möglich.

Vor Ort gibt es keine Möglichkeit an US$ zu kommen, daher sollte vor Anreise ein entsprechender Vorrat besorgt werden. Auch der Euro und das britische Pfund werden zunehmend akzeptiert, noch ist aber der US$ die wichtigste Währung. Für Devisen gibt es keinerlei Ein- oder Ausfuhrbeschränkungen. Kaum noch akzeptiert werden Reiseschecks.

Reisen mit Kindern

Tansania ist **ein familienfreundliches Reiseland**. Viele Unterkünfte haben besondere Familienzimmer oder können auf Anfrage ein oder zwei zusätzliche Betten in den Zimmern oder Safarizelten unterbringen. Es gibt allerdings auch Unterkünfte, bei denen Kinder nur ab einem bestimmten Alter erlaubt sind. Auch gibt es bei manchen Aktivitäten, wie z. B. Walking-Safaris, aus Sicherheitsgründen eine Altersbeschränkung. Für Familien sind vor allem privat geführte Safaris mit eigenem Fahrzeug und Guide hervorragend geeignet, da hier keine Rücksicht auf andere Mitreisende genommen werden muss. Bei der Planung einer Familienreise sollte darauf geachtet werden, dass **das Programm nicht zu vollgepackt** ist und den Kindern nicht zu viel zugemutet wird. Auch sollten die Unterkünfte gezielt ausgewählt werden: Ein kleines Zeltcamp mitten in der Natur mag für Erwachsene sehr schön sein, bietet für Kinder zwischen den Pirschfahrten aber meist keine Möglichkeit, sich zu beschäftigen. Hier könnte eine größere Lodge mit Pool und Internetverbindung die bessere Alternative sein.

Reise-Gesundheitsinformationen

Die Aktualität der reisemedizinischen Länderinformationen spiegelt den Stand bei Drucklegung wider und sollte vor Reiseantritt unbedingt auf Änderungen und Updates geprüft werden. Unter www.crm.de finden sich aktuelle Hinweise zur Situation im Land.

Allgemeine Hinweise

Medizinische Versorgung: Landesweit ist mit Engpässen und Mängeln bei der ärztlichen und medikamentösen Versorgung zu rechnen. Adäquate Ausstattung der Reiseapotheke (Zollbestimmungen beachten, Begleitattest ratsam) und Auslandskrankenversicherung mit Abdeckung des Rettungsrückflug-Risikos für Notfälle werden dringend empfohlen.

Einreise-Impfvorschriften

Bei **Direktflug aus Europa**: **keine Impfungen** vorgeschrieben.

Bei einem vorherigen **Zwischenaufenthalt** (innerhalb der letzten 6 Tage vor Einreise) in einem der aufgeführten Länder (Gelbfieber-Endemiegebiete) wird bei Einreise eine gültige **Gelbfieber-Impfbescheinigung** verlangt (ausgenommen Kinder unter einem Jahr).

Reisende **aus Nicht-Endemiegebieten** (z. B. Europa) benötigen laut offiziellen Angaben nur dann eine Gelbfieber-Impfung, wenn sie in einem Gelbfiebergebiet den Flughafen beim Zwischenstopp verlassen oder mindestens 12 Stunden in diesem Flughafen auf ihren Anschlussflug warten.

Gelbfieber-Impfbescheinigung auch **erforderlich** bei Zwischenstopp oder Umstieg (Transitverkehr), der länger als 12 Stunden dauert, in einem der untenstehenden Länder. Abweichend von der offiziellen Bestimmung kann der Impfnachweis auch bei kürzerem Transit-Aufenthalt verlangt werden.

Gelbfieber-Impfbescheinigung erforderlich bei Einreise aus: Angola · Äquatorialguinea · Argentinien · Äthiopien · Benin · Bolivien · Brasilien · Burkina Faso · Burundi · Ecuador · Elfenbeinküste · Franz. Guayana · Gabun · Gambia · Ghana · Guinea · Guinea-Bissau · Guyana · Kamerun · Kenia · Kolumbien · Kongo, Rep. · Kongo, Dem. Rep. · Liberia · Mali · Mauretanien · Niger · Nigeria · Panama · Paraguay · Peru · Ruanda · Senegal · Sierra Leone · Sudan · Suriname · Togo · Trinidad & Tobago · Tschad · Uganda · Venezuela · Zentralafrikanische Republik.

Entgegen den offiziellen Bestimmungen ist es am **Kilimanjaro Airport** auch bei der Einreise aus Nicht-Endemiegebieten schon zu Kontrollen der Gelbfieber-Impfung gekommen.

Gemäß den geänderten International Health Regulations der WHO (am 11. Juli 2016 in Kraft getreten) ist die **Gelbfieber-Impfbescheinigung** nach einmaliger Impfung **lebenslang gültig**. Es ist möglich, dass bei Einreise abweichend von der offiziellen Regelung ein Impfnachweis verlangt wird, der nicht älter als 10 Jahre ist.

Hinweis zur Reise vom Festland nach Sansibar

Die Tourismuskommission von Sansibar hat in einem Schreiben im August 2017 ausdrücklich darauf hingewiesen, dass bei einer Einreise nach Sansibar vom Festland Tansanias keine Gelbfieberimpfung erforderlich ist:

„Travelers arrived from any port in Tanzania Mainland will not be subjected to Vaccination when entering Zanzibar but will undergo screening for verification at the point of entries."

Empfohlener Impfschutz

Generell: Standardimpfschutz nach deutschem Impfkalender, speziell Tetanus und Diphterie, außerdem Hepatitis A und Gelbfieber.

Bei einer Reise durch das Landesinnere unter einfachen Bedingungen (Rucksack-/Trekking-/Individualreise) mit einfachen Quartieren/Hotels, bei Camping-Reisen, Langzeitaufenthalten, praktischer Tätigkeit im Gesundheits- oder Sozialwesen und/oder engem Kontakt zur einheimischen Bevölkerung ist außerdem ein Impfschutz gegen Polio, Cholera, Typhus, Hepatitis B, Tollwut und Meningitis zu erwägen.

Wichtiger Hinweis: Welche Impfungen letztendlich vorzunehmen sind, ist abhängig vom aktuellen Infektionsrisiko vor Ort, von der Art und Dauer der geplanten Reise, vom Gesundheitszustand, sowie dem eventuell noch vorhandenen Impfschutz des Reisenden. Da im Einzelfall unterschiedlichste Aspekte zu berücksichtigen sind, empfiehlt es sich immer, rechtzeitig (etwa 4 bis 6 Wochen) vor der Reise eine persönliche Reise-Gesundheits-Beratung bei einem reisemedizinisch erfahrenen Arzt oder Apotheker in Anspruch zu nehmen.

Malaria

Risiko: ganzjährig, verstärkt während der Regenzeit; hohes Risiko landesweit unterhalb 1.800 m; mittleres bis geringes Risiko im zentralen Hochland (Gebiete zwischen Mbeya und Dodoma) sowie in den Grenzgebieten zu Kenia im Nordosten; geringes bis kein Risiko um den Kilimandscharo; von 1.800 bis 2.500 m Höhe ist regional mit einem geringen Risiko zu rechnen, höhere Lagen gelten als malariafrei.

Die Inseln Sansibar (Unguja) und Pemba gelten seit 2008 als praktisch **malariafrei**.

Vorbeugung:

Ein konsequenter Mückenschutz in den Abend- und Nachtstunden verringert das Malariarisiko erheblich (Expositionsprophylaxe).

In der Dämmerung und nachts Aufenthalt in mückengeschützten Räumen (Räume mit Air-Condition, Mücken fliegen nicht vom Warmen ins Kalte).

Beim Aufenthalt im Freien in Malariagebieten abends und nachts weitgehend körperbedeckende Kleidung (lange Ärmel, lange Hosen).

Ein Zelt bietet nicht zuletzt auch Schutz vor Mücken

Anwendung von insektenabwehrenden Mitteln an unbedeckten Hautstellen (Wade, Handgelenke, Nacken). Wirkungsdauer ca. 2–4 Std.

Im Wohnbereich Anwendung von insektenabtötenden Mitteln in Form von Aerosolen, Verdampfern, Kerzen, Räucherspiralen.

Schlafen unter dem Moskitonetz (vor allem in Hochrisikogebieten).

Ergänzend ist die Einnahme von Anti-Malaria-Medikamenten (Chemoprophylaxe) dringend zu empfehlen. Zu Art und Dauer der Chemoprophylaxe fragt man am besten Arzt oder Apotheker bzw. informiert sich in einer qualifizierten reisemedizinischen Beratungsstelle. Malariamittel sind verschreibungspflichtig.

Ratschläge zur Reiseapotheke

Um für leichtere Erkrankungen und kleinere Notfälle gerüstet zu sein, sollte man eine Reiseapotheke mitnehmen.

Folgendes sollte auf Reisen immer dabei sein: Medikamente gegen Durchfall, Reisekrankheit, Fieber, Schmerzen sowie Wunddesinfektionsmittel, Insekten- und Sonnenschutzmittel, Salbe bei Insektenstichen oder anderen Hautreizungen, Fieberthermometer und Verbandmaterial. Je nach Reiseland und Reiseziel können weitere Medikamente (z. B. zur Malariavorsorge) oder Hilfsmittel (z. B. Spritzen) sinnvoll sein. Nicht vergessen: Medikamente zur eigenen ständigen Einnahme!

Bei speziellen Fragen zur Reiseapotheke wendet man sich am besten an eine Apotheke mit reisemedizinisch qualifizierten Mitarbeitern.

(Alle Inhalte, außer Hinweis zur Reise vom Festland nach Sansibar: Centrum für Reisemedizin, Stand Oktober 2019)

Die verschiedenen Safari-Optionen

Tansania bietet vielfältige Möglichkeiten für die unterschiedlichsten Interessen. Vom Wandern in den Udzungwa-Bergen und der Besteigung von Kilimandscharo und Mount Meru über Schnorcheln im Mafia-Archipel oder Strandurlaub auf Sansibar ist für alle Geschmäcker etwas dabei. Ein besonderes **Highlight ist aber nach wie vor die klassische Safari**, wofür Tansania hervorragende Bedingungen bietet. Dieser kurze Überblick über die verschiedenen Optionen soll insbesondere Safari-Neulingen helfen, die richtige Reiseform zu finden.

Zunächst die schlechte Nachricht für all diejenigen, die gerne selber fahren möchten und vielleicht schon Erfahrungen in Namibia, Südafrika oder gar Botswana gesammelt haben: Tansania ist **für Selbstfahrer äußerst ungeeignet**. Es gibt nur wenige Mietwagenunternehmen, die safaritaugliche Fahrzeuge vermieten. Die Preise sind sehr hoch (es geht bei ca. 200 € pro Tag los) und die Mietbedingungen sind sehr restriktiv. Die Infrastruktur ist bis auf einige Hauptstraßen äußerst rudimentär und in den Nationalparks gibt es kaum Beschilderung. Auch sollten Kenntnisse hinsichtlich der Mechanik vorhanden sein, um einfache Schäden selber beheben zu können. Die meisten Mietwagenunternehmen raten auf ihren Webseiten sogar von einer Selbstfahrerreise ab und empfehlen, mit dem Fahrzeug auch einen Fahrer zu buchen.

Wird zu einem Fahrzeug auch ein Fahrer gebucht, handelt es sich im Prinzip schon um eine **privat geführte Safari**. Denn die meisten Fahrer haben auch eine Ausbildung zum Guide abgeschlossen und werden deshalb auch als Fahrer-Guides bezeichnet. Bei einer privat geführten Safari können Route und Dauer der Safari selbst bestimmt werden, ebenso die Wahl der Unterkünfte. In den Parks hat dies

Unterwegs mit der Safari-Gruppe

Beim Flug über das Land eröffnen sich neue Perspektiven

den unbezahlbaren Vorteil, dass Dauer und Schwerpunkte der Pirschfahrten selber festgelegt werden können und dass keine Kompromisse mit anderen Mitreisenden eingegangen werden müssen.

Gruppenreisen haben einen anderen großen Vorteil: Je nach Art der Reise und der Größe der Gruppe ist dies die günstigste Safari-Option (vor allem bei einer Camping-Reise), insbesondere für Alleinreisende ist dies die erschwinglichste Möglichkeit. Das Programm ist allerdings fest vorgegeben und es gibt keine Möglichkeit, an den Abläufen etwas zu ändern. Und letztlich besteht auch eine Ungewissheit bezüglich der anderen Mitreisenden, mit denen eine solche Reise stehen und fallen kann. Bei Camping-Reisen sollte unbedingt beachtet werden, dass die Einrichtungen teilweise sehr einfach und nicht mit dem südlichen Afrika zu vergleichen sind. So sind z. B. richtige Toiletten und Duschen keine Selbstverständlichkeiten.

Flugsafaris sind i. d. R. die teuerste, manchmal aber auch die einzige Safari-Option. Tansania ist ein riesiges Land und manche Parks sind so abgelegen, dass sie per Fahrzeug nicht oder nur schlecht zu erreichen sind. Diese Flüge dauern abhängig von Park und Lage teilweise bis zu vier Stunden und kosten bis zu 1.000 US$ pro Person (einfache Strecke). Auch sind die Gepäckbegrenzungen mit 15 kg pro Person inkl. Handgepäck sehr restriktiv.

Über die passendste Reiseform können die verschiedenen Reiseveranstalter kompetent beraten (z. B. Iwanowski's Reisen, www.afrika.de). Letztlich muss aber jeder für sich selbst entscheiden, welche Safari-Option in Frage kommt und am besten in das Budget passt. Denn eines haben alle Reisen in Tansania gemein, egal um welche Reiseform es sich handelt: einen vergleichsweise hohen Preis.

Warum eine Kombination von Kenia und Tansania sehr aufwendig ist

Vielen Reisenden stellt sich bei den Vorbereitungen für eine Reise nach Tansania die Frage, ob nicht auch der Amboseli-Nationalpark und die Masai Mara in Kenia besucht werden können. Der Blick auf die Karte verleitet dazu: Amboseli liegt näher an Arusha als an Nairobi und Serengeti und Masai Mara sind letztlich ein zusammenhängendes Schutzgebiet. Zwar bieten einzelne Veranstalter solche Reisen an (z. B. 4x4 Adventures, www.4x4safaris.com), insgesamt ist das Angebot an grenzüberschreitenden Safaris aber überschaubar – doch woran liegt das eigentlich?

Hauptgrund ist **ein seit Jahren schwelender Streit zwischen Kenia und Tansania**. Auslöser hierfür war die Entscheidung der Regierung Tansanias, die Grenze am Sand River zwischen der Masai Mara und der Serengeti zu schließen. Tansania wollte so verhindern, dass große Minibus-Flotten aus Kenia in die Serengeti fahren. Die Bedenken waren und sind durchaus begründet, da die Lodges und Camps in Kenia traditionell größer sind als die in Tansania (natürlich gibt es Ausnahmen). So befinden sich z. B. die Keekorok Lodge und die Mara Sopa Lodge mit zusammen über 150 Zimmern weniger als 20 km bzw. 50 km von der Grenze zur Serengeti entfernt. Wer die Masai Mara und die Serengeti nun miteinander kombinieren wollte, musste außen herum entlang des Viktoriasees fahren und aufgrund

Zwischenstaatliche Querelen erschweren den Übergang nach Kenia

der langen Strecke eine Zwischenübernachtung einlegen.

Wer die Straßen scheut, sollte für den Weg nach Kenia lieber das Flugzeug wählen

Als Reaktion hierauf verhängte die kenianische Regierung ein Verbot für Safariunternehmen aus Tansania, in die kenianischen Nationalparks und Reservate zu fahren. Dass Tansania nur wenig später mit derselben Maßnahme für kenianische Safariunternehmen reagierte, war keine große Überraschung. Seitdem dürfen in den kenianischen Nationalparks und Reservaten keine Fahrzeuge mehr mit tansanischer Registrierung und tansanischen Guides unterwegs sein und umgekehrt. Zwar wurden in den vergangenen Jahren für einzelne Unternehmen immer wieder Ausnahmegenehmigungen erteilt, aber inzwischen haben sich die Fronten wieder verhärtet.

Wer also beide Länder miteinander kombinieren möchte, muss **an der Grenze Fahrzeug und Guide wechseln**. Dies erhöht zum einen die Kosten einer solchen Reise, denn es entstehen Leerfahrten von und bis zu den Grenzen, deren Mehrkosten auf den Reisepreis aufgeschlagen werden. Zum anderen führt dies auch zu einem kleinen Bruch während der Reise, denn kaum haben sich Guide und Gäste kennengelernt, ist dieser Reiseteil zu Ende und das Ganze beginnt von vorne.

Trotz Protesten konnte die Safari-Industrie an diesen Gegebenheiten nichts ändern. Um es Touristen dennoch zu ermöglichen, die Serengeti und die Masai Mara ohne großen Aufwand zu kombinieren, wurde im Jahr 2013 von tansanischen und kenianischen Safari-Fluggesellschaften eine neue Flugverbindung etabliert. Touristen haben nun die **Möglichkeit, von der Serengeti in die Masai Mara zu fliegen**. Es ist allerdings keine direkte Verbindung, da grenzüberschreitende Flüge mit kleinen Safariflugzeugen nicht erlaubt sind. So erfolgt zunächst ein Flug nach Tarime und von hier geht es per Straßentransfer (einschließlich Grenzüberquerung) nach Migori in Kenia. Hier wartet dann der Anschlussflug in die Masai Mara auf die Touristen. Abhängig von der jeweiligen Start- und Ziellandebahn dauert diese kleine Reise bis zu vier Stunden und ist verglichen mit einer Zwischenübernachtung und einem Fahrzeugwechsel an der Grenze weniger zeitaufwendig. Die Kosten für den Flug (ab 400 US$ pro Person) liegen in etwa in dem Bereich, der für eine Zwischenübernachtung, einen zusätzlichen Tag Nutzung von Fahrzeug und Guide und die Leerfahrten angesetzt werden muss.

Ein Mittel im Kampf gegen die Wilderei – der Tourismus

Elefantenherden, die durch die weite Savanne streifen, traumhafte Sonnenuntergänge und niedliche Löwenbabys, die scheinbar unbefangen in der afrikanischen Wildnis aufwachsen – dies sind nur einige Vorstellungen, die mit einer Reise nach Tansania assoziiert werden. Doch diese Idylle ist getrübt, denn seit einigen Jahren tobt hinter den Kulissen ein **brutaler Kampf gegen die organisierte Wilderei**. Vor allem in Asien gelten das Elfenbein der Elefanten und die Hörner der Nashörner in der traditionellen Medizin als Wundermittel. Dabei ist längst erwiesen, dass sie keinerlei Wirkung haben. Lange galt das Selous-Reservat als das Schutzgebiet mit dem größten Vorkommen an Elefanten in Afrika, doch heute hat die Anzahl drastisch abgenommen, Tendenz weiter sinkend. Die letzten Nashörner in der Serengeti werden von einer eigens zu ihrem Schutz abgestellten Spezialtruppe von Rangern streng beschützt. Besonders bedroht sind neben Elefanten und Nashörnern aber auch Löwen. Von den einst 300.000 freilebenden Löwen in Afrika existieren heute gerade noch einmal ca. 30.000, von denen mehr als 20 Prozent im Serengeti-Ökosystem und im Ruaha-Nationalpark leben.

Der Kampf gegen die Wilderei scheint fast aussichtslos, sei es ob der guten Organisation, sei es ob exzellenter Beziehungen der Hintermänner oder schlichtweg aufgrund von Korruption. **Als wichtiges Gegenmittel gilt der Tourismus**. Je mehr Touristen in ein Land reisen und je mehr auf Safari gehen, desto schwieriger wird die Wilderei. In der Vergangenheit wurde Tansania vermehrt für die scheinbar

Noch immer werden Elefanten wegen ihres Elfenbeins gejagt

Auch Löwen sind stark durch die Wilderei bedroht

unkontrollierte Vergabe von Lizenzen für Camps in der Serengeti kritisiert: Es existierten bereits viele Camps und zu viele Touristen könnten für das Ökosystem schädlich sein, so die Argumentation. Das schade wiederum dem Tourismus selbst, da das Safarierlebnis unter dem hohen Touristenaufkommen leide. Bedingt mag das zutreffen. Allerdings: Mit dem Boom des Safaritourismus ist auch die Wilderei in der Serengeti deutlich zurückgegangen.

Dagegen ist die Lage im Süden des Landes noch immer dramatisch. Mit über 20.000 km^2 ist Ruaha der mit Abstand größte Nationalpark Tansanias. Es gibt hier aber nur zehn permanente Camps, von denen sich acht im selben Gebiet befinden. Der Großteil des Parks ist touristisch kaum erschlossen und die Wilderei kaum kontrollierbar. Von zu vielen Camps und zu vielen Touristen kann hier also nicht die Rede sein. Ganz im Gegenteil: Der Tourismus ist in Ruaha unterentwickelt. Es besteht dringender Handlungsbedarf und inzwischen sind weitere Lizenzen vergeben worden. Denn mehr Camps und mehr Touristen bedeuten gleichzeitig auch mehr Arbeitsplätze und somit direkten und vor allem nachhaltigen Profit vom Safaritourismus für die lokale Bevölkerung. Der damit einhergehende Rückgang der Wilderei wiegt die ökologische Belastung durch den Tourismus locker auf. Und um die Dimension richtig einzuordnen: Wenn sich am Mara-Fluss einmal 25–30 Fahrzeuge gleichzeitig einfinden, um Zehntausende Gnus und Zebras bei der Überquerung des Flusses zu beobachten, ist dies immer noch ein einzigartiges Erlebnis.

Der Tourismus spielt also eine wichtige Rolle im Kampf gegen die Wilderei. Zum einen sind es die Touristen selber, die in ein Land reisen und die Parks besuchen. Zum anderen sind es die Veranstalter und die Reisebüros, die als Schnittstelle zwischen Land und Touristen agieren. Afrika und speziell Tansania benötigen den Tourismus und die daraus resultierenden Einnahmen als **Baustein, um die Wilderer erfolgreich zu bekämpfen**. Das hilft nicht nur der Umwelt, den Tieren und der lokalen Bevölkerung, sondern letzten Endes wiederum dem Tourismus. Denn nur wenn der Kampf gegen die Wilderei Erfolg hat, können sich auch zukünftige Generationen noch an Elefanten, Nashörnern und Löwen in freier Wildbahn erfreuen.

Literaturtipps

Baldus, R.: **Wildes Herz von Afrika. Der Selous – traumhaftes Wildschutzgebiet**. Kosmos Verlag, Stuttgart 2011. ISBN: 978-3440127896, 268 S., 39,95 €, mit zahlreichen Abbildungen und Fotos und einer detaillierten Karte. Das Buch beschreibt die Geschichte des Selous-Reservats und ist eine Sammlung von Artikeln von Personen, die sich während ihres Lebens intensiv mit Afrikas größtem Schutzgebiet auseinandergesetzt haben.

Bartelme, T.: **A surgeon in the village: An American doctor teaches brain surgery in Africa**. Beacon Press, Boston 2018, ISBN-13: 978-0807005866, 288 Seiten, ca. 16,50 €. Als Dr. Dilan Ellegala in Tansania ankommt, ist er schockiert, dass das ganze Land nur drei Gehirnchirurgen für seine 42 Millionen Einwohner hat. Zudem fehlen selbst die grundlegendsten chirurgischen Instrumente. Um einem Dorfbewohner mit einem schweren Schädeltrauma zu helfen, kauft Dilan einem Bauern eine Baumsäge ab, sterilisiert sie und rettet damit das Leben des Mannes. Spannende und informative Reportage, die Bartelme 2011 eine Nominierung für den Pulitzerpreis einbrachte.

Boyd, W.: **Der Eiskrem-Krieg**. Berlin Verlag, Berlin 2012. ISBN: 978-3833308192, 480 S., 9,99 €. Auch wenn es sich bei dem Buch „nur" um einen Roman handelt, beschreibt es sehr anschaulich, unter welchen Bedingungen der Erste Weltkrieg in Tansania ausgetragen wurde.

Cutler, J.: **Among the Maasai: A memoir**. She writes press, Phoenix 2019, ISBN-13: 978-1631526725, 312 Seiten, ca. 16,50 €. Erinnerungen von Juliet Cutler, die 1999 die USA verlässt, um an der ersten Schule für Massai-Mädchen in Ostafrika zu unterrichten. Fasziniert von den Geschichten junger Frauen, die entschlossen sind, in einer Kultur zwischen Vergangenheit und Zukunft eine Ausbildung zu erhalten, versucht sie, ihre Schülerinnen zu unterstützen, während diese darum kämpfen, ihr eigenes Schicksal zu definieren.

Fanshawe, J. / Stevenson, T.: **Birds of East Africa**. Christopher Helm, London 2004. ISBN-13: 978-0713673470, 600 S., ca. 36 €, zahlreiche Illustrationen. Der umfangreichste Vogelführer für Ostafrika und ein Muss für jeden Vogelliebhaber auf einer Reise durch Tansania. Im Oktober 2020 erscheint eine aktualisierte Auflage.

Fitzjohn, T.: **Born Wild: The extraordinary story of one man's passion for Africa**. Crown Publishers, New York 2011. ISBN: 978-0307716033, 318 S., zurzeit nur gebraucht oder als E-Book erhältlich. Die Autobiographie von Tony Fitzjohn liest sich wie ein Abenteuerroman. Die Schwerpunkte liegen auf seiner Arbeit mit den Löwen mit George Adamson in Kenia und dem beschwerlichen Weg bis zur Gründung des Mkomazi-Nationalparks.

Goscinny, Y.: **Tingatinga – the popular paintings from Tanzania**. Daressalaam 2004. ISBN: 978-9987897520, 164 S., nur noch gebraucht erhältlich. Interessante und detaillierte Beschreibung des Lebens von Edward Tingatinga und des Kunststils, den er erfand. Zahlreiche Fotos von Tingatinga, aber auch von vielen Gemälden, die die Entwicklung des Stils von seinen Anfängen bis heute zeigen.

Goodall, J.: **Mein Leben für Tiere und Natur: 50 Jahre in Gombe**. Bassermann Verlag, München 2014. ISBN-13: 978-3809480457, 144 S., zurzeit nur gebraucht oder als E-Book erhältlich. Die deutsche Übersetzung der Autobiographie der berühmten Schimpansen-Forscherin, ergänzt durch zahlreiche Farbfotos.

Goodall, J.: **Through a Window: My Thirty Years with the Chimpanzees of Gombe**. Mariner Books, New York 2010, ISBN-13: 978-0547336954, 400 S., ca. 14,50 €. Kaum ein wissenschaftliches Buch vermittelt Fachfremden und Laien Erkenntnisse so verständlich und anschaulich wie dieses Buch von Jane Goodall über ihre Forschungsarbeit mit den Schimpansen.

Grzimek, B. / Grzimek M.: **Serengeti darf nicht sterben. 367.000 Tiere suchen einen Staat**. National Geographic, Hamburg 2009. ISBN-13: 978-3492403474, 384 S., 16 €. Das Buch zur oscarprämierten Dokumentation mit detaillierten Ausführungen und Informationen, die im Film nicht vorkommen. Es liest sich einerseits wie ein Abenteuerroman, andererseits wie ein Forschungsbericht und die schon damals gewonnenen Erkenntnisse sind aktueller denn je.

Nishida, T.: **Chimpanzees of the Lakeshore. Natural History and Culture of Mahale**. Cambridge University Press, Cambridge 2011. ISBN-13: 978-1107601789, 340 S., ca. 43 €. Erkenntnisse aus mehr als 30 Jahren Forschung werden in diesem Buch nach unterschiedlichen Themen anschaulich dargestellt und mit zahlreichen Fotos, Statistiken und Grafiken unterlegt. Unter anderem werden regional unterschiedliche Verhaltensweisen beschrieben, die darauf hindeuten, dass es unter Schimpansen eine Art Kultur gibt.

Lochner, R.: **Kampf im Rufiji-Delta – Das Ende des Kleinen Kreuzers „Königsberg"**. Wilhelm Heyne Verlag, München 1994. ISBN-13 978-3453024205, 447 S., nur noch gebraucht erhältlich. Geschichtsbuch über die deutsche Marine und Schutztruppe im Ersten Weltkrieg in Ostafrika, wobei vor allem die Szenen zu Wasser von dem Marinehistoriker sehr detailliert geschildert werden.

Paulus, S. / Wackenberg, R.: **Von Goetzen bis Liemba: Auf Reisen mit einem Jahrhundertschiff**. artissage Verlag, Berlin 2013, ISBN: 978-3000420504, 256 S., 14,50 €. Sarah Paulus und Rolf Wackenberg berichten auf sehr unterhaltsame Weise über ihre Reise mit der MV Liemba und liefern dabei jede Menge Hintergrundinformationen über die Geschichte dieses Schiffes. Mit tollen Fotos!

Sewig, C.: **Der Mann, der die Tiere liebte: Bernhard Grzimek**. Lübbe Verlag, Bergisch-Gladbach 2009. ISBN-13: 978-3785723678, 480 S., nur noch gebraucht oder als E-Book erhältlich. Ein intimer Blick hinter die Kulissen eines außergewöhnlichen Mannes, dessen zahlreiche Facetten beleuchtet werden.

Ratering, J.: **Mambo supa dupa: Mein Leben als Filmstar in Tansania**. Fischer Verlag, Frankfurt 2013. ISBN-13: 978-3596189151, 256 S., 8,99 €. Vom Ethnologiestudenten zum Filmstar in Daressalaam – auf unterhaltsame Weise beschreibt der Autor seine persönlichen Erlebnisse und ein Stück Alltag in Tansania, abseits vom typischen Safari-Tourismus.

Withers, M. / Hosking, D.: **Wildlife of East Africa**. Princeton University Press, Princeton 2002. ISBN-13: 978-0691007373, 248 S., ca. 18,50 €, mit zahlreichen Farbfotos. Kompakter Begleiter im Taschenbuchformat für Safaris mit Informationen über 475 Säugetier-, Reptilien-, Vogel-, Insekten- und Pflanzenarten.

Stichwortverzeichnis

A

Afrikanischer Grabenbruch 17, 20, 24, 44
Amani-Naturreservat 13
Amboseli-Ökosystem 16
Anrainerstaaten 222
Anreise 223
Arusha 38, 75, 108, 118, 120, 222
Arusha-Nationalpark 38, 102, 110, 128
Auskünfte 223

B

Bagamoyo 70, 88
Ballon-Safari 112
Baobab 40, 56, 132, 207
Barafu Kopjes 160
Baumhäuser 199
Bevölkerung 222
Bindenfischeule 11
Bologonja-Region 152
Boundary Hill 40
Brazzameerkatze 106
Buckelwal 63, 197, 216
Burton, Richard Francis 71, 82

C

Camps/Lodges/Hotels
- Africa Amini Life 130
- African View Lodge 128
- Amaan Bungalows 91
- Babu's Camp 37, 109
- Baumhäuser 199
- Beho Beho Camp 67, 69
- Chada Katavi Camp 55, 117, 178
- Chem Chem 42
- Chole Mjini Lodge 63, 198
- Chumbe Island 214
- Dar Es Salaam Serena Hotel 67
- Fanjove Island Lodge 200
- Faru Faru 167
- Fundu Lagoon 31
- Greystoke Mahale Camp 53, 172
- Hondo Hondo Camp 29
- Ikuka Safari Camp 188
- Jongomero Camp 186
- Kambi ya Tembo 17
- Karatu Country Lodge 47, 79, 142
- Katavi Wildlife Camp 55, 182
- Kichaka Expeditions 114
- Kigoma Hilltop Hotel 25, 83
- Kijongo Bay Resort 89, 124
- Kilwa Beach Lodge 97
- Kimbilio Lodge 97
- Kinasi Lodge 63
- Kisampa Bush Retreat 11
- Kisima Ngeda Camp 21, 77, 148
- Kuro Camp 41
- Kusini Camp 156
- Lake Burunge Tented Lodge 75
- Lake Eyasi Safari Lodge 21, 77
- Lake Manyara Tree Lodge 45
- Lake Manze Camp 69, 190
- Lake Masek Tented Lodge 154
- Lake Natron Camp 19
- Lake Shore Lodge 25, 176
- Lake Tanganyika Hotel 25
- Lamai Serengeti Camp 164
- Lazy Lagoon Island Lodge 89
- Lemala Mpingo Ridge Lodge 134
- Little Oliver's Camp 132
- Lupita Island Lodge 25
- Maasai Giraffe Eco Lodge 19
- Mambo View Point Eco Lodge 13
- Manta Resort 31
- Manyara Ranch 42
- Maramboi Tented Lodge 41, 75, 136
- Matemwe Lodge 212
- Mbali Mbali Gombe Lodge 87
- Mbali Mbali Katavi 55, 180
- Mbali Mbali Mahale 53, 174
- Mbugani Camps 168
- Michamvi Sunset Bay Resort 210
- Mikumi Wildlife Camp 61
- Mnemba Island Lodge 216
- Momella Lodge 39
- Mpingo Ridge Lodge 41
- MV Liemba 84
- Mwagusi Safari Camp 184
- Namiri Plains Camp 160
- Ndarakwai Ranch 17
- Ngorongoro Crater Lodge 47, 79, 146
- Ngorongoro Sopa Lodge 47, 79
- Nic's Tented Lodge 89
- Olakira Migration Camp 152
- Olduvai Camp 81
- Oliver's Camp 41, 132
- Pemba Lodge 31, 218
- Pioneer Camp 51, 158
- Plantation Lodge 47, 79, 144
- Randilen 42
- Rubondo Island Camp 23, 170
- Saadani Safari Lodge 11
- Sabora Camp 167
- Sangaiwe Tented Lodge 75
- Sasakwa Lodge 166
- Sayari Camp 51, 162
- Seasons Lodge Zanzibar 208
- Shu'Mata Camp 17, 126
- Simply Saadani Camp 11
- Siwandu Camp 69, 192
- Stanley's Kopje 61, 194
- Swala Camp 41, 138
- Tandala Tented Camp 19
- Tarangire Safari Lodge 41
- The Highlands 47
- Tindiga Tented Camp 77

- Tortilis Lake Manyara Camp 45, 140
- Udzungwa Falls Lodge 29
- Unguja Lodge 206
- Vuma Hills Camp 61
- Wayo Manyara Green Camp 45
- Wilderness Camps 51, 150
- Zanzibar Palace Hotel 93, 204
- Zanzibar Serena Hotel 93, 202
- Ziwani Lodge 21

Chada-Ebene 55, 178
Chada-See 55
Chagga 15
Chai Masala 125
Chem Chem 42
Chole Bay 62
Chumbe 214
Coca-Cola-Route 14

D

Daressalaam 88, 94, 108, 196, 222
Dodoma 222

E

Eastern Arc Mountains 13, 28
Einreise 224
Einwohnerzahl 222
Elefanten 39, 40, 45, 56, 58, 124, 132, 138, 236
Empakai-Krater 118, 119
Empakai-See 119
Eyasisee 20, 76, 148

F

Fanjove Island 200
Felsenmalereien 74
Fischerturako 33
Fläche 222
Flugsafaris 233
Flusspferde 50, 54, 191
Fly Camping 115, 116, 133, 171, 179

G

Galapagos von Afrika 28
Geparde 40, 48, 56, 156, 160
Gesundheitsinformationen 229
Gewürznelken 30
Goetzen 84
Gol Kopjes 50, 160
Gombe 86
Gombe Stream 25, 106
Gombe Stream Research Center 87
Goodall, Jane 86, 175
Graupapagei 23
Grumeti-River-Reservat 166
Grünkopfpirol 13
Grzimek, Bernhard 22, 46, 48, 78

H

Hadzabe 21, 76
Hemingway, Ernest 44, 144
Hochlandmangabe 26, 29

I

Impfschutz 230
Impfvorschriften 229
Informationsmaterial 223

J

Jongomero-Fluss 186
Jozani-Chwaka-Bay-Nationalpark 32

K

Karatu 144
Karettschildköte 62
Katavi-Nationalpark 54, 106, 176, 178, 180, 182
Katsunga-Ebene 55, 182
Katuma-Fluss 54, 180, 182
Khoisan 76
Kibo 14
Kigoma 25
Kilimandscharo 14, 16, 109, 110, 119, 126, 128
Kilwa Kisiwani 96
Kinder 228
Kipili 176
Kitibong Hill 40
Kitulo-Nationalpark 26
Kizimkazi 206
Kleidung 226
Klima 224
Kogakuria-Kopje 164
Kolo 74
Kondoa 74
Krüger, Hardy 38
Küstenlinie 222

L

Lage, geografische 222
Lake-Manyara-Nationalpark 40, 42, 44, 102, 136
Langschnabelsänger 13
Leakey, Louis 74, 80, 86
Lemosho-Route 14
Liechtenstein-Antilope 10
Literatur 238
Livingstone, David 70, 82
Löwen 17, 41, 48, 56, 138
Löwen, baumkletternde 44, 102
Lupita Island 24
Lushoto 109

M

Machame 14
Mafia-Island-Marine-Park 62
Magadi-See 51
Magamba-Waldreservat 12
Mahale Mountains 172, 174
Mahale-Mountains-Nationalpark 25, 52, 106
Malaria 230
Mang'ola 20
Mangroven-Eisvogel 33
Mangroven-Fischer 11
Mantelaffen 12, 48, 110
Manyara Ranch 42
Manyara-See 44, 118, 136
Manze-See 59, 104, 190
Mara-Fluss 50, 51, 150, 152, 162, 165
Marangu-Route 14
Marhubi-Palast 90
Masai Kopjes 50
Massai 16, 19, 72, 118, 120, 126
Maswa Game Reserve 120
Matemwe 212
Mawenzi 14
Meeresschildkröte 62, 108, 200, 216
Mercury, Freddie 93
Michamvi 210
Mikumi-Nationalpark 60, 104, 194
Miriakamba-Hütte 110
Mkata-Ebene 60, 194
Mkomazi-Nationalpark 36, 109
Mnemba-Atoll 216
Mnemba Island 212, 216
Momella-Seen 38, 102
Moru Kopjes 51, 158
Moshi 109
Mount Gelai 18
Mount Kungwe 174
Mount Meru 16, 17, 38, 102, 109, 110, 119, 129
Moyowosi Game Reserve 121

MV Liemba 84
Mwagusi-Fluss 184
Mwanza 106, 222
Mwiba Private Game Reserve 120

N

Nainokanoka 118
Naiyobi 119
Namiri Plains 160
Nashörner 36, 51, 109, 162
Natron Game Controlled Area (NGCA) 19
Natronsee 18, 119
Ndutu-See 118, 150, 154
Nelken 30
Nessuandet 126
Ngoitokitok-Quellen 46
Ngorongoro-Hochland 20, 118
Ngorongoro-Krater 46, 78, 102, 118, 120, 146
Ngurdoto-Krater 38
Nimmersatt-Störche 44
Nungwi 91
Nussknacker-Mensch 80
Nyerere, Julius 78, 93
Nzerakera-See 192

O

Ol Doinyo Lengai 18, 119
Oldupai-Schlucht 80
Olmoti-Krater 118

P

Pangani-Fluss 88
Pel-Fischeule 11
Pemba 30, 218
Pfirsichköpfchen 20

R

Randilen 42
Ras Kutani 196
Reiseapotheke 231
Reisezeit 225
Religion 222
Rongai 14
Ruaha Carnivore Project 98
Ruaha-Nationalpark 56, 104, 114, 184, 186, 236
Rubondo Island 106, 170
Rubondo-Island-Nationalpark 22
Rufiji-Fluss 58, 66, 104, 192
Ruinen 30, 88, 96, 108

S

Saadani (Dorf) 10
Saadani-Nationalpark 10, 89, 108, 124
Saanane Island (Nationalpark) 106
Safari-Optionen 232
Safari-Parcours 102, 104, 106
Sanje-Fälle 29
Sanje-Mangabe 28
Sansibar 30, 32, 66, 90, 92, 202, 206, 208, 210, 212, 214, 216, 218, 230
Sansibar-Ducker 214, 216
Sansibar Island *s. Unguja*
Sansibar-Stummelaffe 33
Schimpansen 22, 52, 86, 107, 172
Schimpansen-Trekking 52, 87, 107, 173, 175
Schreiseeadler 23, 44
Schuhschnabel 121
Schwarzflügeltrappe 27
Selous, Frederick Courteney 58, 68
Selous-Reservat 58, 68, 104, 186, 190, 236
Serengeti 48, 50, 78, 102, 120, 150, 158
Seronera-Tal 50
Shamiani Island 218
Shira-Plateau 17, 109
Shira (Vulkan) 14
Sicherheit 227
Siedentopf, Adolf 46
Silberwangenhornvogel 29
Singhabichte 20
Sisalplantagen 88
Sitatunga-Antilopen 23
Siwandu-See 192
Sklavenhandel 82, 88, 92, 96
SMS Königsberg 66
Songo Mnara 96
Songo-Songo-Archipel 200
Speke, John Hanning 71, 82
Sphinxhafen 66
Sprachen 222
Städte 222
Stahlschwalbe 27
Stanley, Henry Morton 70, 83, 194
Stanley's Kopje 194
Stone Town 92, 202, 204
Swahili-Küste 88, 108, 124

T

Tanganjikasee 24, 82, 84, 106, 172, 174, 176
Tanzania Land Conservation Trust (TLCT) 42
Tarangire 136
Tarangire-Nationalpark 40, 102
Tingatinga 94
TLCT *s. Tanzania Land Conservation Trust*
Trompeterhornvogel 29

U

Udzungwa-Berge 13, 28, 60, 226
Udzungwa-Mountains-Nationalpark 28, 104
Udzungwa-Stummelaffe 28
Uhuru Peak 14
Ujiji 82
UNESCO-Welterbestätte 58, 75, 92, 97, 104, 222
Unguja 30, 90, 92, 206, 208, 210, 212, 216
Usambara-Berge 12, 28, 109, 226

V

Viktoriasee 22, 106, 170

W

Währung 228
Walhai 30, 62, 216
Walking-Safari 37, 39, 104, 114, 116, 132
Wami-Fluss 10, 89
Wandersafari 118
Wanderungen 12, 39, 52, 110, 118, 120, 137, 154, 170, 226
Wanderung, große/jährliche 40, 48, 50, 78, 103, 121, 152, 154, 166, 169
Weltkrieg, Erster 66, 68, 84
West Kilimanjaro 16, 109, 126
Wilderei 10, 36, 45, 61, 166, 236
Wildhunde 36, 56, 58, 109, 190

Z

Zwergflamingos 11, 18

Der Autor

Andreas Wölk ist Tourismusdirektor auf Sylt und lebt mit seiner Familie in Norddeutschland. Durch seine jahrelange Tätigkeit als Produktmanager bei Iwanowski's Reisen lernte er das östliche Afrika und insbesondere Tansania intensiv kennen. Seitdem reist er regelmäßig nach Afrika und pflegt weiterhin gute Kontakte nach Tansania.

Bildnachweis

Alle Bilder von Andreas Wölk, außer:
Africa Amini Life: S. 130 (2x), 131; African Embassy: S. 14, 122/123, 126 (2x), 127, hintere Umschlagklappe Bild 1; African View Lodge: S. 15, 119 (2x), 128 (2x), 129; AndBeyond: S. 100/101, 146, 147, 216, 217, 220/221, Umschlagrückseite oben; Asilia Africa: S. 22, 23 (2x), 41, 132 (2x), 133, 152, 153, 160 (2x), 161, 162, 163 (2x), 170, 171 (2x), 212 (2x), 213, hintere Umschlagklappe Bild 5; Babu's Camp: S. 36; Balloon Safaris: S. 112, 113; Chem Chem Safari: S. 42, Umschlagrückseite unten; Chumbe Island: S. 214 (o.), Chumbe Island/Oskar Henriksson: 214 (u.), 215; Elewana Collection: S. 158, 159; Ikuka Safari Camp: S. 188, 189; Istock (Sara Berdon: S. 32; MHGallery: S. 30 (u.), 118; nyiragongo: S. 33; Gary Tognoni: S. 64/65; Anton Zelenov: S. 92); Jane Goodall Institut/Michael Neugebauer: S. 87; Karatu Country Lodge: S. 142 (3x), 143 (2x); Kichaka Expeditions: S. 114, 115 (2x), 225; Kisima Ngeda: S. 21, 148, 149; Lake Shore Lodge: S. 176 (2x), 177; Legendary Expeditions: S. 120, 121, hintere Umschlagklappe Bild 4; Lemala Camps: S. 44 (u.), 134 (2x), 135; Library of Congress: S. 69, 82; Manyara Ranch: S. 16, 17, 232; Mbali Mbali: S. 25, 83, 86; Mbugani Camps: S. 168, 169 (2x); Michamvi Sunset Bay Resort: S. 210, 211; Nomad Tanzania: S. 116, 117, 164 (2x), 165; Nowak, Christian: S. 77, hintere Umschlagklappe Bild 3; Prof. Bernhard Grzimek/Okapia: S. 78; Pemba Lodge: S. 218, 219; Plantation Lodge: S. 144 (2x), 145; Rock Art Project Tanzania: S. 74 (2x), 75; Rode, Karina: S. 38, 39 (o.), 111; Ruaha Carnivore Project: S. 98, 99; Sanctuary Retreats: S. 138, 139, 156, 157; Seasons Lodge: S. 208 (2x), 209 (2x); Selous Safari Company: S. 186 (2x), 187, 196 (u.), 200 (2x), 201, 231; Serena Hotels: S. 202, 203; Singita: S. 166, 167 (2x); Smith, Daniel: S. 62; Smithsonian Institution: S. 71 (l.); Tanganyika Wilderness Camps: S. 136, 137 (2x), 154 (2x), 155, 227; The Manta Resort: S. 30 (o.), 31; Tortilis Camps: 140, 141 (2x); Unguja Lodge: S. 206, 207 (2x); Wackenberg, Rolf G.: S. 84, 85; Wayo Africa: S. 44 (o.); Wikipedia, Lizenz CC-SY-BA (Bundesarchiv: 68; Bundesarchiv/Walther Dobbertin: S. 66, 67; Georg Braun u. Franz Hogenberg: S. 96; Jojona: S. 26, 27), Lizenz CC BY-SA 3.0 (Michael Rückl: S. 71 (r.); Ron Van Oers: S. 97), Lizenz CC BY-SA 4.0 (Mbwana Habib: S. 70); Wild Frontiers: S. 150 (2x), 151; Zanzibar Palace Hotel/Hans Agterdenbos: S. 204 (2x), 205.

IWANOWSKI'S i REISEN
INDIVIDUELLE ERLEBNISREISEN
TANSANIA ALS
SELBSTFAHRER ERLEBEN?
Wir machen Ihren Afrikanischen Traum wahr!
WWW.AFRIKA.DE
+49 (0) 21 33 / 26 03-0
INFO@AFRIKA.DE